O aparelho
psíquico grupal

René Kaës

O aparelho psíquico grupal

EDITORA
IDEIAS&
LETRAS

Direção Editorial:
Marlos Aurélio

Conselho Editorial:
Avelino Grassi
Fábio E. R. Silva
Márcio Fabri dos Anjos
Mauro Vilela

Tradução:
Adail Sobral

Copidesque:
Leo A. de Andrade

Revisão:
Luiz Filipe Armani

Diagramação e Capa:
Tatiana Alleoni Crivellari

Coleção Psi-Atualidades

Título original: *L'Appareil psychique groupal*
© Dunod, Paris, 1976
11 Rue Paul Bert 92240 Malakoff
Paris (France)
ISBN: 978-2-10-054381-6

Todos os direitos em língua portuguesa, para o Brasil, reservados à Editora Ideias & Letras, 2017.

1ª impressão

EDITORA IDEIAS & LETRAS

Rua Barão de Itapetininga, 274 – República
Cep: 01042-000 – São Paulo/SP
Tel.: (11)3862-4831
Televendas: 0800 777 60 04
vendas@ideiaseletras.com.br
www.ideiaseletras.com.br

Dados Internacionais de Catalogação na Publicação (CIP)
(Câmara Brasileira do Livro, SP, Brasil)

O aparelho psíquico grupal / René Kaës
(Tradução: Adail Sobral)
São Paulo: Ideias & Letras, 2017

Título original: *L'Appareil psychique grupal*
Bibliografia.
ISBN 978-85-5580-020-7

1. Psicanálise de grupo
I. Título.

16-06768   CDD-616.89152

Índice para catálogo sistemático:
1. Psicoterapia de grupo: Medicina   616.89152

Sumário

Introdução à terceira edição 11
Prefácio (Didier Anzieu) 21
Introdução à segunda edição 25
Apresentação 37

PRIMEIRA PARTE
A CONSTRUÇÃO DO GRUPO COMO OBJETO DE REPRESENTAÇÃO

Capítulo 1. Organizadores psíquicos e socioculturais da representação do grupo 53

1. Os organizadores psíquicos da representação do objeto-grupo. Método de análise 54
   1.1 Quatro organizadores 54
   1.2 Representação e projeção do objeto-grupo 55
   1.3 O interesse metodológico de situações projetivas para o estudo das representações 63
   1.4 O desenho do grupo e da família na criança 63
   1.5 A representação do grupo nos testes projetivos de adultos 67

2. Os organizadores socioculturais da representação do objeto-grupo. Método de análise 70
   2.1 As representações do grupo na fotografia, na pintura e na publicidade 71
   2.2 As representações do grupo em obras culturais escritas e filmadas 81

2.3 O grupo tal como referido por nós 85
2.4 As representações do objeto-grupo em situação de grupo 90

3. Comentários 91

Capítulo 2. Do grupo representado 95

1. A imagem do corpo 95
   1.1 Ser e fazer corpo 97
   1.2 O corpo materno 104
   1.3 O corpo marcado do grupo: a marca de pertinência 105
   1.4 O grupo-corpo maquinal 108

2. A fantasmática originária 109
   2.1 As fantasias intrauterinas 110
   2.2 As fantasias da cena primitiva 113
   2.3 As fantasias de sedução 116
   2.4 As fantasias de castração 117

3. Os complexos familiares e as imagos 118
   3.1 Complexos familiares e imagos 121

4. O aparelho psíquico subjetivo 128
   4.1 O grupo como figura heroica 130
   4.2 Estrutura da gesta do grupo heroico 132

5. Observações sobre os organizadores socioculturais da representação do grupo 138

6. Comentários 141
   6.1 O grupo impensável 141
   6.2 As funções psíquicas e sociais da representação do grupo 145
   6.3 Gêneros cognitivos na representação do grupo 146

Comentários sobre a Primeira Parte 149

1. O cruzamento de metodologias 149
2. As três dimensões da representação do grupo 151

3. Os investimentos pulsionais do grupo 152
4. O investimento narcísico e a dificuldade de pensar o grupo 153
5. O ódio ao grupo: o suporte arcaico da representação do grupo .. 156
6. Os referentes edipianos da representação do grupo 158

SEGUNDA PARTE
ENSAIOS PSICANALÍTICOS SOBRE OS GRUPOS

Capítulo 3. Construção do espaço grupal e imagem do corpo 165

1. Espaço-suporte e espaço do corpo 165
   1.1 Composição 1: sonhos mistos 168
2. Espaço especular e medo no grupo 169
   2.1 Composição 2: romance 172
3. A despossessão dos limites do corpo 173
4. Dinâmica do espaço e organização do grupo 176
5. Espaço grupal, espaço transicional, política do espaço 181

Capítulo 4. Grupalidade da fantasia e construção do grupo 185

1. A fantasia nos grupos e as fantasias do grupo: perspectivas 187
2. A grupalidade da fantasia: a estrutura grupal das fantasias originárias 189
3. O protogrupo: corpo da mãe, cena primitiva e grupo originário 193
4. A fantasia de cena primitiva, organizador do processo grupal: dois exemplos 194
   4.1 Os polos paranoico e perverso da fantasia de cena primitiva no grupo do Paraíso Perdido 194
   4.2 Cenário perverso e posição ideológica 196
   4.3 O lugar vazio e o lugar pleno 197
   4.4 Cena primitiva e processo institucional 199
   4.5 Cena primitiva e hipótese de base 202
   4.6 A clivagem da cena primitiva 203

5. O grupo dos sete suábios e a fantasia do "enfileiramento" 205
   5.1 *Os sete suábios,* conto de Grimm 205
   5.2 Análise do conto 208
   5.3 A fantasia do enfileiramento em grupos 215
   5.4 Comentários conjuntos sobre o conto e as observações clínicas 224

Capítulo 5. Poderes da imago: o Arquigrupo 229
1. A potência do grupo 231
   1.1 A potência do objeto idealizado 233
   1.2 O antigrupo 234
2. Poder(es) no grupo 235
   2.1 O poder como diferenciação e controle da potência do grupo 236
3. Poder capital e poder ideológico 238
   3.1 O caso do grupo do Paraíso Perdido 240
   3.2 Poderes, violência e processo 244

Comentários sobre a Segunda Parte 247
1. A grupalidade psíquica e a difração dos grupos internos 247
2. A noção de exigência de trabalho psíquico imposta pelo vínculo 248
3. Pesquisas sobre o suporte, a pulsionalidade e o grupo como situação traumática 251

TERCEIRA PARTE
CONSTRUÇÕES PARA UMA TEORIA DOS GRUPOS

Capítulo 6. O aparelho psíquico grupal, construção transicional 255
1. Do grupo representado à análise do funcionamento grupal 256
   1.1 Os organizadores psíquicos grupais 256
   1.2 O aparelho psíquico e suas metáforas 260
2. O conceito de aparelho psíquico grupal 262
   2.1 A hipótese de formações grupais do psiquismo: o sistema grupal dos objetos internos 264

2.2 A predisposição grupal 270
2.3 O fundamento bioecológico grupal: o "corpo" do grupo 272
2.4 O homem-grupo: a horizontalidade do aparelho psíquico grupal 274
2.5 O vínculo grupal: o aparelho psíquico grupal como mediador entre o psíquico e o social 276
2.6 Algumas formulações metapsicológicas sobre o conceito teórico de aparelho psíquico grupal 279

3. Esboços para uma teoria psicanalítica do grupo: o aparelho grupal 279
   3.1 Perspectivas genético-estruturais 280
   3.2 Quatro momentos na construção do aparelho psíquico grupal 283
   3.3 Alguns pontos de vista clássicos para estabelecer uma metapsicologia do grupo 288
   3.4 Proposições para estabelecer o ponto de vista tópico 289
   3.5 Proposições para estabelecer o ponto de vista dinâmico 292
   3.6 Proposições para estabelecer o ponto de vista econômico 295

Capítulo 7. Desenvolvimentos 297

1. A "personificação" do grupo 297
2. A "família" segundo R. D. Laing 300
   2.1 Funções defensivas da "família" e do aparelho psíquico grupal 301
   2.2 A instituição como "família": um exemplo 303
   2.3 Construção e reconstrução da instituição: o controle das saídas 304
   2.4 Proteção e defesa da instituição: a manutenção da isomorfia . 306
   2.5 Representação e cognição: o vínculo religioso 306
   2.6 A psicotização das crianças 308
   2.7 A instituição e o grupo "estourados" 311
3. Breves considerações finais sobre a experiência grupal 313
   3.1 Sobre o trabalho psicanalítico nos grupos 314

Comentários sobre a Terceira Parte 317

1. A aparelhagem psíquica grupal e a noção de trabalho psíquico ... 317

2. O grupo como estrutura de apelo e de lugares psíquicos impostos 319
3. As condições metodológicas da pesquisa psicanalítica sobre os grupos 320
4. Sobre os processos e as formações psíquicas de grupo 323
5. A questão do inconsciente nos grupos e as alianças inconscientes 325
6. O trabalho do Pré-consciente no vínculo intersubjetivo e as funções fóricas 326
7. A noção de trabalho psíquico da intersubjetividade 328
8. As funções do aparelho psíquico grupal e os princípios do funcionamento psíquico nos grupos 329
9. O conceito de sujeito do grupo 332
10. Desenvolvimentos e aplicações do modelo do aparelho psíquico grupal 333

Referências 337
Índice onomástico e remissivo 349

Introdução à terceira edição

Ao reler *O aparelho psíquico grupal* para esta terceira edição, avalio o quanto este trabalho e o modelo que comecei a elaborar no final dos anos 1960 foram a matriz da maior parte de minhas pesquisas subsequentes. Essa construção foi, sem dúvida, às vezes confusa, visto que eu estava às voltas com uma dificuldade dupla que somente o trabalho dos anos seguintes poderia superar, ainda que em parte.

A primeira dificuldade ancorava-se de fato no conflito que me dividia em duas tendências. De um lado, a quase certeza de que, como o trabalho psicanalítico agia não mais no dispositivo de cura, mas naquele do grupo, era necessário inventar um modelo da inteligibilidade que explicasse a realidade psíquica com a qual lidamos nessa situação. E, de outro lado, a resistência epistemológica que senti para formular todos os elementos desse modelo. Outros psicanalistas antes de mim tinham, não sem sofrer a reprovação da instituição psicanalítica e do senso comum psicanalítico, corrido o risco de pensar no grupo como uma entidade psíquica dotada de processos e de formações específicos. Sem dúvida, o modelo que propus incluía a concepção de uma psique de grupo, ou de uma alma de grupo, segundo os próprios termos de Freud, mas também tratava do sujeito – do sujeito do inconsciente – no grupo. Isso equivalia a abrir perspectivas completamente distintas na pesquisa psicanalítica sobre grupos.

A perspectiva era de fato dupla, uma vez que se tratava tanto de considerar o grupo uma forma autônoma para a qual cada sujeito contribui, como, especialmente, de ver a figura do sujeito sobre o pano de fundo do grupo e, nesta situação, apreendê-lo como, nos termos de Freud (1914), "para si mesmo seu próprio fim, e elo de uma cadeia" na qual ele é assujeitado como servidor, beneficiário e herdeiro. Essa segunda perspectiva envolvia uma questão radical, já que se referia ao estatuto do sujeito do inconsciente em sua relação com a realidade psíquica inconsciente de que o grupo é o lugar e um dos determinantes. Precisei de vários anos antes de sustentar mais explicitamente essa proposta; ela continha uma hipótese que mal se podia conceber: haveria vários lugares do inconsciente, e eles deveriam ser explorados.

No momento em que concebi o modelo do aparelho psíquico grupal, estava iniciando minha prática de psicanalista de divã. Na época, considerava-se comumente que falar do grupo e do sujeito numa reunião de psicanalistas, e *a fortiori* nos dispositivos de formação, era uma "resistência à psicanálise". Obviamente, era necessário preocupar-se somente com a cura individual e os pacientes individuais, tratar apenas disso e só falar disso, o que aceitei muito bem como o principal objetivo da formação de um psicanalista. Contudo, no começo acontecia-me, às vezes, de calar-me durante uma sessão de controle (uma designação apropriada)[1] que um ou outro entre meus pacientes tinha "formado um grupo"– um grupo de curta duração – e que em certos casos eu os tinha estimulado a fazê-lo quando pensava que essa experiência poderia ser-lhes útil, e que isso não decorria da resistência do paciente – nem da minha. Calar-se, impor restrições mentais a si mesmo não é aquilo que há de melhor para alguém se formar na prática de análise.

Extraí algumas conclusões dessa experiência: a primeira conclusão é que não se deve calar sobre nada do que afeta os psicanalistas, a partir do inconsciente, como tais[2] e, tanto quanto possível, dar contas disso. Esta exigência por certo sustentou minhas pesquisas sobre alianças inconscientes, notadamente em suas dimensões defensivas, inclusive nas instituições psicanalíticas. A segunda conclusão é que procurei, e afortunadamente encontrei, quem me escutasse entre os analistas, para

---

1 NT (Nota do Tradutor): No Brasil, fala-se mais propriamente em "sessão de supervisão" ou "análise didática".
2 Encontrei uma linha de conduta na posição que D. Anzieu sustentou alguns anos depois (1975b), ao escrever que "um trabalho do tipo psicanalítico a ser feito no lugar em que surge o inconsciente: deitado, sentado ou alongado; individualmente, em grupo ou em família [...], em todo lugar onde um sujeito pode deixar falar suas angústias e fantasias a quem quer que se considere capaz de ouvi-las e dar conta delas".

empreender e levar a termo minha formação. A terceira é que não deve polemizar em vão: só a submissão a prova na clínica, o debate com colegas dedicados a uma prática semelhante e a crítica à teoria são critérios de validação das nossas hipóteses.

Devo reconhecer hoje que, durante alguns anos, estabeleceu-se entre os psicanalistas uma outra escuta e que, se ainda provoca silêncios, reservas ou reprovação, a questão do grupo é muitas vezes o objeto de atenção e de debates em sociedades ou associações da psicanálise. Fico feliz por isso, junto aos meus colegas que trabalham e pesquisam esse campo. Trata-se, de fato, do efeito da extensão das práticas grupais ou de família a um maior número de psicanalistas formados para trabalhar com outros dispositivos que não o divã. Indubitavelmente, isso se deve ainda ao maior reconhecimento da pertinência dessas práticas quanto ao que iluminam na compreensão e no tratamento de formas de sofrimento psíquico contemporâneo, inacessíveis a não ser mediante o método do grupo ou as terapias psicanalíticas de família.

Parece-me, contudo, que o interesse pelo trabalho psicanalítico na situação de grupo tem outra fonte. Penso que as pesquisas dos processos psíquicos que se desenvolvem nos grupos terminaram por convocar ao debate em outra dimensão, dessa vez epistemológica. O centro do debate é: como representar para si o espaço psíquico do sujeito considerado em sua singularidade quando outros espaços psíquicos interferem, estruturam – ou não mais estruturam o suficiente – o espaço interno?

A segunda dificuldade que encontrei liga-se precisamente a esse questionamento e às respostas que me propus a oferecer. A partir do modelo do aparelho psíquico grupal, eu havia diferenciado e tentado articular três espaços psíquicos cuja conjunção me parecia constante no grupo: o espaço intrapsíquico e subjetivo; o espaço interpsíquico e intersubjetivo; e o espaço transpsíquico e transubjetivo. Diferenciá-los foi uma coisa, articulá-los foi outra bem distinta. Não era evidente proceder assim: como recordei, as teorias dominantes não só eram holísticas, como elas não consideravam como totalidade senão o grupo, mas prescreviam, em consequência, a escuta e a interpretação do psicanalista só concebíveis no nível do grupo.

Eu não estava convencido da validade desta posição. Quando sustentada sem nuanças, eu a considerava até causa de efeitos negativos no trabalho psíquico, porque notei algo mais: quando o sujeito desaparecia do espaço psicanalítico em proveito do grupo, surgiam alguns problemas quanto à manutenção da transferência de alguns sujeitos para o grupo ou para alguns membros. Considerar apenas o grupo como a totalidade servia como resistência a desfazer vínculos transferenciais para o mesmo. Para explicar o meu ponto de vista e orientar minha pesquisa, precisei implementar um modelo mais complexo, capaz de explicar a descontinuidade e a relativa heterogeneidade entre esses espaços, mas também as continuidades, passagens e transferências entre eles. O modelo do aparelho psíquico grupal se propunha a pensar essa complexidade. Ao longo dos anos, os três espaços psíquicos adquiriram consistência e a análise de suas articulações, mais precisão. Descrevo-os hoje assim:

1. *O espaço do grupo.* Foi o primeiro e muitas vezes, acabo de lembrar, o único espaço psíquico concebido pelos psicanalistas que se envolviam na exploração do grupo. Concebê-lo como uma entidade específica permitia, graças a esta focalização, pensá-lo como dotado de processos e formações próprias, irredutíveis às do espaço interno descrito pela metapsicologia do aparelho psíquico individual. Pichon-Rivière, Bion e Foulkes começaram a explorar o grupo desta perspectiva. Pichon-Rivière, dividido entre a conceitualização da psicanálise e a da psicologia social, elaborou a ideia de totalidade e de campo. Bion descreveu a coerência desse espaço com os conceitos de pressupostos de base, mentalidade e cultura de grupo; e Foulkes, com os de matriz grupal. Depois, Anzieu contribuiu para essa qualificação do espaço grupal tratando-o como entidade autônoma e propondo os conceitos de fantasia grupal e envelope grupal. Propus o modelo de um aparelho psíquico grupal cujo trabalho consiste em ligar, transformar e atribuir os espaços psíquicos dos sujeitos membros do grupo, para que criem para si formações e processos específicos.

Contudo, diferentemente daqueles de meus precursores, esse modelo continha a concepção de vários espaços psíquicos e não só aquele do grupo, contendo cada um deles organizações e funcionamentos que lhe são peculiares, conteúdos psíquicos específicos, uma tópica, uma dinâmica e uma economia distintas. Eu precisava explorá-los. Além disso, queria entender o que ocorria com os sujeitos e com a formação do espaço grupal, uma vez que os sujeitos tinham "projetado" nele sua "tópica", como pensava Anzieu.

2. *O espaço do vínculo.* O segundo espaço psíquico que introduzi em meu modelo é o dos vínculos que se instalam, no âmbito do grupo, entre os membros deste. Esses vínculos interpessoais definem os subconjuntos cujas expressões transferenciais se manifestam, contra o pano de fundo da realidade psíquica do grupo, na formação de pares ou grupos de três. O vínculo não é a soma de dois ou mais sujeitos: é um espaço psíquico construído a partir da matéria psíquica mobilizada em suas relações, notadamente através das alianças inconscientes que os organizam. Resumi a lógica desses vínculos na seguinte expressão: "não há um sem o outro, sem o vínculo que os une e sem o grupo que os contém e os estrutura". O vínculo é ele mesmo uma formação intermediária entre os sujeitos e as configurações de vínculos: um grupo, uma família ou uma instituição.

3. *O espaço do sujeito singular.* Esta é a terceira característica do modelo que propus: não perder de vista o sujeito singular no grupo; questionar as mediações que articulam os respectivos espaços do sujeito e do grupo. Refiro-me *ao sujeito singular* distinto de outros sujeitos, e não ao indivíduo. O conceito de indivíduo indica "qualquer" elemento de base do "coletivo", um material intercambiável. O indivíduo não é dotado de subjetividade nem de espaço psíquico.

No grupo, esse sujeito manifesta-se na posição dupla de sujeito do inconsciente e sujeito do grupo. A situação grupal põe em ação as relações que o sujeito mantém com seus próprios objetos inconscientes, com os objetos inconscientes dos outros, com objetos comuns e compartilhados que já estão presentes, herdados, e com aqueles que se apresentam e se constroem na situação de grupo.

O sujeito do grupo, no grupo, contém em seu espaço interno formações grupais. Descrevi-os como grupos internos, mas é importante entendê-los como uma manifestação de uma propriedade geral do material psíquico, de se ligar e se dissociar, agregar-se e se desintegrar. Essa associatividade é uma propriedade da grupalidade psíquica. Nela repousam os processos, as formações e as funções intermediárias necessárias à vida psíquica: pensamentos intermediários no trabalho do sonho e no processo associativo, estrutura e função biface do Ego, do Pré-consciente e dos envelopes psíquicos, mas também sintomas e sonho, e todas as outras estruturas que adquiriram valor e função a partir das formações de compromisso.

O próprio sujeito do grupo é um sujeito intermediário, *ein Mittelsmann* (um mediador) ou *ein Grenzwesen* (um ser-fronteira) como escreveu Freud. Concebe-se esse sujeito como dotado de interfaces com outros espaços da realidade, nas fronteiras entre o interior e o exterior. O sujeito no grupo é mobilizado pelos seus grupos internos mobilizados para se aparelhar, chegar a um acordo e criar vínculos com estruturas equivalentes existentes em outros sujeitos: os grupos internos cumprem uma função de organizadores no processo da aparelhagem psíquica grupal.

O sujeito é sujeito do grupo e sujeito no grupo; ele não é o grupo, mas é grupo e se representa como o grupo, seja em termos de metáfora, ou de metonímia. Essa oscilação (ROSOLATO, G. 1974) apoia a dimensão transicional de todas as mediações.

Novas direções de pesquisas

Os artigos e obras que publiquei no decorrer dos últimos dez anos deram notícia de novos desenvolvimentos do modelo inicial do aparelho psíquico grupal; seguiram os dados que a clínica impõe, as questões que nos apresenta, os obstáculos que encontramos para pensar nelas. As publicações seguiram em duas direções principais.

A primeira seguiu a direção inicial: explorar a consistência, o funcionamento e as correlações desses três espaços. Ponho, nesse grupo, trabalhos sobre a *polifonia do sonho*. Na obra sobre esse assunto, publicada em 2002, explorei os espaços imaginários individuais em suas relações com os espaços imaginários compartilhados e comuns. Pus em destaque a estrutura polifônica do sonho e a função mediadora do porta-sonho.³

Em 2007, reuni, numa visão de conjunto, pesquisas centradas na questão do sujeito, tendo pensado na tensão e na divisão que o constitui como *singular plural*.⁴ Com outros elementos de análise, voltei ao modelo que construí para explicar o acordo entre psiques e a realidade psíquica original que resulta disso. Dirigindo-me a psicanalistas de divã, expus, a partir da clínica, a parte que retorna aos sujeitos nas formações originais da realidade do grupo. Tinha como objetivo, sobretudo, convidar a pensar o modo como o espaço interno do sujeito se estrutura aí. Esse ponto de vista duplo pareceu-me indispensável para estabelecer o vínculo entre a psicanálise dos processos grupais e a psicanálise dos processos individuais. Interrogada em suas fronteiras e em seu núcleo por extensões de sua prática, a psicanálise vê-se desafiada a desenvolver novos modelos teóricos e clínicos para explicar mais precisamente várias expressões inconscientes da realidade psíquica que estão envolvidas no sofrimento psíquico do mundo contemporâneo.

Realizei essa pesquisa reunindo e desenvolvendo vários estudos do complexo fraterno.⁵ Tratava-se de revisitar o conceito, amplamente subestimado na clínica e na teoria da psicanálise de divã, e articulá-lo com o complexo de Édipo. Mas também era necessário explorar como esse complexo é um dos organizadores de vínculos intersubjetivos – e, antes de tudo, vínculos fraternais – e do espaço psíquico grupal.

As alianças inconscientes é a publicação mais recente.⁶ Desenvolvo nela propostas com base em pesquisas que, durante mais de vinte anos,

---
3   *La Polyphonie du rêve*. Paris: Dunod, 2002.
4   *Un Singulier pluriel. La Psychanalyse à l'épreuve du groupe* (Paris: Dunod, 2007) foi escrito a partir de um convite para um congresso da Association internationale de Psychanalyse, cujo tema era "A Psicanálise e suas fronteiras" (Nova Orleans, março de 2004). A questão que me apresentaram foi: "Em que a abordagem psicanalítica dos grupos concerne aos psicanalistas?"
5   *Le Complexe fraternel*. Paris: Dunod, 2008. Tradução em português: "O complexo fraterno" pela Editora Ideias & Letras, 2011.
6   *Les Alliances inconscientes*. Paris: Dunod, 2009.

executei quanto a essa questão. Sabemos que os sujeitos se ligam entre si e em conjuntos, como grupos, segundo diversas formas de identificação, mediante ressonâncias fantasmáticas,[7] investimentos pulsionais convergentes ou divergentes, complexos que formam as matrizes de vínculos entre seus objetos internos, representações e significantes que lhes são comuns. Mas todas essas modalidades e processos não são o suficiente para ligar os sujeitos num vínculo de par ou de grupo, nem para explicar suficientemente a realidade psíquica inconsciente que compartilham: eles ainda precisam estabelecer e firmar entre si alianças, algumas conscientes, outras inconscientes. Contratar uma aliança é o ato pelo qual duas ou várias pessoas se ligam entre si para realizar um objetivo definido, o que implica um interesse comum e um compromisso mútuo entre os parceiros. Descrevi alianças inconscientes estruturantes – como o contrato narcísico e pactos firmados com base em interditos fundamentais – enquanto outras alianças são ofensivas, defensivas ou descambam em formas patológicas.

Todas essas pesquisas trouxeram novos elementos que põem em relevo uma segunda direção de pesquisa. É possível seguir o fio da meada desde as primeiras formulações do aparelho psíquico grupal, mas ele fica cada vez mais visível, a ponto de a questão que persiste é estabelecer, para além da articulação dos espaços do sujeito com o de seus vínculos intersubjetivos e do grupo, como o sujeito do inconsciente, graças à parte que o mantém na intersubjetividade, é precisamente sujeito de vínculos e grupos nos quais se constitui. Essa questão tem a ver com colocar a prova a metapsicologia fundada na cura, e esse é, na verdade, o objetivo de *Un Singulier pluriel* (2007) e de *Les Alliances inconscientes* (2009). Por isso iniciei uma reflexão (2008) sobre o que pode constituir uma terceira tópica, mais precisamente uma metapsicologia que explicasse esses três espaços psíquicos e do modo de pensar o sujeito do inconsciente em suas articulações.

---

7   NT: As ocorrências de *fantasme* foram traduzidas por "fantasia". O substantivo e o adjetivo *fantasmatique* foram traduzidos por "fantasmático/a", uma vez que, no caso do substantivo, "fantasia" induziria a confusões com o outro termo, *fantasme*, e, no caso do adjetivo, usar "fantástica/o" remeteria a um sentido que o termo francês não autoriza.

Outra preocupação, presente em obras dos últimos dez anos, ficou clara: pôr à prova os conceitos vindos dessas pesquisas para empreender a análise o mal-estar no mundo contemporâneo. Aqui também o modelo do aparelho psíquico grupal me forneceu um princípio para pensar as relações entre as formações metapsíquicas, que se sobrepõem às formações intrapsíquicas e que estão na dependência, ou sob a influência, das formações metassociais. O encaixe desses níveis *meta* dá acesso ao conhecimento dos efeitos de seu funcionamento ou de sua falta na estruturação do espaço psíquico e da subjetividade que nele se baseia. Tomo como exemplo significativo as alianças inconscientes, que, consideradas como formações *meta*psíquicas da psique são ao mesmo tempo geradoras de processos e formações psíquicas e de vínculos intersubjetivos e dependentes de contextos sociais ou culturais que a análise de grupos e de instituições permite recuperar.

O conjunto dessas pesquisas e as interrogações que trazem à luz vão requerer uma reformulação do modelo geral. Esse trabalho não é mais apenas um assunto pessoal meu.

Prefácio

Este livro apresenta uma nova ideia em um domínio, a psicologia dos grupos, no qual, não obstante passado cerca de meio século, vimos o aumento de descobertas, teorias, e métodos e na qual autores como Moreno, Kurt Lewin, Rogers e Bion, para citar uns poucos, ficaram famosos trazendo conceitos e técnicas cada vez mais usados em seguida, em todo o mundo. A ideia aqui desenvolvida também é uma ideia rigorosa, o que contrabalança a proliferação atual, às vezes inovadora e outras vezes temerária, de métodos grupais de formação e psicoterapia quando se superinveste ora na vertente corporal, ora na ideológica: trata-se de uma ideia que introduz unidade nessa diversidade, que funda uma teoria como garantia simbólica da prática, ideia cuja fecundidade não pode, a meu ver, ser desmentida. Foi em 1971, na efervescência intelectual que se seguiu ao desenvolvimento das teses do Centre d'Études Françaises pour la Formation e la Recherche [Centro de Estudos Franceses para a Formação e a Pesquisa] (Ceffrap) no trabalho psicanalítico em grupos, que René Kaës fez circular entre nós uma curta nota interna propondo, pela primeira vez, a hipótese de um aparelho psíquico grupal. Vários colegas, entre os quais eu me encontrava, interessaram-se por isso, embora não convencidos de fato. Durante três anos permaneci reticente até que René Kaës dotou essa intuição de uma solidez, uma grandeza e uma formulação de fato decisivas, por ocasião de um primeiro manuscrito do que iria tornar-se a obra atual.

Há grupo, e não um simples amontoado de indivíduos quando, a partir de seu aparelho psíquico individual, há a tendência de constituir um aparelho psíquico grupal mais ou menos autônomo, de cujos dois níveis Kaës oferece um inventário, diferenciando-o de algumas realidades relacionadas. Esse aparelho é movido por uma tensão dialética entre uma tendência à isomorfia (que visa a reduzir o psiquismo grupal ao individual, aquilo de que uma família de psicóticos dá um exemplo) e uma tendência à homomorfia (que diferencia ambos os psiquismos pela derivação do primeiro a partir do segundo). Enquanto o aparelho individual se apoia no corpo biológico, o aparelho grupal se apoia no tecido social, mas aceita mal não dispor de um "corpo", e assim multiplica ao bel-prazer metáforas, substitutos, aparências!

Aquilo que descrevi a partir de 1965 como imaginação coletiva, como analogia entre o grupo e o sonho, como fantasia grupal, encontra sua explicação última, seu fundamento teórico, nessa noção do aparelho psíquico grupal e na tensão dialética que lhe é singular. Esta noção abre inúmeras outras possibilidades de renovação: por exemplo, reunir os grupos ocasionais de formação ou de psicoterapia e os grupos institucionais, ou então entender a gênese dessas formações de compromisso grupais que são o mito ou a ideologia (questão que René Kaës pretende abordar numa próxima obra). Por ocasião de publicações anteriores feitas da perspectiva que é a nossa, alguns comentadores falaram de uma escola francesa de psicanálise aplicada ao grupo, à sociedade, à cultura. Com este livro, essa escola, creio eu, toma definitivamente corpo.

Conheço René Kaës há vinte anos. Acompanhei seus primeiros trabalhos sobre a atitude dos operários franceses quanto à cultura, sobre a vida em grandes grupos. Depois colaboramos em seminários de formação cujo desenvolvimento se tornou cada vez mais psicanalítico. Por fim, a partir de outubro de 1970, colaboramos de um modo assíduo, revigorante e frutuoso, suscitando a realização de publicações conjuntas e números especiais de revistas, confrontando as nossas ideias, especificando nossos métodos, submetendo nossos textos, antes da publicação, a uma crítica recíproca. Em poucos anos, graças a uma fecundidade intelectual excepcional, René Kaës escreveu capítulos ou artigos importantes sobre o seminário como instituição e como experiência do inconsciente, sobre as ideologias do Superego e do Ideal do Ego, sobre a readolescência, as fantasmáticas da formação, a análise intertransferencial, o Arquigrupo, a utopia, e as representações sociais do grupo. Mas sempre mediante volumes que reuniam uma multiplicidade de colaboradores, porque pensamos, ele e eu, que a pesquisa científica, assim como a prática da psicanálise grupal, são atividades coletivas, algo que os escritos resultantes estão a testemunhar. As descobertas mais inovadoras são, contudo, feitos de um só indivíduo, ajudado pela presença de um interlocutor ou um meio de ressonância. René Kaës tem direito, por essa razão, de publicar desta vez uma obra só sua.

Didier Anzieu

Introdução à segunda edição

A primeira edição deste trabalho apareceu em 1976 e esgotou-se em 1985. Esta segunda edição de *O aparelho psíquico grupal* põe à disposição de novos leitores um texto que parece ter adquirido ao longo dos anos um valor de referência não só para a pesquisa psicanalítica teórica, mas também para a formação de estudantes e profissionais que trabalham no campo das configurações de vínculos intersubjetivos: casais, famílias, grupos terapêuticos ou de formação, instituições de saúde ou pedagógicas.

A organização desta segunda edição se volta para manter o texto publicado em 1976, feitas as correções das imperfeições da forma ou do estilo que possam ter afetado a edição original. Contudo, foram acrescentados comentários a propostas formuladas agora há aproximadamente trinta anos. Por isso, cada uma das três partes que compõem este trabalho vai ser seguida de algumas páginas cujo objetivo será de ressituar as propostas de 1976 em seus desenvolvimentos subsequentes. O leitor também encontrará, ao lado da bibliografia de origem, referências bibliográficas de todos os meus trabalhos sobre o grupo, bem como um índice remissivo de pesquisas correspondentes.

Para introduzir esta nova edição, talvez não seja inútil lembrar – ainda que de modo sumário – de algumas características do contexto cultural no qual foi concebido o modelo teórico que propus. Suas vicissitudes e seu destino são melhor percebidos com alguma distância.

No decorrer de cinquenta últimos anos, e mais particularmente no final dos anos 1960, o campo da prática psicanalítica e seus edifícios teóricos transformaram-se consideravelmente. Descortinaram-se novos espaços psíquicos. Até então a psicanálise, em seu método, aquele do divã, e em sua teoria, aquela do aparelho psíquico, voltava-se exclusivamente, salvo por aventuras especulativas, para o sujeito considerado na singularidade de seu espaço intrapsíquico. Durante a Segunda Guerra Mundial, e no decorrer do desenvolvimento industrial e urbanístico de trinta anos de expansão econômica, novas formas clínicas de sofrimento psíquico, com patologias da alma até então invisíveis, exigiram novos dispositivos de tratamento e de conhecimento. Foram construídos, e se constroem até hoje, conceitos, modelos e novas teorias que alteram a metapsicologia do aparelho psíquico e a teoria do sujeito formadas com base no método do divã. O método do grupo nasce nesse contexto.

Os sofrimentos e patologias que enfrentamos em nossos dias são os das perturbações na constituição dos limites internos e externos do aparelho psíquico: perturbações de "estados limítrofes", perturbações ou falta de envelopes psíquicos e de significantes de demarcação, falhas ou faltas na constituição dos sistemas de vínculo – ou desvínculo –, patologia dos processos de transmissão da vida psíquica entre gerações, e deficiência dos processos de transformação, podendo a maioria dessas derivas do sofrimento humano se combinar com as patologias do narcisismo, do recalque originário e da simbolização primária.

Para o tratamento desses sofrimentos e patologias, as propriedades do dispositivo de grupo foram admitidas por psicanalistas dos anos 1930; a força metodológica e teórica que impeliu Bion, Foulkes e Pichon-Rivière ao longo dos anos 1940-1950 gerou modelos inovadores de inteligibilidade dos processos e formações psíquicos que têm como lugar a situação do grupo. A partir do final dos anos 1960, esses modelos passam por novas modificações que distinguem e articulam no grupo três espaços psíquicos: o espaço intrapsíquico e subjetivo, o espaço interpsíquico e intersubjetivo, e o espaço transpsíquico e transubjetivo.

Todos esses espaços são, a partir de então, imagináveis em suas relações e em sua especificidade; a pesquisa descobre a diversidade das figuras de intermediação entre esses espaços, os processos que os governam e as formações psíquicas que os ligaram. Nosso modo de pensamento exprime-se hoje em termos de percurso, de passagens de um espaço a outro, de precariedade das situações, e isso também se aplica à nova emergência das questões da identidade sexual, e das relações entre gerações ou entre culturas. O pensamento contemporâneo pretende compreender itinerários no interior de estruturas, e foram estabelecidas novas entidades dialéticas que tentam articular origem e história, continuidade e descontinuidade, estrutura e processo.

Essas patologias, os dispositivos de tratamento que pedem e as formas da inteligibilidade que inspiram são todos efeitos de novas formas de mal-estar na civilização. Também é uma nova visão do mundo que fica estabelecida: o heliocentrismo da cosmologia de Copérnico e de Galileu tornou a figura do círculo e do centro um paradigma que se impôs até a Freud em seu trabalho de fazer do inconsciente o centro gravitacional da vida psíquica, tendo sua descoberta infligido ao orgulho humano uma nova ferida narcísica. Com a cosmologia de Kepler, o mundo fica elíptico, pluricêntrico, descentrado no tocante a princípios organizadores.

É este modelo que, analogamente, inspira o Barroco e a sua febre de espirais, de volutas e de ovais, sua abundância de anamorfoses e elipses. Não foi por acaso que o Barroco voltou a honrar os anjos, e, portanto, que hoje essas figuras ambíguas, intermediárias, mensageiras, sejam uma das metáforas de todos os processos de mediação. Se esta inspiração barroca é hoje tão inspiradora, é-o indubitavelmente porque os espaços psíquicos, tal como os espaços da cultura, ficaram instáveis. Suas interpenetrações profundas, suas colusões brutais, seus descentramentos secretos fabricam, a um só tempo, esta cultura e esta patologia da ruptura, da crise, da Catástrofe e das catástrofes, do traumatismo.

O interesse pelo grupo é marcado por esses novos paradigmas do humanismo pós-moderno. O grupo não é mais concebido como um círculo com um centro radiante que mantém seus sujeitos a mesma distância uns dos outros, o que não significa que essa representação seja obsoleta nas fantasias do desejo. Mas esse modelo bloqueia uma compreensão que implica outra revolução epistemológica. Conceber o grupo como um sistema em tensão entre vários centros encontra um real obstáculo epistemológico, que se choca com a representação de relações elípticas entre a multiplicidade de domicílios "grupais" e a multiplicidade de domicílios "individuais". É nessa mudança de perspectiva que se inscreve o modelo do aparelho psíquico grupal.

O modelo do aparelho psíquico grupal construiu-se para prestar contas de processos psíquicos inconscientes no layout do trabalho dos vínculos do grupo. Desse ponto de vista, distanciou-se de práticas e de modelos psicossociológicos prevalecente nesta época. Ele se apoiou deliberadamente em uma prática do trabalho psicanalítica, exceto na cura, ainda incipiente, e não teorizou muito, mas propôs desde então uma série de hipóteses que, necessariamente, implicaram alguns aspectos da teoria, do método e da prática da psicanálise.

A construção desse modelo teve como base de lançamento um movimento de pensamento crítico que, no início dos anos 1960, surgiu entre alguns psicanalistas franceses preocupados em definir o que poderiam ser as bases de uma compreensão psicanalítica dos pequenos grupos. Suas interrogações vêm à luz em um contexto triplo: o desenvolvimento das práticas psicossociais de grupos ditos de formação, cujos objetivos, inspirados por trabalhos e práticas da dinâmica de grupo lewiniana, contêm pressupostos ideológicos incompatíveis com o que poderia ser uma abordagem psicanalítica dos "fenômenos de grupo". Nesse sentido, J.-B. Pontalis empreende, a partir de 1958, a crítica de técnicas psicossociais de grupo e do psicodrama moreniano. Depois refoca o debate em 1963, quando acentua a posição psíquica do grupo como objeto de investimentos e de representações em seus membros. Uma das portas de entrada de uma concepção psicanalítica dos "fenômenos de grupo" passaria, doravante, pela consideração desse objeto-grupo.

No mesmo período, D. Anzieu, que tinha acabado de fundar, em 1962, o Ceffrap[1] (de que Pontalis é membro), escreve para o *Bulletin de la Faculté des Lettres de Strasbourg* [Boletim da Faculdade de Letras

---

1 CEFFRAP – Centre d'Études Françaises pour la Formation e la Recherche active en Psychologie [Centro de Estudos Franceses para a Formação e a Pesquisa Ativas em Psicologia]. Essa denominação é um testemunho da época.

de Estrasburgo] uma *Introdução à dinâmica de grupos* (1964). Nesse estudo, ele se propõe a considerar algumas diferenças epistemológicas e metodológicas entre a perspectiva psicossociológica e aquilo que poderia constituir uma abordagem psicanalítica de grupos. A diferença fica clara em 1966, em dois estudos que deixarão sua marca: *L'Étude psychanalytique des groupes réels* [Estudo psicanalítico dos grupos reais] introduzirá a analogia entre grupo e sonho, e *L'Imaginaire dans les groupes* [O imaginário nos grupos] especificará a clínica. Observe-se que esses textos fundadores não foram publicados em uma revista de psicanálise, mas em revistas de opinião (*Les Temps modernes* [Os tempos modernos]) em revistas universitárias (*Bulletin de la Faculté des Lettres de Strasbourg*) ou em revistas da psicologia (*Bulletin de psychologie, Cahiers de psychologie*).

Essa corrente de ideias inspira diretamente pesquisas que levam ao conceito do modelo do aparelho psíquico grupal. Ela coexiste com uma segunda corrente de ideias, que é bem anterior e se apoia na prática terapêutica grupal de inspiração psicanalítica. Antes, durante e mesmo depois da Segunda Guerra Mundial, os psiquiatras e psicanalistas fundavam grupos terapêuticos muitas vezes num quadro institucional, como nos hospitais psiquiátricos.

No início dos anos 1940, o dispositivo do grupo é usado por psicanalistas para o tratamento de alguns pacientes acometidos de patologias agudas, crônicas ou atuais, como traumas de guerra. Os trabalhos de Foulkes e de Bion têm essas práticas como fundamento. Trabalhos de alguns psicanalistas franceses, como Lacan, só seriam feitos depois da Guerra.

Naquele momento, na França, o grupo era usado segundo duas perspectivas diferentes: o primeiro concebe o grupo como dispositivo de desmultiplicação das terapias individuais, o que tem o efeito de manter a ignorância da *realidade psíquica original* que se forma no grupo. Depois da Guerra, um segundo uso do grupo é proposto nas instituições psiquiátricas; ele se apoia na tradição francesa da primeira revolução psiquiátrica, que sustentou que as instituições de cuidado têm uma capacidade terapêutica para doenças psicóticas crônicas e que é possível implementar um tratamento de grupo que mobilize processos individuais, apoiando-se em alguma especificidade do espaço e dos processos institucionais. A experiência do campo de concentração também foi uma oportunidade de realizar uma crítica radical da instituição psiquiátrica. Daumezon, Oury, Paumelle, Racamier e Tosquelles foram os pioneiros dessa segunda revolução psiquiátrica.

Contudo, suas teorizações divergiam em mais de um ponto. Para alguns, o postulado que governava essa prática era de que qualquer psicopatologia se forma em um ambiente doméstico ou social deficiente, traumatizante, distorcendo as "funções integrativas do Eu" e as relações intersubjetivas. Essa perspectiva propõe a substituição da família deficiente pelo grupo como comunidade terapêutica. Segundo esse postulado, o dispositivo do grupo é organizado para restaurar e consolidar essas funções, melhorar o controle das pulsões, assegurar a catarse de conflitos, reforçar a adaptação à realidade e desenvolver as capacidades de sublimação: o grupo cumpre sua função terapêutica se permitir ao Eu que se apoie nele para recuperar um funcionamento apropriado.

Para outros, e ainda são raros os psicanalistas neste grupo, era uma questão de atentar ao mesmo tempo para os recursos terapêuticos de grupos na instituição psiquiátrica e os efeitos da alienação que estes intensificam e agravam, segundo a lógica louca de desencadear a loucura por meio de instituições cuja tarefa primária é precisamente tratá-la: F. Pichon-Rivière e J. Bleger, em Buenos Aires, e P.-C. Racamier, na França, deram especial atenção a isso.

No início dos anos 1960, um terceiro movimento de ideias nasce de cismas que afetam o movimento psicanalítico francês. Fundam-se novas instituições, como a Escola Freudiana de Paris, em 1963, e a Associação Psicanalítica da França, em 1964. Os efeitos violentos de grupo que essas rupturas suscitam acompanham e que essas criações têm uma coerência traumática que manterá o interdito de pensar os fundamentos grupais e, *a fortiori*, elaborar uma prática de grupos que se reconheça como psicanalítica. Sua rejeição como objeto antipsicanalítico só pode produzir um retorno da violência no real das instituições.

Vários pontos de apoio e de contra-apoio foram assim dispostos, no início dos anos 1960, por aqueles que pretendiam realizar uma pesquisa com grupos de modo psicanalítico. Os pontos de apoio suscitam grande número de forças resistenciais à ideia de que o grupo pode ser tratado como um objeto legítimo no campo da psicanálise. Não é o grupo um lugar "obsceno" da alienação de sujeitos no imaginário do Um, quando não um simples adjuvante protético que serve de suporte[2] às psicopatologias da dessocialização ou da fraqueza do Eu, ou terapêutico recurso último diante dos limites da cura? E que dizer das transferências: diluídas, inacessíveis, e por isso ininterpretáveis, exceto em termos de resistência à transferência "central", a única legítima?

As pesquisas empreendidas puseram em evidência que os argumentos mobilizados contra a introdução da questão do grupo no campo da psicanálise alimentam-se de motivos mais profundos que, paradoxalmente, só a abordagem psicanalítica pode desvelar e compreender. Pensar o grupo obriga a trazer à luz aquilo que se destina a alojar-se nas formações *metapsíquicas* da psique, em que os vínculos, os grupos e as instituições, a cultura e os rituais recebem os objetos psíquicos não pensados, recalcados, rejeitados ou negados. Só a abordagem psicanalítica pode revelar que um acordo inconsciente se instala para que, *a partir dele*, isso já não esteja em questão.

Essas *alianças inconscientes*, a matéria-prima da vida dos grupos, fazem pensar naquilo que, entre os efeitos do Inconsciente, não é e não pode ser levado em consideração na prática, no método e na teoria da cura. Pensar o grupo, os vínculos de grupo, o sujeito no grupo e o sujeito do inconsciente que se manifesta e se constrói aí obriga a efetuar uma nova descentração ameaçadora para o narcisismo. No grupo, a presença de outros, mais do que de um outro, nos desafia a ser, nas palavras de D. Vasse, "um entre outros", e o trabalho analítico que se pode fazer com essa experiência leva a pensar em um grupo não como um centro, mas como um dos termos da relação na qual se engaja uma parte de nós,

---

2 NT: *Étayage*, tradução do alemão *Anlehnung*.

uma parte que tivemos de abandonar para entrar no vínculo, em favor de benefícios que desejaríamos ignorar.

A pesquisa que se envolve com o modelo do aparelho psíquico grupal nasce tanto de uma dupla herança como de uma dupla ruptura epistemológica: com a psicologia social e com a psicanálise "individual" solipsista. Muitos psicanalistas que trabalharam com o grupo deixaram a psicologia social: Foulkes, Pichon-Rivière, Bleger, Anzieu, por exemplo; também eu segui esse curso. Aqueles que não tiveram esse ponto de partida tiveram outro, a psiquiatria na maioria das vezes. Vemos assim que a invenção psicanalítica do grupo se apoiou, para dela se afastar, em uma prática que não vem imediatamente da psicanálise. Uma crise e uma ruptura são necessárias para ter acesso a ela. A psicologia social foi para mim, tanto quanto para Didier Anzieu e muitos membros do Ceffrap naquele momento, um ponto de partida e uma pedra de tropeço. A epistemologia da psicologia social não pode conter a da psicanálise, pois não inclui o Inconsciente. Comecei meus trabalhos sobre as representações do grupo quando ainda era psicossociólogo: pensei no modelo do aparelho psíquico grupal ao me tornar psicanalista. Quando releio este trabalho 25 anos depois, parece-me óbvio que ele traz as marcas dessa mutação e de suas vicissitudes.

A partir das primeiras experiências psicanalíticas "de grupo" ou "em grupo", os psicanalistas entenderam que a psicanálise não pode abordar, a partir da situação de cura específica vinda dos postulados especulativos de Freud, grupos, multidões e instituições. Eram necessárias duas condições para constituir um novo campo de experiência e de conhecimento: a invenção de um método psicanalítico aplicável à situação de grupo e a consequente elaboração de hipóteses postas à prova nessa situação. À medida que a experiência clínica se enriquecia, parecia que essa invenção e essa elaboração requeriam um quadro teórico suficientemente preciso para definir o campo no qual os processos e as formações do Inconsciente fossem acessíveis.

Dois caminhos se abriram: se era preciso conhecer as formações e os processos psíquicos que especificam a realidade do grupo (aquilo que

Freud denominou psique de grupo), deveríamos negligenciar ou deixar em segundo plano a parte que cabe a cada sujeito na construção dessa realidade comum? Se, ao contrário, só a posição dos sujeitos singulares no grupo importava aos psicanalistas, ela definia ao mesmo tempo o campo do conhecimento e o método de análise e de investigação, mas abandonava a possibilidade de explicar o destino e os efeitos da psique de grupo no espaço intrapsíquico. No início dos anos 1960, os psicanalistas que começaram a trabalhar com o dispositivo do grupo estavam, assim, em uma linha divisória no interior do novo campo que contribuíram para construir.

Sem ter clara consciência desses fatores, tive a impressão de que uma pesquisa que envolvesse a psicanálise deveria dedicar-se à tarefa de implementar um modelo da inteligibilidade que fosse fiel *tanto* à realidade psíquica inconsciente, cujo lugar é o grupo, *como* à realidade psíquica do sujeito no grupo, ou, como propus mais tarde, *do sujeito do grupo*. Penso hoje que esse projeto foi determinado, por outro lado, pelo espírito de época e por uma cultura psicanalítica tipicamente franceses: realizar uma pesquisa sobre o grupo, na França, só era possível se se quisesse manter o debate no campo psicanalítico, se se explicassem, *in fine*, os efeitos do grupo, ou, mais amplamente, do conjunto intersubjetivo na formação do sujeito do inconsciente. Essa inflexão foi benéfica e fecunda, mas também impôs limitações dissuasivas da pesquisa sobre o grupo como tal. A pesquisa teve outro objeto e outros conteúdos psíquicos na Itália, na Inglaterra e nas Américas: colocou-se no centro da pesquisa dos psicanalistas o grupo como entidade específica. A teorização que se propôs criou conceitos novos em comparação com aqueles da psicanálise. Os nossos colegas sentiram-se menos livres para transpor conceitos da metapsicologia do aparelho psíquico individual para a análise de grupos, mesmo que transposições parciais tenham se justificado amplamente, por exemplo, quanto às transferências. A contrapartida negativa foi que, por isso, nesses países a interrogação não incidiu sobre representações e investimentos que têm o grupo como objeto para seus membros. Especialidade hexagonal.

Devo reconhecer que esta ideia de articular, em um modelo sintético e consistente, a dimensão do grupo e a do sujeito não foi de fácil implementação. Além do fato de que diferia dos potentes modelos psicanalíticos de Bion e de Foulkes, centrados no grupo como espaço de formações comuns e impessoais, essa ideia obrigava precisamente a empregar um conceito principal da metapsicologia, aquele do aparelho psíquico, até então pensado como aparelho psíquico "individual". A noção de "aparelho psíquico grupal" só podia mesmo provocar desconfiança, por um lado porque fazia o grupo entrar no campo da teoria psicanalítica (o grupo não era mais uma simples "aplicação" da psicanálise); e, por outro lado, devido à confusão que a noção mantinha entre aquilo que, no aparelho psíquico, releva da grupalidade e aquilo que pretendia descrever o grupo como *aparelho psíquico*, aparelho no qual ocorre um trabalho de vínculo, de desvínculo e de transformação, criando assim a realidade psíquica específica do grupo.

A dificuldade não se devia apenas ao fato de o modelo do aparelho psíquico ultrapassar o campo individual; reforçava-a a hipótese de que o grupo era uma forma derivada, relativamente autônoma, desse aparelho e de suas formações intrapsíquicas. O que primeiro chamei de grupos do interior, e mais tarde grupos internos, descrevia a grupalidade intrapsíquica cujo conceito propus na época. Somaram-se a isso conceitos tomados de empréstimo de campos extrapsicanalíticos: da teoria dos morfismos, por exemplo, para explicar modalidades de relações (isomórficas, homomórficas) entre o grupo como conjunto e os sujeitos que o constituem, ou traços residuais de conceitos que vêm da prática psicossociológica de grupos (monitor em lugar de psicanalista, termo então reservado apenas à prática do divã).

Sob vários aspectos, nessa época, ouvíamos dizer que podíamos nos ocupar do grupo, mas fora do campo psicanalítico estritamente definido pela prática da cura: era necessário escolher. Muitos foram os meus contemporâneos que, para fazer parte de uma sociedade de psicanálise, precisavam deixar a sua prática grupal psicanalítica e desfazer sua adesão a uma associação do grupo.

Penso hoje que os termos do debate não foram suficientemente elaborados para que cada um entendesse que o campo da psicanálise está fundamentalmente aberto a todos os efeitos do inconsciente, que se abre para outras práticas que não a da cura, cumpridas certas condições em termos de método e de representabilidade da realidade psíquica que era preciso explorar e enunciar. Não era possível, então, pensar que, se a teoria da psicanálise se funda principalmente na experiência da cura, toda transformação do dispositivo torna necessária uma transformação da teoria – contanto que se mantenha, todavia, no espírito do método.

D. Anzieu disse muitas vezes – e implementou este princípio – que foi necessário inventar um grupo para pensar o grupo, para explorar com os recursos da psicanálise esse espaço desconhecido, perigoso e atraente, que é o grupo. Ele foi, fomos, ao lado dele "Édipos supostos conquistar o grupo".[3] Nesse gesto de um grupo heroico, cada um ocupou dado lugar e realizou uma função muito definida. Também estávamos bastante concentrados em nosso próprio funcionamento interno e, quando a necessidade relativa à nossa prática clínica se fez sentir, na análise de nossas relações. Esse grupo foi o nosso "elaboratório", o espaço sensível de nossas associações e de nossos movimentos transferenciais e intertransferenciais.

A partir de 1962, nossa equipe se reunia uma vez por mês e em dias úteis para elaborar a experiência em nossas práticas do grupo, mas também para retomar, do lado da cura, aquilo que aprendíamos com essa experiência. Nos dez primeiros anos da formação do Ceffrap, estávamos tão voltados para a necessidade de fazer avançar nossas pesquisas como para a decodificação de nossos entrelaçamentos psíquicos e suas obras. Não nos preocupávamos nem um pouco, nessa época, com outras teorias psicanalíticas do grupo.[4] É assim que a pesquisa recorta o seu objeto, limita-o por razões epistemofílicas [*épistémophiliques*] (cujo elemento narcísico é óbvio) e secundariamente epistemológicas: tivemos de

---

3 Título do relato que D. Anzieu fez sobre sua atração pela abordagem psicanalítica do grupo e da criação do Ceffrap ("Édipo suposto conquistar o grupo. Do desejo de saber na história de um grupo de monitores". *In*: KAËS, R.; ANZIEU, D. *et al*. *Désir de former et formation du savoir*. Paris: Dunod, 1976).
4 Por isso só em 1980 vim a conhecer os trabalhos de E. Pichon-Rivière: eles me foram apresentados em Copenhague por Ana de Quiroga e Janine Puget, no Congresso da Associação Internacional de Psicoterapia de Grupo.

debater com os enunciados da teoria psicanalítica instituída pela cura. Mas também por razões institucionais: tínhamos de nos instituir diante do *establishment* psicanalítico.

Comecei a imaginar o modelo do aparelho psíquico grupal no início de 1969. Apresentei um primeiro desenho aos meus colegas de Ceffrap em janeiro de 1970, e logo uma versão mais realizada, em outubro de 1971. Precisei de mais alguns anos para fazer do aparelho psíquico grupal o tópico central de minha dissertação de doutoramento, e mais dois para publicá-la. Fiquei perturbado com o que descobri, pelas resistências que se faziam sentir em mim e pelas reservas de meus interlocutores mais próximos. Como costumava fazer, D. Anzieu primeiro se opôs à minha hipótese, obrigando-me a argumentar, e quando se convenceu sobre ela o suficiente, defendeu-a com energia. As dificuldades que senti para explicar meu modelo ligam-se indubitavelmente, em parte, a essas resistências. Além disso, não estou certo de ter superado todas elas, uma vez que, desde então e até hoje, continuo promovendo ajustes, versões e desenvolvimentos. O benefício dessa operação é que, a meu ver, ao descondensar as ideias que tentavam exprimir a complexidade das relações entre o grupo e o sujeito do grupo, surgem outras hipóteses. É também possível que a colocação à prova do modelo do aparelho psíquico grupal em trabalhos que não os meus, e a propósito de outros conjuntos intersubjetivos além do grupo (a família, a instituição, a equipe de trabalho, o casal), pede outras formulações. Com efeito, o texto de 1976 continha várias obras: foi uma espécie de matriz de pesquisas até hoje inacabadas.

René Kaës
Janeiro de 2000.

Apresentação

Desenvolvem-se nas fronteiras de disciplinas científicas, assim como nas fronteiras da arte, movimentos feitos por uma insistência e uma resistência semelhantes àquelas que os países conhecem, e que cada um pode, além disso, perceber em seu próprio corpo: defender um território, deter e ampliar para além de seus limites uma influência e um poder, importar, exportar, realizar trocas, criar um mapa do território e fronteiras protetoras e permeáveis. Os funcionários aduaneiros exercem sua vigilância sobre passagens suspeitas de fraudes ou de pôr em risco a soberania de um domínio; alguns embaixadores desfilam em lugares nos quais os inovadores não correm quase nenhum risco, num país estrangeiro: cabe aos primeiros negociar trocas para zelar pelos interesses que os segundos estabelecem. Às vezes, resultam disso acordos e confusões, em favor, inclusive, da abertura de fronteiras ou de sua alegre liberação. Percebemos isso melhor quando um Estado estabelece como norma local o objeto que também requer a atenção do vizinho e que este designa pelo mesmo nome. *Cuius regio, eius religio*:[1] o velho provérbio se aplica a nossa Castália[2] científica em que todos, em algum momento, mostram-se provincianos, nacionalistas ou colonizadores.

A noção de grupo humano designa, muitas vezes indistintamente, duas ordens de realidade: aquilo que a psicologia social define, na perspectiva estrutural desenvolvida por K. Lewin, como um determinado arranjo de relações interpessoais e sociais – essas relações são regidas

---

1 NT: O dono da região decide a religião.
2 NT: Referência a um movimento espiritual francês, *Le Mouvement Spirituel de Castalie*. Castália (*Castalie*) era uma náiade grega que se encarregava da Fonte de Castália, cuja água, segundo se dizia, inspirava os poetas.

por relações de diferenças e tensões entre seus elementos constituintes; grupo também designa aquilo que a psicanálise caracteriza como um objeto investido por pulsões e mobilizador de representações. E esse objeto desempenha um papel-chave no processo de construção de relações entre realidade psíquica, realidade social e realidade material. Trata-se de um elemento de destaque no processo de identificação, isto é, na trama fundamental da existência interpessoal e social.

As diferentes disciplinas que fizeram do "grupo" seu objeto do estudo raramente fundavam suas pesquisas nessa diferenciação entre os dois estatutos do objeto, nem em suas relações. É pelo menos legítimo perguntar por quê, bem como pensar que a resistência epistemológica potente pode apoiar esse escurecimento. É tão necessário diferenciar os níveis da análise quanto articulá-los: a análise do grupo como objeto de investimentos psíquicos e sociais capazes de organizar a estrutura e o processo grupal deve tornar possível informar tanto a ciência dos fenômenos psíquicos como aquela dos fenômenos sociais, uma vez que nos situamos justamente na fronteira entre domínios relacionados, com a condição de manter firme a identidade de referência: ela será, para este trabalho, psicanalítica.

Confusões semelhantes atravessam o estudo de outros fenômenos; por exemplo, a abordagem anatomofisiológica, quando propõe uma construção objetiva de objetos corporais parciais, por isso mesmo desaloja a presença do sujeito em seu corpo. A psicofisiologia não deixou de fazer eco a isso antes de aceitar com a noção de esquema corporal. Essa aquisição capital servirá, contudo, à resistência a integrar a experiência do corpo como corpo de prazer e de sofrimento, como espaço de inscrição de relações desejantes, como lugar de fomentação do pensamento, objeto de investimento da energia psíquica. Admitir que a imagem do corpo é capaz de influir na organização anatomofisiológica requer uma conversão no modo de viver, de sentir e de pensar, isto é, no empreendimento de construção das ciências do homem; os fenomenologistas e psicanalistas executaram essa inversão-chave: um "objeto" para o homem não pode ter existência e sentido senão por meio da rede de investimentos emocionais e das representações que o alimentam e lhe conferem seu volume, sua matéria, seu peso, sua cor e seu valor. O pesquisador, como o artista, não pode separar-se dele de outra maneira a não ser para se desembaraçar dele e reconstruí-lo.

A ilusão da autonomia do objeto pôde manter a ignorância sobre o fato de o grupo ser um objeto de investimentos psíquicos e sociais passíveis de organizar o processo grupal, da mesma maneira como o discurso científico pode se ver alvo de alguma infiltração de modo mais ou menos fecundo. É, contudo, necessário dizer ainda mais diretamente: o discurso científico instala-se como uma das expressões da relação do objeto com o grupo; e não há descoberta criadora, tanto nas ciências como na criação artística, política ou filosófica, que não seja um desenvolvimento simbólico de uma atitude imaginária acerca de objetos reais e tributários, portanto, de relações com objetos internos.

O grupo como objeto investido e representado é uma imagem cujos determinantes são ao mesmo tempo endofísicos e externos, dependentes da realidade cultural e social. A representação do grupo como objeto é o processo e o resultado de sua construção por um sujeito: essa representação é uma codificação de várias ordens de realidade; age em um sistema, cognitivo e social, de troca de diferenças entre os atributos imaginários do objeto e suas reais características.

A noção de grupo como objeto foi proposta na França por J.-B. Pontalis, em 1963. Ele esboçou o interesse alguns anos antes (1958-1959) em um exame crítico – dos mais implacáveis – de práticas e teorias acerca da dinâmica dos grupos e da psicoterapia de grupo. Pontalis dissipou a confusão que se instala continuamente entre fatos observados e interpretados e ideologia, entre o modelo e o que passa por ser sua norma. Lembrou, em seu texto de 1963, da diversidade dos modelos do grupo: matemáticos, organicistas, psicanalíticos. Traçou a origem das primeiras experiências de grupo, feitas com óbvia intenção pedagógica: garantir uma comunicação satisfatória, decisões que sejam controladas e refletidas, procedimentos de trabalho eficientes. Depois a ênfase incidiu sobre os processos do grupo e a necessidade, para que se tornem objeto de uma tomada de consciência e até para que possam se realizar, criar uma experiência de grupo aberta, posta entre parênteses, não só com respeito a toda tarefa externa, mas, no limite, a toda tarefa, como se a única finalidade do grupo fosse formar-se, viver e morrer, e como se ele gastasse sua energia em construir e vencer obstáculos [...].

Pontalis observou, contudo, que em muitas representações de grupos, uma mesma modificação da perspectiva pode ser constatada: "os 'modelos' propostos tornam-se cada vez menos genéticos e normativos. Eles têm as mais diversas proveniências. Para dizer a verdade, essa própria diversidade parece bastante suspeita [...]" (p. 261-262).

Contudo, o vínculo entre experiência e conceitualização permanece frouxo e há pouca ou nenhuma elaboração teórica. A literatura sobre os pequenos grupos é bem mais marcada pela ideologia do que por qualquer outro domínio concebido pela psicologia. Mas não é possível ater-se a essa simples constatação. Na verdade, o conhecimento serve, nesse caso, de tela: para não ver aquilo que o grupo faz acontecer como significações que o descrevemos, por exemplo, como um organismo, postulando com isso uma lei de desenvolvimento, normas, condições ótimas de equilíbrio ótimo. Por questões de método, ou seja, de dificuldade particular de estudar pequenos grupos, acrescenta-se então uma reação de defesa: a existência em grupo desencadeia algumas emoções e atitudes que vários modelos teóricos têm como função mascarar. A meu ver, a contribuição desse grupo irrefutavelmente "artificial" que é o grupo de diagnóstico – quando o procuramos apenas para confirmar o que já se sabe – é justamente indicar a que vem responder, na vida de um grupo, a constituição desse ou daquele modelo de seu funcionamento.

Pontalis, nesse texto, acentua os dois problemas que se manifestam até hoje na pesquisa sobre grupos: discernir e diferenciar o objeto-grupo; identificar seus efeitos, que o mantêm por uma dada razão; articular a relação entre método e objeto através do questionamento das relações do médico ou do teórico com os objetos que constroem.

Um desses lugares de interrogação é aquele em que o grupo como objeto funciona no campo psíquico:

Embora, no campo sociológico, seja bem verdade que o grupo é uma realidade específica, quando este funciona como tal no campo da psique individual – modalidade e crença que todo a psicossociologia tende precisamente a fortalecer – sua operação é de fato como fantasia, isto é, como realidade estruturada e ativa, capaz de informar não só imagens ou sonhos, mas todo o campo do comportamento humano.

Alguns anos depois, D. Anzieu (1966) desenvolveu a tese segundo a qual o grupo é um sonho e uma tópica projetada. Na Inglaterra, R.-D. Laing e A. Esterson (1964) criticaram a analogia biológica pela qual o grupo é representado como organismo; eles escreveram que se, de um ponto de vista fenomenológico, o grupo puder ser sentido por seus membros como um organismo, sustentar que, ontologicamente, o grupo é um organismo, é um grande erro:

> O grupo, a família, ou até a sociedade em geral são então uma espécie de hiperorganismo com sua fisiologia e sua patologia, podendo ser são ou doente. Chegamos, nisso, a um panclinicismo, por assim dizer, que é mais um sistema de valores do que um instrumento de conhecimento. O grupo não é, para o indivíduo, o que o todo é para a parte, ou um hiperorganismo para o organismo. O grupo não é um mecanismo, exceto no sentido de que a ação mecânica do grupo pode constituir-se como tal através das práxis de cada um de seus membros, ou é o resultado inteligível dessas práxis e pode ser elucidado com o uso de uma metodologia apropriada.

Desse modo, desde os anos 1960, e já Bion desde 1955, vários autores nos informam sobre a importância do estatuto do grupo como objeto. Cremos que uma das originalidades da pesquisa que apresentamos hoje é ter tentado o estudo desse objeto e seguindo suas vicissitudes no próprio processo grupal. Logo, é um duplo empreendimento, pois não envolve apenas determinar "a função que o grupo como tal vem a sustentar na estrutura da psique"– e Pontalis indica que essa foi a abordagem fundamental de Freud em *Psicologia das massas e análise do Ego* – mas também compreender como, em contrapartida e, por assim dizer, dialeticamente, o modelo endopsíquico do grupo é capaz de organizar os processos psicossociais implementados na grupalidade.

O elo intermediário, que torna possível essa articulação, me pareceu advir de duas noções: a primeira é que há formações grupais inconscientes na psique (o inconsciente também se estrutura como grupo[3]). A segunda é que os membros de um grupo constroem juntos um sistema de relações e de operações de caráter transicional: construí um modelo para explicar esse sistema, e denominei-o aparelho psíquico grupal.

A tese que ofereço neste livro consiste em que, do ponto de vista das formações e processos psíquicos implicados na construção e no funcionamento dos grupos, os investimentos e as representações de que o grupo é objeto são elementos fundamentais do processo e da organização grupais. O grupo deve ser tratado em primeiro lugar em sua posição de objeto, no sentido psicanalítico de correlato da pulsão; a pesquisa, por isso, deve incidir sobre os mecanismos de construção desse objeto, em relação a que instâncias, diante de que as economias e de que funções, no contexto de que conflitos e de que determinantes socioculturais.

A perspectiva definida na primeira parte desta obra foi a de considerar o grupo como objeto de representações e de afetos organizado por algumas formações psíquicas dotadas de propriedades grupais: o grupo representado é um representante do aparelho psíquico como um todo ou de alguns de seus elementos. Essa capacidade de representar formações grupais da psique deve ser explicada pela afinidade de estrutura, de forma e de função entre o aparelho psíquico subjetivo e o grupo: o grupo serve para representar o psiquismo, e o psiquismo, para representar o grupo. As práticas formativas e terapêuticas de grupo não têm outro fundamento teórico, contanto que se possa reconhecer e trabalhar a diferença entre esses dois aparelhos.

Trabalhei com duas hipóteses suplementares: a primeira é que a representação do grupo é um componente do processo grupal. Esse ponto de vista só bem mais tarde foi aceito em pesquisas psicossociológicas sobre pequenos grupos. Em 1965, em uma obra que apresentou os desenvolvimentos mais recentes da dinâmica de grupos, C. Flament

---

[3] Propus essa formulação em 1966. No momento da revisão das provas deste trabalho, e por ocasião de um levantamento sistemático da bibliografia em língua francesa sobre os grupos, descobri um importante artigo de C. Magny (1971) que também propõe o equivalente dessa expressão.

propôs um sistema de análise de grupos em termos de estruturas sociais, estrutura de tarefa e redes de comunicação. E só mais tarde aceitou a ideia de acrescentar o sistema de representações como elemento principal da dinâmica de grupos. A perspectiva teórica e clínica com a qual trabalhei levou-me, alguns anos depois, a formular uma hipótese ainda mais radical: as representações do grupo são capazes de funcionar como organizadoras das relações intersubjetivas, grupais e intergrupais. Em outras palavras, os grupos organizam-se e estruturam-se segundo as relações de objeto cenarizadas através das quais são representados. O objeto-grupo tem propriedades de representar objetos e processos psíquicos em um cenário no qual cada participante de um grupo encontra e cria um lugar ao mesmo tempo atribuído e conquistado, assumindo assim, a partir desse lugar, as relações de troca, de colocação e de valor na economia psíquica individual e social. O objeto-grupo representado é não só capaz de figurar trocas psíquicas entre as polaridades internas e individuais e as polaridades externas e sociais da psique, como também de tornar possíveis essas trocas e influenciar essas polaridades. A hipótese de uma homomorfia de estrutura e de uma gênese psicossocial comum aos aparelhos psíquicos individual e grupal pode encontrar nessa análise uma primeira formulação. A análise deve incidir no que o grupo representa como objeto psíquico, e nas figurações grupais que a psique recebe. A "grupologia" psíquica que postulo deve ser procurada ao lado da imagem do corpo, da fantasia original, dos complexos familiares, das redes identificatórias e da imagem subjetiva do aparelho psíquico. A *Gestalt* psíquica do grupo sem dúvida codetermina, ao lado da ancoragem social de sua representação, a fecundidade que possui figuração e força de relações entre objetos organizados em um conjunto significante.

A relação de homomorfia que suponho haver entre uma grupologia psíquica e um aparelho psíquico grupal não reduz o grupo (como processo e organização específica) a uma estrutura isomórfica da psique individual. A ilusão isomórfica produz o grupo psicótico; ela também é, como o veremos, responsável pela representação do grupo como entidade subjetiva. Além disso (e essa é, na minha opinião, uma hipótese fundamental), convém conceber a construção do grupo como resultante em parte da projeção, às vezes reificante e relativamente autônoma, de objetos e processos internos pré-organizados no aparelho psíquico: um grupo é, como D. Anzieu (1966) formulou primeiro, uma tópica projetada: ele se constrói produzindo um "Eu", um "Isso", instâncias "Superegoicas" e "narcísicas" homomorfas àquelas que são produzidas e diferenciadas no psiquismo individual. Esse grupo funcionará sob o regime da lealdade a uma instância ou vai se mobilizar em um conflito interno, ou contra outro grupo percebido como o representante de outra instância.

O grupo – escreve J.-B. Pontalis (1963) – é portador de efeitos imaginários tanto mais distantes quanto mais se modelar em estruturas anteriores adquiridas: a de uma Psique como totalidade, a do corpo envelope, puro limite entre o exterior e o interior, sendo o segundo constituído como a metáfora do primeiro.

Formulei[4] em 1970-1971 o modelo do aparelho psíquico grupal apresentado na segunda parte deste livro; esse modelo deve permitir não só diferenciar entre os níveis da análise psicológica e os níveis da análise do grupo, mas também oferecer uma nova base teórica ao estudo do processo de construção e do grupo e da personalidade. O aparelho psíquico grupal indica uma ficção eficaz e transicional, a de um grupo psíquico, sustentado em um grupo mítico, que tenta se atualizar na construção real de um grupo concreto. Este não pode se construir sem tender a reproduzir os elementos constituintes de um aparelho psíquico subjetivo, ao requerer formações grupais do psiquismo: imagem do corpo, imagos, fantasias originárias, redes de identificações, estruturas de instâncias e de sistemas do aparelho psíquico. Se acontece de certos grupos reais se apegarem a essa ficção, é que o impasse se completou naquilo que diferencia o psiquismo "individual" do psiquismo "grupal": o "corpo" grupal, em vez de se manter como metáfora, torna-se o corpo imaginário que absorve os corpos singulares.

A hipótese do aparelho psíquico grupal é proposta como uma contribuição na teoria psicanalítica dos grupos humanos. Contudo,

---

4 A concepção data de março de 1969, e a formulação perante meus colegas do Ceffrap, de 1970.

se pensarmos de fato sobre isso veremos que a psicanálise também se preocupa, em sua prática, com grupos que constituem para ela o lugar ordinário de construção de suas teorias: o grupo é um deles, desde a origem da psicanálise. É provável que a compreensão da cura-tipo,[5] assim como a do psiquismo "individual", pudesse modificar-se caso seguisse a análise intuitiva proposta por Freud desde as primeiras linhas de *Psicologia das massas e análise do Ego*: "a psicologia individual se apresenta desde o começo como sendo ao mesmo tempo, por um lado, psicologia social, no sentido ampliado, mas inteiramente justificado, da palavra".

Desse modo, uma consequência dessas proposições é que a psicanálise comporta uma dimensão grupal que a situação da cura-tipo não pode mascarar. A prática de análise intertransferencial (KAËS, 1976a, 1976b; 1982c) na situação de grupo de formação ou de terapia revela exatamente as adesões transferenciais e os caminhos de elaboração da contratransferência que não são suficientes para explorar as práticas exclusivas da autoanálise ou de controle clássico.

Voltemos ao problema principal que me parece evocar a articulação entre a fantasia e os processos de grupo. A redução realista, por exemplo, ignora o fato de que o processo grupal é tributário do objeto-grupo representado. Inversamente, a redução psicologista desconhece a determinação do processo grupal por sua base social e material. Esses dois tipos de redução cumprem a mesma função de mascarar a descontinuidade entre realidade psíquica e realidade social. Trata-se, portanto, de compreender a razão e articular o que ora se confunde ora se separa. A resposta que ofereço para resolver esse problema é que existem no psiquismo organizações dotadas de características grupais que a situação de grupo atualiza em certas condições, a ponto de produzir um efeito ilusório da coincidência jubilatória, de verossimilhança ou de estranheza preocupante, devido ao fato de as características imaginárias do grupo representado se ajustarem àquelas do grupo real.

Talvez se possa encontrar, nessa interminável relação de coincidência e alteridade, do um e do múltiplo, que estrutura tanto a vida

---

5 NT: Ou "cura psicanalítica".

intrapsíquica como a dos grupos, a origem ao mesmo tempo psíquica e social do pensamento dialético. Decorreria do fato de que o inconsciente se estrutura como grupo o fato de que não mais haveria grupo que não recebesse o efeito disso em sua organização.

Tentei localizar a construção do aparelho psíquico grupal como criação transicional comum aos membros de um grupo, e como internalização de um modelo fornecido pelos organizadores grupais do psiquismo. Essa construção é transicional no fato de que assegura, reciprocamente, uma mediação entre o mundo intrapsíquico e o mundo social. Possivelmente, não destaquei bastante a função defensiva que essa construção é suscetível de ter em comparação com o próprio processo. Limitei-me a esboçar isso inspirando-me no modelo que nos é proposto nas análises da família psicótica, e também esbocei seus desenvolvimentos para uma teoria dos fundamentos da ideologia (KAËS, 1971; 1980a).

O conhecimento e a prática de grupos, por isso, seriam capazes de se renovar se a análise de seu funcionamento levasse em consideração a natureza e o papel das representações do grupo nesse funcionamento e, reciprocamente, o papel do processo grupal na construção de representações. Reconhecer que essas representações caracterizam o movimento de cada sujeito em direção ao grupo e as relações que daí surgem, a ponto de dinamizá-los ou paralisá-los, é como modificar nosso conhecimento e nossa prática de grupos; é também restabelecer a porosidade entre o saber do inconsciente e aquele que, segundo suas próprias leis, constitui-se em saber sobre o inconsciente (*cf.* S. Leclaire).

A obsolescência que hoje afeta as organizações sociais tradicionais, que torna precários os códigos habituais da existência em grupo (suas normas, seus valores, a definição prescrita de estatutos e papéis), exprime profundas modificações nas relações sociais e entre as gerações. Mas também, através das rachaduras da ordem, surgem novos sonhos que fazem inventar novos modos de ser, sentir e viver em grupo. Nas novas utopias práticas, que vão de grupos efêmeros a comunidades estáveis, irrompem dimensões da existência, subjetiva e grupal, até então reprimidas: as do corpo, do jogo, do sexo e da morte, mas também, nesse fim de século que parece retomar o gosto pela filosofia e a metafísica, as do sentido de viver: através da busca de um "ser-em-grupo", afirma-se a procura, retrospectiva e prospectiva, de um "ser-grupo" paradigmático, o questionamento arqueológico dos fins últimos do ser grupal que é o homem. O homem projeta sobre os grupos suas concepções imaginárias, que por vezes a realidade "aceita" e difunde, invalida ou contradiz. A convicção de que o grupo é a melhor ou a pior forma de existência social remete invariavelmente à experiência íntima de si como ser grupal. E essa experiência íntima não é tecida fora da própria experiência social. As concepções teóricas de Lewin ou de Moreno não são alheias à experiência social de uma sociedade totalitária, nem ao espírito do tempo que interroga continuamente a expressão social mais capaz de vencer o mal-estar da civilização.

Eis algumas das possíveis questões e posições que definem o clima epistemológico com a pesquisa que empreendi. O resultado que esperei delas foi a descoberta de uma hipótese suficientemente forte para constituir os fundamentos de uma teoria psicanalítica de grupos. Caberá a essa teoria explicar as bases psicológicas a partir das quais o grupo se constrói; essa teoria deverá permitir discernir os mecanismos que presidem a organização de sistemas da sociabilidade e de representação nos grupos, propor os elementos de análise dos sistemas do pensamento de que o grupo é objeto (inclusive uma teoria psicanalítica dos grupos), e qualificar as bases grupais que organizam algumas formações psíquicas.

A condição metodológica desse empreendimento é dupla: a primeira concerne ao pesquisador, e a análise que ele é capaz de fazer sobre suas próprias concepções de grupo, através da experiência psicanalítica de sua situação em grupo. A elaboração da pesquisa passa necessariamente pelo caráter pessoal e limitado dessa experiência, pelo tipo de funcionamento afetivo, mental e social do analista; a segunda consiste na implementação de um dispositivo que possibilite a emergência e o tratamento das formações psíquicas que agem nas representações do grupo e nos processos grupais. Só um dispositivo capaz de fazer surgir as formações do inconsciente, para que se possam localizar seus efeitos no conjunto de um processo, merece ser qualificado como psicanalítico. Tentei descrever seus aspectos em um estudo que incide sobre o dispositivo *príncipes* dos grupos e em seminários psicanalíticos de formação (KAËS, 1972). Quanto ao estudo do grupo como objeto, proponho nesta obra o método e as técnicas.

Os resultados das minhas pesquisas sobre os sistemas de representação formados nos processos grupais serão expostos em publicações subsequentes: a análise das formações ideológicas, utópicas e míticas elaboradas nos grupos vai questionar os componentes psíquicos dessas produções.

É na medida que identifica uma lacuna, uma falha no conhecimento e um limite da teoria lida que uma pesquisa constitui uma prova do desejo de compreender. Temos de garantir que esse encontro ocorra necessariamente com esse limite, que permaneça sempre como a marca de um amor que acabou: é também em luto que se escreve um livro e se termina um estudo, às vezes com base em novos projetos. É frequentemente intolerável a tensão entre o desejo de saber e o de entender, entre se permitir ir até o fim da intuição e tentar ser exaustivo e não perder nada, tal como, ao acordar, tentamos de alguma maneira recuperar todo o sonho. Foi necessário centrar, limitar, elaborar como instrumento de trabalho a parte do sonho, sem nunca sacrificar o próprio sonho, o que é importante para viver. Do mesmo modo, são sobretudo o destino e o fundamento das representações do grupo no processo grupal que vão constituir o objeto desses estudos, e mesmo a análise de todas as outras formas de determinações sociais, econômicas e políticas desse processo.

Esta obra é parte da tese de doutoramento que elaborei sob a orientação de Didier Anzieu, e que defendi em setembro de 1974. Devo a Anzieu ter formulado o que poderia ter permanecido como esboço ou intuição. Por ter ele me ouvido e respondido com exigência, na verdade e na amizade, sem evitar que eu corresse riscos, desejo agradecer por essa "camaradagem". Minha aprendizagem e a elaboração desta pesquisa também foram estimuladas pelos vínculos de respeito e de liberdade que foram tecidos durante vários anos com meus amigos do Ceffrap: a eles, meu reconhecimento. Também estou em dívida com meus alunos por uma escuta crítica, às vezes uma colaboração preciosa, quando aceitaram participar de algumas pesquisas, reunindo documentos, comunicando-me observações, algumas delas retomadas e comentadas neste trabalho. Não posso mencionar (seria justo) todas as pessoas de quem recebi encorajamentos e críticas, e a quem devo ter sido capaz de elaborar a minha experiência e aquilo que sei. É verdade que eu também deveria mencionar (mas seria delicado) aqueles com quem entrei em conflito, que enfrentei e com quem lutei, porque também eles desempenharam o seu papel nesta obra. Tratando-se de uma pesquisa sobre o grupo, tenho claro, tanto tempo depois, que seu ponto de partida ocorreu entre aqueles que foram (em minha infância) e entre aqueles que hoje são meus "familiares": a eles, minha gratidão.

Primeira Parte
A construção do grupo como objeto de representação

Capítulo 1

Organizadores psíquicos e socioculturais da representação do grupo

> "Não é suficiente revelar os processos inconscientes que funcionam no seio de um grupo, seja qual for a engenhosidade de que se possa dar provas: enquanto deixarmos fora do campo da análise a própria imagem do grupo, com as fantasias e valores que comporta, estaremos, na verdade, fugindo a toda pergunta sobre a função inconsciente do grupo".
>
> J.-B. Pontalis. *Le Petit groupe comme objet*, 1963.

A construção do grupo como objeto se efetua através de dois sistemas de representação: um sistema psíquico, no qual o grupo funciona como o representante-representação da pulsão, e um sistema sociocultural, no qual o grupo é figurado como modelo de relação e de expressão.

Cada um desses sistemas inclui organizadores específicos, isto é, esquemas subjacentes que organizam a construção do grupo como objeto de representação. Os organizadores psíquicos correspondem a uma formação inconsciente próxima ao imaginado do sonho: constituem-se nos objetos mais ou menos cenarizados do desejo infantil; podem ser comuns a vários indivíduos e assumir um caráter típico, no sentido em que Freud e Abraham falavam de sonhos típicos. Tomam de empréstimo à experiência diária e aos modelos sociais de representação do grupo o material "diurno" necessário para sua elaboração. Os organizadores socioculturais resultam da transformação, pelo trabalho grupal, desse núcleo inconsciente. Comuns aos membros de uma atmosfera sociocultural dada, e eventualmente a várias culturas, funcionam como códigos que registra, como o mito, diferentes ordens de realidade: física, psíquica, social, política, filosófica. Possibilitam a elaboração simbólica do núcleo inconsciente da representação e da comunicação entre os membros de uma sociedade. Funcionam, assim, na transição do sonho em direção ao mito.

É provável que os organizadores psíquicos e socioculturais marquem alguns estágios críticos da elaboração da personalidade e da sociedade, que revelem níveis de integração que os esquemas específicos da representação (Spitz falaria de indicadores do comportamento) permitiriam identificar. Esta hipótese só pode era comprovada na análise do processo grupal em seu conjunto.

O estudo desses organizadores requer um método apropriado, isto é, capaz de facilitar sua emergência e seus efeitos. Será necessário, nesse empreendimento, estar atento à heterogeneidade dos campos em que se manifesta a representação do grupo, a fim de diferenciar os níveis de estruturação e de funcionamento dos organizadores.

1. Os organizadores psíquicos da representação do objeto-grupo. Método de análise

1.1 Quatro organizadores

Os organizadores psíquicos consistem em configurações inconscientes típicas de relações entre objetos. Sua propriedade dominante é ter uma estrutura grupal, isto é, constituir conjuntos específicos de relações entre objetos voltadas para um objetivo segundo um esquema dramático mais ou menos coerente. Os organizadores psíquicos têm propriedades figurativas, cenarizadas e proativas: em outras palavras, podem mobilizar a energia psíquica ou todo equivalente físico ou social dessa energia.

Diferencio, atualmente, quatro organizadores psíquicos principais da representação do grupo: a imagem do corpo; a fantasia originária; os complexos e imagos familiares; a imagem global de nosso funcionamento psíquico, o que corresponde sobretudo aos sistemas e instâncias da tópica, às estruturas da identificação e à percepção íntima do nosso aparelho psíquico. Esses quatro organizadores constituem as modalidades predominantes da estrutura psíquica grupal de um indivíduo ou de um grupo de indivíduos. Embora o número de organizadores psíquicos provavelmente seja limitado, suas figuras são extremamente variáveis de um indivíduo ou de um grupo para outro. Seria possível, com base nisso, propor uma tipologia de grupos. Também seria interessante estabelecer as relações de envolvimento entre os organizadores: a fantasia originária de fato implica a imagem do corpo em sua relação com o corpo do outro, assim como a figuração do Eu psíquico implica a imagem do corpo. O mesmo se aplica às estruturas identificatórias em sua relação com o narcisismo, às fantasias originárias, aos complexos e às imagos familiares.

A hipótese que apresento não postula a existência de uma pulsão grupal, como Slavson tentou imaginar. Basta considerar que há formações psíquicas do inconsciente que apresentam características grupais em sua estrutura, e que a *Gestalt* grupo oferece às pulsões e suas emanações uma forma boa, econômica, ao permitir representar relações pré-objetais e objetais estabelecidas no psiquismo e articular a *grupalidade interna* com a grupalidade social.

1.2 Representação e projeção do objeto-grupo

A estrutura da representação, na condição de formação psíquica, define as condições metodológicas de seu estudo. Sustento que toda situação projetiva controlada é apropriada à análise da representação e de seus organizadores, não só quando se trata de construções subjetivos, mas também no caso de construções coletivas ou grupais. Esse método da análise supõe que se estabeleça uma articulação clínica e teórica entre projeção e representação. A exposição a seguir vai apresentar a hipótese descrita na segunda parte deste livro: a construção do aparelho psíquico grupal é o resultado de uma atividade da representação projetiva e introjectiva do objeto-grupo; essa construção tende a ordenar o processo grupal ao organizar a transição entre a grupalidade endopsíquica e a grupalidade social.

Representação e projeção são dois termos que se relacionam a universos diferentes; a psicanálise tenta estabelecer relações entre eles. O termo "projeção" tem origem na geometria óptica, e "representação" é uma herança do vocabulário da filosofia clássica. Laplanche e Pontalis (1967), estabelecendo as diversas acepções do conceito, observam que ele indica, no sentido mais corrente, a operação mediante a qual alguns objetos são lançados à frente: são deslocados para fora, passando do centro à periferia, ou do sujeito em direção ao mundo circundante. O sujeito atribui aos outros (e neles as encontra) características que lhe são próprias e, portanto, só percebe do mundo e de seus objetos aquilo que ele mesmo definiu e construiu. É nesse sentido geral que a noção de projeção justifica o uso de técnicas projetivas.

Na teoria psicanalítica, a projeção é a operação pela qual o sujeito desaloja de si e localiza em pessoas ou Id's algumas qualidades, sensações, desejos ou medos que desconhece ou recusa em si. O que o sujeito expulsa é "encontrado" por ele no mundo. Trata-se de uma defesa muito arcaica, que consiste em procurar (e encontrar) do lado de fora a origem de um desprazer. Lançar fora as representações intoleráveis que voltam a ele na forma de repreensões, o paranoico justifica seu comportamento diante da percepção exterior perigosa. Tendo percebido esse mecanismo na análise de casos patológicos, Freud insiste, em diversos títulos, na sua presença em modos de pensar normais como a superstição, o animismo, a mitologia e as "concepções do universo".

Esse processo supõe que haja no sujeito uma diferença entre o que é interno e o que é externo, uma "bipartição no íntimo da pessoa e uma rejeição no outro da parte de si que recusa" (LAPLANCHE; PONTALIS, p. 350). Na projeção, o sujeito estabelece uma ruptura do mundo em que o que é intolerável para ele encontra seu lugar e sua causa no mundo exterior.

É, contudo, possível pensar que a projeção nem sempre é do objeto mau. A projeção de partes boas no exterior também ocorre para salvaguardá-las dos ataques internos de objetos perseguidores. Quanto à projeção inconsciente da hostilidade em demônios, Freud escreveu em *Totem e Tabu* (1912-1913):

A projeção não é apenas um meio da defesa; também a observamos em casos em que não existe conflito. A projeção de percepções internas no exterior é um mecanismo primitivo, ao qual estão sujeitas, por exemplo, nossas percepções sensoriais, e que, assim, normalmente desempenha um papel muito grande na determinação da forma que toma nosso mundo exterior [...]. A projeção externa de más tendências explica o conceito animista do mundo, e possivelmente também a superstição e todas as crenças. Todos esses sistemas são formados por meio de um mecanismo cujo protótipo é aquilo que denominamos "elaboração secundária" de conteúdos oníricos. Não vamos esquecer, além disso, que tão logo o sistema se forma, todo ato submetido ao juízo da consciência pode apresentar uma dupla orientação: uma orientação sistemática e uma orientação verdadeira, mas inconsciente. Esta última vem da ideia de que as criações projetadas dos primitivos se aproximam das personificações pelas quais o poeta exprime, na forma de individualidades autônomas, as tendências opostas que lutam em sua alma.[1]

Freud (1915) distingue dois tipos de representações ao estabelecer o ponto de vista tópico que os especifica: as representações de Id's, essencialmente sensoriais, derivam do Id e caracterizam o sistema Ics. Elas têm uma relação mais imediata com o Id e resultam da experiência da satisfação primitiva por meio da qual o nascituro vê alucinatoriamente o objeto da satisfação em sua ausência: mediante essa representação, estabelece-se para o nascituro uma equivalência com o objeto primitivo fonte de prazer. Esse tipo da representação visa a estabelecer uma identidade de percepção entre o objeto e sua imagem de substituto. Comandados pela prevalência do princípio de prazer, os mecanismos de deslocamento e de condensação tendem a estabelecer essa equivalência na identidade de percepção. Essa representação fantástica (reconstrução alucinatória do objeto de desejo) constitui para o nascituro o mecanismo mais arcaico de defesa do Ego em construção: é uma defesa contra a angústia destrutiva, contra a frustração e perda do objeto. A representação, em sua origem, aparece assim como uma solução de reequilíbrio temporário,

---

1 Deve-se reprovar no texto a concepção antropomórfica da segunda tópca freudiana. Retomo essa formulação para conceber o grupo como aparelho psíquico grupal projetado e, portanto, desde o início internalizado.

mediante o investimento de energia libidinosa livre e excedente – e por isso ansienógena – em lembranças sensoriais do Id.

A formação do psiquismo passa por uma etapa decisiva por meio desse estabelecimento da representação do Id como a proteção do Ego contra-ataques à sua unidade vital. Nessa etapa de constituição do Ego, investem-se os objetos externos como pertencentes ao Ego; o caráter de globalidade da fantasia e das representações que delas se derivam constitui um todo indiferenciado, sujeito, objeto, mundo interior e mundo exterior. Nessa etapa do sincretismo primário, não há, portanto, propriamente falando, sujeito nem objeto. Progressivamente, os objetos são representados subjetivamente e o mundo se constrói.

Como essa relação Ego-mundo exterior e Ego-Id é concebida por Freud? Na relação Ego-exterior, o Ego, diz ele, lançaria uma espécie de pseudópodo no meio circundante, tomaria algumas amostras da realidade e tentaria encontrar o representante da pulsão (isto é, o seio). A percepção é aqui sobrepujada pela representação. Na relação Ego-Id, o representante da pulsão no Ego torna-se o objeto da percepção mediante um movimento simétrico inverso, na medida em que se admite que a pulsão, realidade interna, atrai a percepção que vem do corpo ou do mundo externo para, tendo-os investido e dando-lhes assim um sentido, usá-los para representar-se por meio deles no aparelho psíquico: "não há representação que não seja ao mesmo tempo a representação de uma realidade interna e de uma realidade externa", escreve D. Anzieu (1974a). No processo primário, as representações não são distintas da percepção: o processo psíquico secundário sempre sofre a infiltração do processo primário. Para libertar-se do recalque originário, o Ego deve "incluir nele o que rejeita no exterior" (MAJOR, 1969). De fato, o Ego não pode satisfazer-se com representações alucinatórias, isto é, com representações do objeto ausente: ele deve incluir em si aquilo que é rejeitado, como o certificam tanto o jogo do carretel como o processo da simbolização. R. Major diferencia dois momentos nesse processo: o primeiro é o da separação entre o interior e o exterior, e, o segundo, o da reduplicação do interior e do exterior.

As representações de palavra caracterizam o sistema Pcs-Cs governado pelo processo secundário. A representação de palavra vincula-se ao conceito freudiano que liga verbalização a tomada de consciência: "é se associando à imagem verbal que a imagem mnésica pode adquirir o índice de qualidade especificamente da consciência", escreve Freud (1915). Esse conceito permite compreender a relação e a passagem entre processos e conteúdos inconscientes (processo primário, indiferenciação espaço-temporal, identidade de percepção, princípio de prazer) e processos e conteúdos conscientes (processo secundário, diferenciação, princípio de realidade, identidade dos pensamentos entre si).

Nas interpretações de sonhos, Freud indica que a identidade de pensamento tem relação com a identidade de percepção: por um lado, a identidade de pensamento constitui uma modificação, pois visa liberar os processos e conteúdos governados exclusivamente pelo princípio de prazer. Por outro lado, essa modificação tende a estabelecer o princípio lógico de identidade. Contudo, ela não cancela a identidade de percepção; ao contrário, está a seu serviço, assim como o princípio de realidade está a serviço do princípio de prazer uma vez que estabelece o diferimento da satisfação imediata em função de pressões internas e externas.

As representações de palavra, ao associar a imagem verbal à imagem mnésica do Id, estabelecem o vínculo entre verbalização e tomada de consciência. Para que a tomada de consciência ocorra, é necessário um superinvestimento da representação do Id. A articulação na linguagem define o que foi inexprimível e que deixa de ser ao alcançar a consciência. Vemos assim que o recalque recusa sua tradução em palavras, ou, de um modo mais geral, em signos, uma representação inaceitável pela consciência. A verbalização permite, por meio da tomada de consciência, uma ação transformadora e racional na realidade; mas também constitui a própria realidade devido à sua lealdade à fantasia inconsciente.

A representação não é senão essa articulação, esse lugar de comunicação, essa passagem à expressão do inefável e do invisível: movimento entre interior e exterior, dentro e fora, inconsciente e consciente, passado e futuro. A representação é levada pela fantasia, que a torna mais dinâmica, mas nela se associam defesas que o sujeito usa contra a irrupção da fantasia. O núcleo imaginante da representação, por causa de sua posição tópica articular, que o constitui em formação de compromisso, exprime a fantasia e suscita a resistência; ao provocar a resistência, a imagem mobiliza a força do recalque: aquilo contraria que o Ego exerce suas forças de repulsão que o ameaça e de quem tem de defender-se; não só o retorno do recalcado (o desagradável, o interdito, o desorganizador...) mas também o ataque do processo primário e, mais fundamentalmente, a manifestação do desejo de que a insistência do imaginário é testemunha.

A representação, por isso, é não só o conteúdo de uma atividade de construção mental do real como também o processo cognitivo que corresponde a essa atividade. O objeto representado é uma imagem, resultado de um trabalho psíquico de representação daquilo que, no tempo e no espaço doravante cristalizados pela imagem, faz falta ao sujeito.

A imagem que a fenomenologia analisa (em termos de intenção imageante e relação imageante) aparece em sua posição mediadora, entre sujeito e objeto, passado e futuro, concreto e abstrato, inconsciente e consciente.

A imagem é, assim, o suporte de uma busca ininterrupta: encontrar o objeto do desejo no mundo exterior. É nesse movimento que a imagem é prefiguração, antecipação: é o que tende a (e insiste em) tornar-se real. Cada vez que nos vemos em situação de insegurança, frustração, falta, o recurso à imagem exprime a busca de uma resposta, de um retorno à unidade, de uma redução da tensão para reconstituir o equilíbrio interno. Mas a imagem também é aquilo que resiste: a admitir a perda do objeto, a reconhecer o objeto do desejo, a dissipar a fantasia da coincidência.

Como estabelecer o vínculo entre projeção e representação? Deve-se dizer que toda projeção é uma representação, e vice-versa?

A relação entre projeção e representação não deve localizar-se num mesmo quadro teórico: a teoria freudiana da alucinação e do sonho como projeção assim declara. No artigo que dedicam à noção de proteção, Laplanche e Pontalis (1967) perguntam: "Se é o desagradável que é projetado, como explicar a projeção de uma realização de desejo?" Sabe-se que a resposta de Freud (1917) reside na diferenciação entre a função do sonho e seus conteúdos: o sonho realiza um desejo bonito, mas a sua função primária é defensiva; "um sonho, por isso, é, entre outras coisas, também uma projeção, uma expressão externa de um processo interno". Mas o sonho é igualmente uma representação que, implementando os processos de condensação, deslocamento e simbolização, encontra seu objeto no modo da alucinação primitiva, assegurando assim o próprio funcionamento psíquico.

Por meio da projeção, o sujeito estabelece um recorte do universo para instalar no mundo exterior aquilo que, nele, é fonte de desprazer. Deve-se então dizer que a projeção seria uma representação da fronteira, sujeito-objeto, uma vez que algo do sujeito é colocado no exterior, e que a representação seria como o mapa, irrigado por afetos, do mundo exterior no sujeito? Esta simetria por acaso vem de uma identidade entre mecanismo e efeitos? Para tentar responder a essa questão, é necessário voltarmos ao processo de diferenciação interior-exterior, isto é, a construção do "eu" e à oposição linguística que permite apreender e diferença sujeito-mundo. Vimos que no estado de indiferenciação primitiva, investe-se na representação em lugar do objeto defeituoso, e que ela restaura assim a unidade vital Ego-Todo. O estágio do espelho, ao antecipar a unidade do corpo próprio, permite uma primeira diferenciação sujeito-mundo, e essa diferenciação se apoia no par projeção-introjeção. Ao mesmo tempo, e através de etapas de identificações imaginárias, desenvolve-se a aquisição da linguagem; portanto, a possibilidade de fabricar representações de palavra é contemporânea da consolidação dos sistemas Pcs e Cs, da instalação de identificações especulares, e depois do abandono destas.

A projeção é uma espécie de perífrase, manifestando um comportamento de retorno. Se a projeção é justamente o ato de expulsão de algo desagradável para fora de si, essa coisa excluída é reencontrada no mundo, em outras pessoas, em um dado objeto, e dá origem a uma representação, investida com a mesma carga de afeto que motiva a projeção. Esse novo investimento "evita" o conflito ou o desprazer inicial.

O mundo então se estabiliza, como na estereotipia, na superstição, no animismo; ou, para o paranoico ou o fóbico, nos quais o recalque da representação se mantém mediante o contrainvestimento de uma representação substitutiva, que se amplia e termina por estender-se a todos os elementos de uma situação. Mesmo que o princípio de prazer esteja na origem da projeção, tão logo esta se realiza, o projetado vai para o real exterior, e submete-se imediatamente ao princípio de realidade do sujeito. Essa projeção reintegrada na forma de uma representação investida e significante é decisiva na realidade dos comportamentos. A inserção de representações na realidade constitui a cultura, isto é, a rede de representações coletivas organizadas com funções sociais de comunicação, troca, identificação e transformação.

Vemos então que as representações intervêm num nível distinto e com funções distintas da projeção. Constituem um elemento fundamental da elaboração de um comportamento individual e do processo de individuação. A projeção, mecanismo de defesa, é retomada pela representação, que a integra em um processo de desenvolvimento e de adaptação estável. A projeção é um fato do inconsciente e se constitui pela linguagem, em uma linguagem que manifesta, na representação, o estilo do sujeito. Toda projeção se objetiva ou se materializa em uma representação, mas o que funda a projeção não é o produto, traço ou objeto, mas o processo interno de defesa. Isso é confirmado por dados genéticos sobre a construção da personalidade: a representação é uma estrutura de funcionamento, enquanto a projeção é um mecanismo de defesa. A dificuldade na diferenciação desses dois termos não é alheia ao fato de que, no nível da vida sincrônica, já não vemos a diferença: a projeção parece incluída pela representação.

Esse prefácio teórico apresenta a introdução do método. A representação, no fato de que re-presenta, é tributária ao mesmo tempo da realidade endopsíquica – apoiada no corpo – e a realidade exterior, com a qual entra em conflito ou firma um compromisso. É possível considerar que as representações do grupo se constroem a partir das experiências infantis, cujas formulações psíquicas mais rudimentares se realizam no trabalho da fantasia e no das teorias sexuais infantis: essas primeiras representações psíquicas da realidade interna e externa (e antes de tudo da família, dos pais, dos irmãos) governam a representação do grupo. O estudo das representações, de suas lealdades às fantasias e de suas adesões a conflitos infantis, só é possível se se efetuar a passagem do objeto interno a sua representação. Para ser apreendido como objeto da representação, o grupo deve ter-se tornado objeto interno: o grupo representado então traz aspectos de semelhança com seu protótipo inconsciente, mas também aspectos de diferença. Enquanto coincidem, os objetos de fato não podem ser elaborados em representação. Um pré-requisito é que seja possível a comunicação entre as instâncias psíquicas diferenciadas: em outras palavras, que a atividade cognitiva do Ego seja constituída e não seja bloqueada por mecanismos de defesa demasiado potentes contra injunções do Id e do Superego.

1.3 O interesse metodológico de situações projetivas para o estudo das representações

O estudo das representações do grupo tem como interesse principal incidir sobre formações psíquicas menos submetidas às restrições da realidade externa do que as relações grupais propriamente ditas.

As representações do grupo aparecerão tanto mais em sua subordinação à realidade psíquica inconsciente quanto mais puderem aflorar em condições nas quais a restrição exercida pelo processo secundário e pela realidade de outrem seja minimizada. O interesse metodológico de situações projetivas então aparece com clareza: são os mais suscetíveis de mostrar a relação da representação com o objeto representado.

1.4 O desenho do grupo e da família na criança

Estudar, na criança, a representação do grupo em sua relação com a da família deve permitir apreender essa relação em sua elaboração. Ainda assim, é necessário que a experiência de grupos que não o grupo familiar venha para conferir a este um valor diferencial, que também é um valor de ancoragem. Portanto, a entrada na escola constitui a primeira grande separação social: ela é uma ruptura em muitos aspectos tão problemática quanto o desmame, prefigura e anuncia rupturas e reorganizações dos pós-adolescência. Contudo, as relações grupais que se instalam na idade escolar, e depois nos anos da adolescência, sempre se constroem tendo por referência mais ou menos fecunda o modelo primário, que é o grupo familiar.

A representação do grupo na criança constrói-se a partir dessas mudanças de referência que pressupõem certa evolução emocional, intelectual e social. Essa representação só é exprimível quando as estruturas cognitivas da criança são regidas pelos mecanismos de operações concretas; o que implica haver a possibilidade de representar para relações entre pessoas distintas, e de que essas relações sejam não apenas representáveis, mas compreensíveis desde o início: isto é função da atenuação da censura e do recalque quanto àquilo que é investido nos termos dessas relações.

A escolha do desenho como instrumento de expressão da representação realça essas propriedades projetivas. O desenho é um modo natural e familiar de expressão para a criança, no mesmo sentido que o jogo ou a história contada ou inventada. A criança sente certo prazer em sua execução: sua imaginação pode manifestar-se aí livremente. Além disso, por sua própria natureza, o desenho é uma imagem. É a transcrição gráfica de uma imagem mental construída pela criança a partir de sua percepção do mundo e de seus próprios esquemas. É a imagem de uma imagem, que não se confunde com a realidade interna nem com o modelo externo.

Como toda linguagem, a imagem gráfica constitui um sistema de signos que organiza a relação entre um significado e um significante. Esse sistema possui leis de organização identificáveis pela análise estrutural do desenho, que se diferenciam daquelas da língua oral ou escrita devido à organização síncrona dos sinais que o compõem[2] e de seu caráter não

---

2 Embora a diacronia se manifeste no processo de desenvolvimento do desenho, isto é, na ordem de aparecimento de seus elementos. As relações espaciais, a disposição de objetos e de personagem ocorrem nela imediatamente; a continuidade temporal da ação se exprime por uma série de artifícios na forma de reduções (o momento-chave de uma cena, sucessão de cenas, condensação numa mesma imagem de diferentes instantes da ação); as relações lógicas não são muito explícitas: a semelhança, a vizinhança, o tamanho [...] exprimem relações causais; as abstrações não se traduzem diretamente, mas através de sinuosidades simbólicas.

convencional.³ A significação dos conteúdos da imagem gráfica instala-se em dois níveis: no da atividade psíquica pré-consciente ou consciente, em que a significação é diretamente acessível por meio de uma análise reflexiva, e no da atividade psíquica inconsciente, na qual se alcança a significação latente com uma análise dedutiva que empresta seus conceitos e seus métodos de teorias psicanalíticas: admite-se então que formações e processos do inconsciente se projetam no sistema gráfico da criança; o processo primário está agindo aí na figuração simbólica, no deslocamento, graças ao qual uma representação pode passar a outra toda a sua carga de investimento, e na condensação, mediante a qual uma representação pode receber a carga de investimento de várias outras.

Nesse sentido, a linguagem gráfica se aproxima do sonho diurno: compartilha com ele seu caráter figurativo e alusivo graças ao recurso à simbolização. Devido à elaboração plástica, o desenho oferece diretamente o compromisso satisfatório entre mecanismo de defesa e realização fantástica. Mas o desenho não é o sonho; está mais próximo do chiste ou do relato do sonho. O sonho é associal, enquanto o desenho, tal como o chiste, destina-se a outras pessoas. É essa ideia que S. Morgenstern (1937) exprimiu ao escrever que o desenho exerce uma função de sublimação, que é uma tentativa de vencer as exigências pulsionais achando uma saída em um trabalho de objetivos sociais.

Minhas pesquisas envolveram uma população composta de uma centena de crianças e adolescentes em idade escolar, meninos e meninas, de 10 a 15 anos. Pediu-se a essas crianças que fizessem dois desenhos: um de sua família e outro de um grupo. Cada um dos desenhos foi acompanhado de uma pesquisa sistemática e de uma conversa livre, o que deu a essas produções outra dimensão, a da narrativa e da associação de ideias. Foram obtidas informações acerca da composição da

---

3 Apesar de as formas estarem, especialmente a partir da idade escolar, sob o efeito de modelos culturais e psíquicos (cognitivos) próprios dessa idade. As formas muitas vezes assumem valor simbólico graças so vínculo analógico que têm com o objeto sugerido. Na medida em que o signo não corresponde a um modelo padrão de representação, a imagem traz riqueza e equívocos: a liberdade de execução da forma, que permite condensar várias significações. Segundo D. Widlöcher (1965), "o desenho se presta naturalmente à metáfora para figurar, com pouco esforço, um signo sobremodo carregado de sentidos". Por isso, muitos psicanalistas, de S. Morgenstern a D. W. Winnicott, consideraram o desenho era uma linguagem do inconsciente natural à criança.

família, a adesão a grupos e alguns aspectos da vida do sujeito. Em algumas pesquisas, foram propostos testes projetivos. A análise dos desenhos foi executada segundo critérios vindos principalmente de J. Coïn e J. Gomila (1953), e por L. Corman (1964) para a análise do desenho da família; a do desenho do grupo só deu origem a uma única pesquisa, que seja de meu conhecimento, aquela de Hare e Hare (1956) que, quanto a isso, não traz nenhum elemento preciso. Assim, o procedimento consistiu na consideração do desconhecido à luz do conhecido e no estabelecimento de comparações no nível do grafismo, da forma e do conteúdo.

A interpretação de desenhos é baseada no método da convergência de índices em cada desenho e entre desenhos; os resultados são comparados com os dados obtidos na conversa, a pesquisa e, em certos casos, outros testes projetivos. Essa perspectiva habitual em psicologia clínica combina-se com a proposta pela compreensão kleiniana das elaborações fantásticas: a atenção dada aos detalhes em uma representação justifica-se devido ao fato de o recalcado retornar com essas vestes modestas, o mais das vezes fora de toda recorrência. Só assim a coerência da hipótese é garantia da validade da interpretação fundada em uma pesquisa em vários níveis.

A comparação entre os elementos significativos permite fazer surgir semelhanças e diferenças entre as produções gráficas quanto à natureza de complexos, imagos, identificações, mecanismos de defesa, e relações figuradas e comentadas. Uma análise estatística e diferencial incidiu na evolução da representação segundo a idade, o sexo e algumas configurações do ambiente familiar, sobre a relação entre estruturas de personalidade e representações do grupo e da família.[4]

---

[4] Ficam por resolver vários problemas de método; por exemplo, o efeito do enunciado que pede o desenho e da ordem de entrega de desenhos do grupo e da família: as variações introduzidas pela situação de coleta dos desenhos (pesquisa sistemática ou relação terapêutica), os níveis de representação recuperados pelos desenhos e pela pesquisa verbal. Quanto a este último ponto, parece estabelecido que, para a maior parte dos sujeitos, a representação gráfica é mais rica em informações que a representação verbal. A estrutura plástica do objeto-grupo encontra uma modalidade de representação mais adequada na iconografia do que no discurso verbal? Essa hipótese comporta impicações tanto metodológicas como teóricas quanto à estrutura da gênese e da função da representação do objeto-grupo.

1.5 A representação do grupo nos testes projetivos de adultos

Usou-se a metodologia projetiva em outra série de pesquisas feitas com adultos. Fiz a pesquisa incidir principalmente sobre o papel de Ego na administração de defesas e das relações com o Id, o Superego e a realidade externa, por causa das minhas hipóteses teóricas sobre a função da projeção na representação.

Recorri a vários testes: um teste projetivo estrutural (o teste Z de H. Zulliger) complementado por uma entrevista clínica individual. Através desse teste, o nível de informação visado é o das forças, formas e conteúdos psíquicos constituídos antes do domínio da língua, especialmente investimentos e representações do pré-Ego corporal; são as angústias mais arcaicas e os mecanismos correspondentes de defesa que são solicitados e "captados" por esse tipo do teste: aqueles que, precisamente, a situação do grupo no dispositivo psicanalítico reativa.

Dois outros testes projetivos foram propostos: *testes temáticos*, capazes de reunir discursos que se relacionam com situações que figuram situações interpessoais, grupais e familiares. O estudo dos tópicos, a análise sintática e semântica de discursos permite alcançar a representação em sua dupla referência aos organizadores psíquicos e aos organizadores socioculturais. As narrativas revelam cenários inconscientes e relações de objetos, fantasias, mecanismos de defesa e modos do pensamento mobilizados nas representações do grupo.

Um teste temático inspirado pelo TAT (Teste de Apercepção Temática) e composto por três pranchas em preto e o branco foi aperfeiçoado para esta pesquisa.[5] Outro teste temático projetivo permitiu especificar informação relacionadas com identificações trazidas pelo teste das três imagens. Além disso, foi escolhido o teste de completar frases, adaptadas

---

5 Essas pranchas foram criadas a partir de fotocópias de imagens com cenas de grupo. A primeira é uma cena de julgamento de um indivíduo por um grupo; ela capta a defesa contra as angústias paranoides-esquizoides e revela a atitude do sujeito em relação ao poder do objeto-grupo. A segunda imagem permite deduzir que as manifestações de angústia depressiva e de apelo à solidariedade intragrupo, à coesão do grupo diante de um perigo de origem interna ou externa. O suporte físico que as personagens oferecem umas às outras evoca a introdução do corpo (do sujeito e de outras pessoas) no grupo, e as relações vividas na fraternidade. A terceira imagem é uma introdução do grupo nos seus componentes heterossexuais e homossexuais: ela informa especialmente a natureza dos conflitos edipianos.

do *Stein sentence completion*, por causa de sua característica de ativar identificações entre o sujeito da frase a completar e o sujeito que, copiando a frase, a completa. As frases escolhidas permitem avaliar atitudes, expectativas e conflitos relativos a relações familiares e grupais. É precisamente o que G. Serraf (1965) destaca na apresentação que faz do teste de Stein: a contribuição desse teste para a análise da dimensão social da situação bem como das zonas positivas e negativas do campo psicológico. Isso me permitiu submeter a prova (KAËS, 1973b) minha hipótese segundo o qual a situação de grupo provoca uma regressão cronológica, tópica e formal, mobiliza as defesas dos participantes contra as angústias arcaicas e une seus membros graças a identificações projetivas e introjetivas.[6]

Por fim, a exploração do campo semântico dos sujeitos, o estudo das conotações das significações, nos levou a usar o diferenciador semântico de Osgood em uma perspectiva que autoriza o estudo da posição de conceitos ou de figuras no campo emocional dos sujeitos, a análise das relações entre essas figuras e, finalmente, a identificação do sistema de defesa usada pelos sujeitos. A originalidade do diferenciador semântico vem do fato de que, não implementando uma sintaxe, situa-se imediatamente em níveis bem elementares da representação e do discurso, alcança assim formas linguísticas usadas pela criança (ou por algumas doenças psicóticas) no início do segundo ano: uma só palavra, sem artigo, é acompanhada de um adjetivo. Comparados com outros dados psicométricos e clínicos, o diferenciador semântico mostrou-se fecundo mesmo onde seu uso não se impunha à

---

6   Esta pesquisa iniciada em 1966-1967, e cuja exploração ainda está em andamento, centrou-se na análise de relações entre representações do grupo, estruturas de personalidade e processo grupal. Seu objetivo se realizou através de um dispositivo que consistia em uma situação de grupo (o grupo de diagnóstico) e a aplicação de testes e entrevistas antes e depois da situação de grupo, a fim de estudar a ativação de representações individuais e suas modificações possíveis no processo grupal. Também nos interessava compreender como as representações elaboradas no grupo se associavam aos três seguintes fatores: a dimensão individual das representações, sua expressão e sua modificação por processos grupais e o impacto das representações socioculturais. Esta pesquisa foi também uma oportunidade de submeter à prova a metodologia tripartite que recomendamos: análise das representações individuais provocadas, análise das representações socioculturais e o estudo do grupo como analisador das representações, de sua gênese e suas funções psicossociais. Por fim, manifestou-se uma preocupação praxiológica uma vez que, mediante este método e o dispositivo de observação sistemática controlada que adotamos, era possível realizar o estudo das mudanças pessoais sob a influência de uma intervenção de grupo com objetivo formativo. Colaboraram com esta pesquisa C. Coquery, C. Charles, F. Kaës, M. Netter e A. Turcat.

primeira vista. Poderíamos efetivamente ter usado técnicas que tinham tido seu valor provado em pesquisas sobre representações individuais e coletivas, como o questionário e a entrevista. Em uma pesquisa prévia, eu tinha recorrido (KAËS, 1968); mas, já tinha julgado útil para o uso, como situações projetivas, de montagens fotográficas e narrativas livres.

Para esta pesquisa, fui dissuadido de privilegiar em demasia o questionário e a entrevista não diretiva, e por duas razões essenciais: o primeiro se refere à leitura dos resultados da primeira pesquisa executada sobre esse tópico, aquela que os pesquisadores da *Association Française pour L'accroissement de la Productivité* [Associação Francesa de Desenvolvimento da Produtividade – Affap] realizaram nos anos 1958-1960 (AFFAP, 1961). Perguntei-me se o fato de que, para a maioria dos sujeitos, a noção de grupo parecia inexistente não decorria da natureza dos instrumentos usados, que recorriam amplamente às capacidades de verbalização das pessoas interrogadas. Testei pessoalmente essas técnicas durante uma pesquisa-piloto, surpreendeu-me a semelhança de meus resultados com as obtidas pelos pesquisadores da Affap. Depois, a reflexão teórica sobre o objeto-grupo e sobre a estratégia do estudo da representação levaram-me a outras modalidades de pesquisa: eis um segundo motivo. Pareceu-me que o questionário e a entrevista só alcançam formas estereotipadas e altamente socializadas da representação do grupo, enquanto os instrumentos projetivos facilitam a passagem de formas inconscientes de representação individual a uma formulação pré-consciente-consciente. No primeiro caso, temos uma elaboração que eu qualificaria prontamente como ideológica, e, na segunda, uma expressão mais próxima associação livre, à história do sonho ou ao mito pessoal. Na medida em que o objeto-grupo mantém fortes vínculos com as representações, as imagos e as fantasias inconscientes mais arcaicas, os grupos estão sujeitos a um intenso recalque dessas representações e à repressão dos afetos a elas associados. Consequentemente, os instrumentos capazes para receber a imagem do objeto-grupo devem apresentar características correspondentes às do processo primário, ou delas se aproximarem ao máximo.

2. Os organizadores socioculturais da representação do objeto-grupo. Método de análise

Os organizadores socioculturais da representação do grupo consistem em figurações de modelos, práticos ou teóricos, de relações grupais e coletivas. Essas figurações têm valor de referência nas relações sociais. Sua principal propriedade é fornecer imagens coletivas míticas, proféticas e proativas para organizar essas relações, designar lugares nelas e definir seus valores, origem e objetivo.

Os organizadores socioculturais da representação resultam da elaboração social da experiência de diferentes formas de grupalidade. Sofrem, portanto, a infiltração dos organizadores psíquicos. Por isso, o estudo das representações sociais do grupo, em suas diferentes modalidades expressivas (mitos, ideologias, romances, iconografias etc.) concerne à transformação da experiência grupal intrapsíquica em um sistema social de representação. Uma das funções principais desse sistema é tornar compreensível uma ordem de relações intersubjetivas e reunir as condições da comunicação a propósito dela.

Tal sistema define a cultura, isto é, o código comum a todos os membros de uma formação coletiva organizada; esse código não apenas se compõe de sistemas de representações (mitos, ideologias, concepções de mundo, doutrinas filosóficas, teorias científicas), como envolve práticas sociais como os rituais da passagem (adesão, admissão, exclusão, rejeição).

O sistema de representações sociais do grupo exibe duas características essenciais para o nosso objetivo:
- Ele registra representações da realidade de várias ordens: psíquica, social, religiosa, cósmica, física etc. Permite assim estabelecer um vínculo entre as representações singulares de coisas ainda inarticuladas e representações de palavras geradas pelo senso comum, socialmente aceitas. Articula a formação inconsciente a um "já dito", já representado;
- Seus constituintes suportam variações mais ou menos amplas segundo o estado das relações sociais e das necessidades psicológicas dos

diferentes membros dessa formação. O estudo dos *conteúdos* das representações tem, portanto, menos interesse do que aquele do *processo* de sua organização adequada e de suas *funções* psíquicas e sociais.

Nessa perspectiva, como acentua Moscovici (1961), a representação aparece não mais como a reconstrução de um estado mental ou de um estado social de qual seria o reflexo, mas como um processo de organização de relações psicossociais. Tive a oportunidade de destacar como os sistemas de representações da cultura entre operários franceses funcionavam como reguladores em conflitos da identificação, e como constituíam marcos identificatórios dos membros de um grupo, de uma categoria ou de uma classe social (KAËS, 1968). Não cabe voltar aqui a abordar as principais dimensões da representação social, uma vez que o plano deste trabalho é especialmente procurar que estatutos de representante psíquico o objeto-grupo é capaz de assumir em representações coletivas.

As hipóteses que sustentam esse empreendimento são as seguintes: nenhuma representação do grupo é eficaz no processo grupal se não for capaz de remeter duplamente a organizadores psíquicos e organizadores socioculturais; as representações sociais do grupo comportam elaborações coletivas da realidade psíquica interna; as representações são investidas pelo Ego e contribuem para a construção de modelos ideais do objeto-grupo no psiquismo. As obras culturais (quadros, fotografias, imagens publicitárias, romances, mitos, contos), o vocabulário e a língua constituem sistemas da representação de dupla codificação, como Freud tinha pressentido (já em 1901) em *Psicopatologia da vida cotidiana*, quando escreveu que a consistência dos mitos e das visões de mundo se referem ao "obscuro conhecimento dos fatores psíquicos e daquilo que se passa no inconsciente". É desse duplo lastro, psíquico e social, que a representação retira sua força e seu valor.

2.1 As representações do grupo na fotografia, na pintura e na publicidade

Três pesquisas: sobre as fotografias de grupo, sobre os retratos de grupo pintados durante o grande século da pintura holandesa e sobre a imagem publicitária que usa o grupo como argumento da adesão a um produto. Três representações do objeto-grupo apreendidas através da figuração imagética, icônica, de um grupo, e criada com fins sociais. Essas três versões da representação social do grupo têm um interesse principal: os retratos de grupo, as imagens publicitárias de grupo e as fotografias de grupo constituem de fato estruturas privilegiadas de recepção do imaginário e das formas simbólicas de que o grupo é objeto.

Como figurações de objetos ou de relações socialmente valorizados, as imagens sociais cumprem funções identificadoras, propõem marcos identificatórios aos membros de um grupo. Têm funções antecipadoras e proativas, constituindo uma "cristalização social do saber" (G. Simondon). Mas essas imagens também são resistência ao saber, "conservas culturais" e estereótipos: mantêm presentes e ativos certos traços do passado, protegem contra as ameaças de mudança, servem à comemoração de estados, eventos e emoções marcantes para um indivíduo e para um grupo. A comemoração atualiza e reforça a sensação ininterrupta da existência, a permanência e a coesão de si e do grupo. A imagem, notadamente o retrato de grupo e a fotografia de grupo, exprime assim a afirmação de um grupo diante de outros grupos. Diríamos prontamente que a imagem social do grupo, tal como a do corpo na gênese da identificação especular, constitui o elemento narcísico da identificação ao grupo. O retrato e a fotografia, em especial, asseguram uma função de luta contra a angústia do colapso grupal e uma função de instauração de um ideal compartilhado na forma de vínculo carregado de altos valores narcísicos: precisamente, a "deste" grupo.

As fotografias de grupo

O estudo dessas produções requer um *corpus* adequado, caso se tenha como objetivo analisar suas funções psicológicas e sociais. Ora, há uma revista de corporação, o *Supplément mensuel de la vie du rail* [Suplemento mensal da vida da ferrovia], dirigida exclusivamente aos funcionários de estrada de ferro assinantes e escrito por jornalistas da SNCF [Companhia Ferroviária Nacional Francesa]: essa revista apresenta 120 fotografias do grupo por edição, o que equivale a uma média de três fotografias por página. Essa densidade é bastante digna de nota. As fotografias são tiradas por ocasião de variados eventos. Representam toda a variedade das atividades dos funcionários ferroviários e todas as organizações hierárquicas. A impressão visual que se sente ao folhear essa revista se confirma mediante o estudo estatístico: a de uma real galeria de retratos, uma espécie de álbum de família dos funcionários ferroviários. Quinze pessoas, em média, são representadas em cada uma das três fotografias incluídas em uma página, e cada uma dessas pessoas é nomeada na legenda. Os planos médios, que permitem aos retratados reconhecer o próprio rosto, contribuem para dar essa impressão de massa. Outra impressão é aquela da conformidade do estilo das fotografias e das atitudes dos fotografados.

Predominam duas séries de fotografias: as de aposentadorias e as de entregas de medalhas. São esses dois tipos de fotografias que foram o objeto do estudo de uma amostra de cinquenta fotografias de aposentadoria e cinquenta de entrega de medalhas, uma amostra colida em oito edições do *Supplément de la vie du rail*.

A análise incidiu sobre a estrutura da fotografia: a das entregas de medalhas são retângulos horizontais que apresentam um grupo de pessoas que receberam medalhas de pé, lado a lado, de frente. As fronteiras do grupo e de seu ambiente são nitidamente marcadas, e a relação entre o fundo e a forma é acentuada. As fotografias de aposentados, em contrapartida, apresentam, num retângulo, um grupo mais restrito, em posição livre, sentado ou disposto ao redor de uma mesa com garrafas e presentes; aqui, as fotografias raramente têm um limite que se distinga de um fundo. As fotos de entrega de medalhas evocam fotos escolares ou esportivas; as que comemoram a aposentadoria, fotos de família. As pessoas que recebem medalhas são agrupadas no centro, e o chefe ocupa um lugar periférico. Os aposentados são colocados no centro, cercados por um grupo de ferroviários e, na periferia, pelos membros da família: apresenta-se assim uma transição no sentido da saída da vida de trabalho e o retorno à família.

As legendas e comentários que acompanham as fotografias especificam e repetem, por outro lado, aquilo que a imagem visual sugere: o direito do aposentado, do qual cantam os louvores, a um bem merecido repouso e o desgosto que provoca a sua partida; contudo, o clima de relaxamento, a refeição feita em grupo, a entrega de presentes e a atmosfera calorosa que vem do grupo "completo" que circunda o aposentado permite viver essa separação como uma prova jubilosa. Essas cerimônias, com seus rituais e suas configurações formais, desempenham um papel-chave na elaboração pessoal e coletiva do pesar. A fotografia, marca sempre disponível dessa perda, mas também evocação da maneira como esta foi vivida e superada, funciona como uma relíquia; ela faz persistir, para além da morte social e grupal que é a aposentadoria, a presença do ideal tranquilizador e consolador: a identidade não mais sofre ameaça de se perder.

São de outro registro os tópicos de legendas para as entregas de medalhas: realçam-se aqui o dever cumprido e recompensado, as qualidades de virilidade e de coragem dos heróis, os sacrifícios e dons de si que fizeram à "Ferrovia". Esses textos estimulam a solidariedade corporativa, a emulação na realização da tarefa comum, as qualidades heroicas dos funcionários ferroviários, "testemunhos de um espírito invejado por outras corporações". As fotografias são marcas repetidas daquilo que convém denominar justamente a "le(ge)nda"[7] da SNCF; elas descrevem o destino ideal de seus membros. De fato, durante uma carreira, conseguem-se ao menos três medalhas e uma cerimônia da aposentadoria, presente último. A fotografia antecipa, promete, "realiza", mediante a identificação com esse ideal, o curso de conformidade que incorpora cada um como um filho bom e valoroso da grande família da estrada de ferro.

A fotografia comemora, registra a impressão de um momento crucial, emocionalmente carregado; ela traz a ele uma pacificação, tanto em seu conteúdo como por seu poder de repetir o prazer de se ver e de ser visto. O fato de a necessidade psicológica e social da conformidade ser uma

---

7 NT: Em francês, "lenda" e "legenda" são designadas pela mesma palavra.

característica principal da fotografia e do texto fica mais claro a partir dessa função ritual. Conformidade de atitudes, de expressão, de olhar e de pose: sérios, vestidos a caráter, rigorosamente codificados, no caso das pessoas que recebem medalhas; sorridentes, festivos, relaxados, no caso da aposentadoria. Conformidade das legendas ao seu objeto, invariabilidade dos comentários; semelhança entre presentes e medalhas.

Esta apresentação do material mostra que a análise das fotografias de grupo não poderia limitar-se, na verdade, ao mero procedimento de descrição da imagem e do texto. A decifração e a interpretação devem referir-se a um sistema de análise mais amplo, que concerne ao lugar da fotografia na estrutura da empresa. Contudo, nesta análise, centrei minha atenção na recuperação do objeto-grupo em sua qualidade de representante psíquico do grupo, representado e apresentado na função social da fotografia.

O grupo na imagem publicitária

Empreender este estudo pareceu-me ter um duplo interesse. O primeiro liga-se ao estatuto do objeto na estratégia publicitária. Esse estatuto deve, de fato, responder a várias espécies de necessidades: satisfazer realmente as necessidades do consumidor mediante as qualidades do produto; proporcionar uma satisfação imaginária do desejo inconsciente associado ao objeto; afastar os obstáculos da censura e da culpa diante do ato de compra. Vêm disso várias consequências para a análise de processos e de conteúdos psíquicos mobilizados pelo objeto da imagem publicitária:

- Ao desejo figurado na cena da imagem, dá-se como objeto um chamariz, o produto, que, em sua forma imagética, aparece como uma formação substituta: a imagem traz ao mesmo tempo, e contraditoriamente, um apaziguamento ("o objeto existe") e uma insatisfação ("devo obtê-lo"). A imagem publicitária, como mostrou R. Barthes (1964), tem como característica propor imediatamente uma resposta unívoca ao questionamento do desejo. Em outras palavras, ela exclui toda outra possibilidade de satisfação ao reduzir o objeto representado a um objeto da necessidade. Diferentemente da obra de arte, "aberta" ao simbólico (ECO, 1965), a imagem publicitária restringe ilusoriamente o desejo a um objeto "vero-ssímil" [*vrai--semblale*], nem verdadeiro em comparação com seu referente real, nem semelhante a seu protótipo inconsciente. Ela sustenta a busca repetitiva de um objeto inalcançável.

- O objeto representado deve, além disso, em suas conotações e denotações, respeitar normas sociais em vigor e se ajustar às significações simbólicas que compõem o código cultural comum de uma sociedade.
- O objeto, sendo "vero-ssímil", deve por isso articular-se em uma fantasia inconsciente e se justificar mediante um mito; só essa dupla referência é capaz de atender provisoriamente à demanda, ao tornar legítima a realização do ato de consumo ou de adesão. O mito de referência dá à fantasia uma forma admissível pelo consciente, um objeto suficientemente semelhante ao objeto fantástico, um sentido universalmente aprovado por uma sociedade, um "já dito".

O segundo interesse desse estudo resido no fato de o grupo, como objeto, ligar-se às qualidades específicas de um produto, bem ou serviço, a serem promovidos com vistas a um ato de consumo. Usado como argumento publicitário, o grupo é indubitavelmente dotado de um efeito positivo sobre o ato da adesão ou da compra. Mas, quanto à nossa pesquisa, isso não é o essencial: por meio desse vínculo associativo, o grupo torna-se ele mesmo um objeto oferecido ao consumo.

O uso do grupo no discurso publicitário é recente: ele testemunha a posição adquirida pelo objeto-grupo no conjunto das representações coletivas contemporâneas: não acontece coisa alguma que não esteja submetida ao poder do grupo. Na medida em que a argumentação publicitária seleciona certas figurações do objeto-grupo e associa certos produtos a determinados tipos de grupos, e na medida em que a publicidade constitui uma estratégia de captação da demanda mediante uma oferta imposta como adequada ao seu objeto, é possível identificar o objeto de desejo representado pelo grupo "desejante". Os mecanismos de identificação aos membros do grupo, e ao próprio grupo, só têm o sentido se lhes for solicitado tornar idênticos o objeto representado e o objeto da necessidade. Nessa troca, o grupo só existe em função do produto que o emblematiza. Seduzido pelo objeto, o grupo torna-se objeto da sedução do consumidor: o círculo imaginário se fecha. O que é projetado pelo publicitário na imagem do objeto-grupo deve ser introjetado completamente pelo consumidor. Tudo funciona como se dissessem: "Tenho exatamente aquilo de que você precisa, mas você só o obterá aderindo ao grupo e ao seu ideal, que são os seus". O grupo publicitário cumpre assim funções de desculpabilização, ao restaurar a participação mítica.

Já tive oportunidade de testar o interesse teórico da análise de motivos publicitários em uma pesquisa prévia sobre a imagem da cultura (KAËS, 1968, p. 233-302). O método da análise então usado foi aprimorado para o presente estudo.

Algumas características formais da publicidade devem ser lembradas. A publicidade é uma superfície de papel comprada e revestida, pelo vendedor, de uma marca. O anúncio localizado em um suporte (jornal, revista, cartaz...) compõe-se geralmente de dois elementos essenciais: o texto e a representação imagética do produto. A imagem publicitária pode revestir-se de dois aspectos essenciais: ou a única imagem é aquela do produto, ou a esta se associam outras representações imagéticas; são objetos que definem o universo conotativo ou denotativo do produto; assim, este não pode ser diretamente figurado. As imagens publicitárias incluídas no âmbito deste estudo sempre trazem um grupo de pessoas denotando ou conotando o produto.

Usaram-se critérios específicos para definir grupos escolhidos para essa pesquisa: o grupo se apresenta como a reunião de um número restrito de pessoas num mesmo lugar, participando da mesma ação em uma relação mútua. Esta definição descarta, por isso, conjuntos, reuniões ou série de indivíduos não interdependentes ou que constituam uma multidão.

Os suportes publicitários escolhidos foram revistas periódicas, mensais ou semanais, com as seguintes características: público bem educado, categorias socioprofissionais variadas, grande frequência de anúncios publicitários. O levantamento estatístico das ocorrências de anúncios com grupos em comparação com o total de anúncios publicitários ilustrados alcançou uma taxa média de 10%; essa taxa varia segundo o suporte e o período do ano. Os tipos de grupos representados constituem quatro grandes categorias: grupos de amigos (48%), grupo familiar (28%), grupos de trabalho (12%), grupos de crianças (12%). Quanto à associação entre o grupo e tipos de produtos, a análise estatística mostra a prevalência de gêneros alimentícios (25%) sobre eletrodomésticos (20%), vestuário (16%), viagens e lazer, (14%), produtos de beleza e de higiene (12%), instrumentos de trabalho (12%) e automóveis (12%).

O grupo aparece assim como um argumento publicitário para uma variedade de produtos; há, contudo, associações mais frequentes entre alguns tipos de grupos e com alguns produtos: assim, o grupo de amigos e o grupo familiar são muitas vezes associados a gêneros alimentícios, e o grupo de crianças, aos produtos de vestuário etc. Se indicam que a frequência dessas associações é significativa, os testes estatísticos certamente não informam as razões dessa afinidade. Uma análise formal das mensagens é por isso necessária. O método que empregamos deriva do estatuto da imagem publicitária e da função do objeto-grupo nela representado. A análise incidiu sobre a composição formal da imagem, a disposição topológica dos produtos e do grupo, e as características formais do grupo como promotor do produto. O escamoteamento desses elementos e de seus vínculos está bem próximo daquele que faz o desenho: temos de tratar de uma cadeia associativa cujos elos precisamos recuperar não na associação livre diacrônica[8], mas na reiteração síncrona de estruturas idênticas ou análogas em um *corpus* homogêneo. É então possível determinar que representações do objeto-grupo se organizam em sua associação ao produto. Essas representações subordinam-se às condições psíquicas e sociais da construção do desejo inconsciente: este só pode manifestar-se através das elaborações que lhe impõem a censura, as exigências do processo secundário e a desculpabilização, e a redução semiótica.

---

8   O uso da imagem publicitária como material projetivo foi feito em várias de nossas pesquisas. Essa tecnologia traz um elemento da validação às interpretações por recorrer a vários critérios de análise: análise interna, análise das associações desencadeadas e análises comparativas de um tema em suportes distintos.

Os retratos de grupo na pintura

O retrato de grupo é sem dúvida a forma mais antiga de publicidade grupal, na medida em que está em jogo promover uma imagem de marca ou uma emblemática grupal. O retrato também é o antepassado da fotografia de grupo, uma vez que se trata, em um e no outro caso, de comemorar um instante grupal e fabricar uma relíquia do objeto-grupo.

O retrato individual ou de grupo resulta de um determinado acordo do pintor com o cliente, que faz a encomenda, e com a pintura. O pedido do cliente comanda, de certo modo, o trabalho do pintor. É provável que, do ponto de vista da significação psicológica e social do retrato, não seja possível tratar no mesmo nível as representações pictoriais de cenas de grupo que não vêm de pedidos: os retratos das regentes e dos regentes de Frans Hals, do regimento a iconografia religiosa de Frans Hals, os grupos de camponeses pintados por Louis Le Nain ou Claude Le Lorrain, (a *Última Ceia*, a *Crucificação*, o *Sepultamento*, *Domingo de Pentecostes*, *Os Mártires e Santos* e, *a fortiori*, as representações contemporâneas figurativas do grupo (Niki de Saint-Phalle, J. Van den Bussche, J. Dubuffet) vêm de gêneros distintos.

Nossa pesquisa dedicou-se a explorar toda a gama das representações pictoriais do grupo para constituir o *corpus* mais amplo possível. A análise incidiu principalmente sobre um gênero e uma época: a pintura holandesa, que durante mais de um século foi dominada pelos retratos de grupo. Do começo do século XVI a boa parte do século XVII, Hals, Van der Helst, De Keyser, Pot, J. de Bray, Rembrandt, Van der Valkert e vários outros pintaram retratos cívicos: guardas cívicas, banquetes de milícias, conselho da cidade e dirigentes de corporações ou de guias; lições de anatomia; e de pessoas notáveis: regentes masculinos e femininos de instituições de caridade Essa elaboração do retrato pessoal e de grupo – na Holanda dos séculos XVI-XVII – liga-se estreitamente à penetração da Reforma, tolerante quanto à pintura não confessional e iconoclasta diante de imagens religiosas. Liga-se também ao desenvolvimento social e cultural das Províncias Unidas dos Países Baixos depois da guerra de independência, e das formas políticas oferecidas pelo calvinismo à economia holandesa.

Da exploração das relações entre a representação pictorial de grupos e o fato social global, vem a descoberta da importância da determinação social da representação, como nos indica atualmente a publicidade grupal. A homogeneidade do corpo, sua abundância, sua relação com os movimentos sociais, religiosos e políticos que organizam a vida holandesa no decorrer desse período, tudo isso nos leva a dedicar um interesse especial a essas representações pictoriais.

O estudo considerou dois tipos de imagens: as de guardas cívicas (primeira metade de século XVII) representados em situação de banquetes ou de pompas militares; esses retratos coletivos formam a categoria mais antiga das imagens cívicas, nascidas antes de 1530. Aqueles que se escolheram para a análise datam do período de extinção do gênero, que foi também seu apogeu: esse fato pode ser relacionado com a promulgação de um Despacho em 1630 que reduziu a importância das festas de milícias por causa de excessos à mesa e da licenciosidade às quais deram origem. Além disso, as milícias burguesas, as associações de voluntários que vinham de antigas corporações comerciais e de fraternidades medievais, e, em consequência, de estruturas econômicas e sociais em processo de desintegração não mais cumprem, na metade do século, uma função de defesa militar, mas um papel simbólico que se manifesta em desfiles (pompas militares) e banquetes (reuniões comemorativas).

Os retratos de regentes das instituições generosas são de tradição mais recente que os retratos cívicos. Aparecem no início do século XVII, expandem-se na segunda metade do século e continua a ser pintados no final do século XIX. Enquanto os retratos de milicianos correspondem à extinção de um gênero e de um grupo, aqueles de regentes marcam, pelo contrário, o advento de uma nova categoria social e de uma nova forma de poder. Eleito pelo Partido dos regentes aos quais pertencem, os administradores formam a casta dos governantes. Ao longo de todo o século XVII, opõem-se aos Orangistas apoiados pelo povo, e sobre os quais triunfam em 1648, assegurando assim o domínio político e religioso do calvinismo liberal. Seu poder se apoia em um crédito moral inatacável, uma reputação de austeridade e de honestidade incorruptível, um sistema estrito de cooptação; sustenta-se sobre a institucionalização da caridade; hospitais, hospícios, orfanatos e asilos servem para acolher os necessitados, mas também para reprimir a vagabundagem e manter a ordem sempre ameaçada de desintegração.

A imagem desempenha então um papel da imagem de marca de um grupo que tenta consolidar seu poder político e religioso. Os/as regentes mandam fazer seus retratos sistematicamente, apresentam-se ao julgamento do Superego e ao veredito de pessoas em posições rigorosamente correspondentes e semelhantes. O pintor as apreende no momento de explicar, justificar a responsabilidade recebida e a dignidade conferida, isto é, reivindicá-las e se desculpabilizar delas.[9]

O estudo dos retratos do grupo confirma aquilo que a análise de fotografias e de imagens publicitárias nos fez descobrir: a função identificatória imaginária e emblemática da representação do grupo para aqueles que são representados e para o espectador. O grupo se identifica e se constitui pela imagem de marca com que se autorrepresenta continuamente: para os outros, os estrangeiros, essa imagem assume o valor de um chamado à adesão ou ao reconhecimento.

2.2 As representações do grupo em obras culturais escritas e filmadas

O romance, os contos, as lendas e os mitos, o léxico, mas também o teatro e o cinema constituíram outros materiais em que se inscrevem as representações do grupo.

As condições necessárias à pesquisa psicanalítica de textos diferenciam-se daquelas exigidas por uma escuta psicanalítica de discursos associativos e de manifestações do afeto na transferência. Outra coisa ainda é a análise de um texto referido e investido em uma situação de encontro intersubjetivo, na cura ou em uma situação de grupo; por exemplo, a referência dos participantes ao poema de Prévert no "grupo da Baleia" (PAGÈS, 1968) ou a um mito, o do Paraíso no "grupo do Paraíso Perdido" (KAËS, em colaboração com ANZIEU, 1976c). Nesses dois casos últimos, o analista

---
9 Com a engenhosidade do gênio, F. Hals conseguiu transformar a celebração em caricatura, como mais tarde Goya ou Daumier.

é um elemento da situação, escuta o texto nas associações e transferências, intervém no curso do intercâmbio verbal. No primeiro caso, o analista só pode intervir em um material constituído fora de toda relação com ele. Nesse caso, o texto a ler ou dizer é um dado a decifrar e o analista é uma epígrafe: requer-se outro empreendimento de análise.

O método proposto por P. Mathieu (1967), em seu ensaio de interpretação psicanalítica do mito celta constituído pelos poemas narrativos do Ciclo de Lais de Maria de França, é transponível para a análise de todo texto terminado e fechado análogo à narrativa mítica. Essas narrativas não se abrem a uma verificação no real, ao contrário do relato científico ou de uma cadeia associativa que autorize a interpretação, como a narrativa do sonho. A narrativa mítica compreende, de um lado, um número definido de temas articuláveis em uma estrutura, e, do outro, símbolos a interpretar segundo a estrutura temática. O problema metodológico da interpretação psicanalítica da narrativa mítica aparece em comparação com o da interpretação do sonho na situação da cura analítica. Essa comparação mostra melhor que toda outra o que marca a diferença na relação do analista com o texto e com o discurso associativo.

Para interpretar o sonho, o analista e o paciente referem-se a uma regra fundamental da cura: o objetivo dela é levar o sonhador a exprimir o máximo de associações quanto a cada um dos elementos que constituem a narrativa do sonho – o conteúdo manifesto – para que seja possível inferir dele o conteúdo latente, isto é, o reconhecimento do desejo inconsciente que aí encontrou sua satisfação. As associações permitem identificar espaços e lugares nos quais os mecanismos do inconsciente agiram: condensação, deslocamento, simbolização.

Ora, o mito é como um sonho[10] para o qual não temos associações. Será então, por isso, inútil interpretar a narrativa mítica? Para responder a essa questão, P. Mathieu concebe quatro soluções:
- Atribuir aos símbolos significações correntemente alocadas aos símbolos do sonho. As objeções a essa solução se referem à impossibilidade

---

10   Sobre a relação do sonho com o mito, ver K. Abraham (1909), G. Róheim (1943, 1950), J. Arlow (1969), D. Anzieu (1966b. 1970), H. Slochover (1970, 1972). Formulamos essa relação como a da narrativa individual dos sonhos com uma recitação coletiva.

de se estabelecer um catálogo exaustivo e operacional das significações estabelecidas para os símbolos do sonho. Além disso, essa técnica esquece toda determinação cultural ou histórica na formação do símbolo, conseguindo estabelecer significações unívocas incompatíveis com uma análise estrutural, como o mostrou E. Ortigues.

- Podemos então pensar em estabelecer relações entre o mito e fatos culturais ou históricos, conforme a hipótese segundo a qual um mito traduz certos eventos históricos ou culturais: se, por exemplo, há uma deusa em um mito, então a cultura que o veicula conheceu uma etapa matriarcal. Essa solução resulta ser simplista; além disso, de um lado ignora que o símbolo não se origina na história, mas pretende, pelo contrário, dar a esta um sentido; do outro lado, não considera as regras de estruturação interna próprias do mito.

- Considerar a narrativa mítica do ângulo de sua estrutura interna é, então, um procedimento que tende a revelar a lógica que preside sua construção e sua organização. Essa solução, ilustrada pelos trabalhos de Lévi-Strauss, é de fato apropriada à pesquisa estrutural da narrativa. Contudo, implica o risco de levar a um formalismo puro, isto é, a uma análise que tende a ser autossuficiente e a negligenciar o registro dos desejos inconscientes, ao fazer virem à luz estruturas que não abrem o caminho a nenhuma interpretação possível do inconsciente.

- A última solução que Mathieu indica, a que ele adota, consiste na consideração da narrativa mítica sob o duplo registro de sua elaboração interna – aquela da manifestação de desejos inconscientes – e de sua estrutura como narrativa manifesta. A estrutura de uma narrativa é, nessa perspectiva, a disposição de seus elementos ou de seus temas, e a maneira como o inconsciente se serve deles para buscar uma satisfação para os desejos recalcados. É o recurso a esse duplo registro que permitiria fundamentar legitimamente o trabalho de interpretação psicanalítica da narrativa.

O registro da organização estrutural é definido por todos os temas que entremeiam o curso de uma narrativa e que, em um ciclo de mitos, são recorrentes nela. Vemos, assim, que só o caráter de recorrência pode garantir que a presença de um tema exerce uma determinada função e que ele se liga aos outros através de vínculos estruturais.

Tendo definido esse primeiro postulado, é possível ter acesso a outro registro, aquele dos processos de elaboração e das formações do inconsciente: convém, para isso, reconhecer o lugar do aparecimento de um tema na narrativa e situá-lo em comparação com outros temas. O desvelamento da estrutura temática é o da configuração estrutural da narrativa; pode-se então recuperar a localização de materiais a interpretar, que representam, através dos mecanismos de condensação e deslocamento, o desejo inconsciente. As variações observáveis de uma narrativa a outra devem ser compreendidas como possibilidades oferecidas pela estrutura temática para mostrar uma multiplicidade de "superfícies" e de posições que giram em torno da estrutura.

Em resumo, o fundamento do método proposto por P. Mathieu pode ser enunciado da seguinte maneira: o sistema temático de um ciclo de mitos (ou de romances, ou de todo outro produto acabado, realizado por/para uma unidade de construção relativamente homogênea) "abre o caminho à interpretação psicanalítica, de mesmo modo como as associações abrem o caminho à interpretação do sonho" a partir da narrativa que o sonhador elabora. O procedimento técnico consiste em identificar, através da diversidade de narrativas, a repetição de alguns temas incluídos em classes de equivalência, mantendo apenas aqueles presentes em todas as narrativas do ciclo.

Esse critério da recorrência elimina um grande número de temas; aqueles que persistem podem ser considerados essenciais à economia de um tipo da narrativa. A presença de um tema não recorrente não afeta, por isso, de modo nenhum, segundo Mathieu, a estrutura básica da narrativa. Esta define o código genético da narrativa, isto é, aquilo que pode lhe atribuir um sentido e uma significação. Podemos considerá-la aquilo que Freud chama de representação-meta, devido ao fato de orientar e organizar o curso e o conteúdo de pensamentos inconscientes. Por isso, é à existência dessa estrutura que a interpretação deve sua possibilidade e sua eficácia; a interpretação só tem valor por causa dessa referência ao código genético da narrativa, que define assim o campo de sua aplicação. De fato, se a estrutura se compõe de todo o conjunto de temas recorrentes que definem um tipo preciso de relação com objetos, cada ciclo de narrativas compreende verossimilmente uma estrutura temática específica e não requer, em consequência, as mesmas interpretações.

A proposta metodológica de P. Mathieu parece-me fecunda, exceto em um ponto: a importância, na minha opinião demasiado exclusiva, concedida à recorrência. A propósito de um estudo de um conto de Grimm, *Os sete suábios*, narrativa das aventuras heroicas de um grupo enfileirado[11] em torno de um pênis colossal, adotei um método de pesquisa e de interpretação fundado na compreensão kleiniana da fantasia. Considera-se que a narrativa é uma elaboração da fantasia ou como uma representação fantástica de um objeto estruturado *a posteriori*, segundo as leis do processo secundário e as exigências sintáticas e semânticas da comunicação. A narrativa está, tal como a imagem, em uma relação de lealdade e de ruptura em relação ao fluxo fantástico. O encadeamento de temas, sua ordem e seu lugar devem ser apreendidos como tributários dessa dupla relação com a fantasia. A análise kleiniana da fantasia atenta não só para as associações de temas em feixes, as relações da contiguidade, de oposição e de semelhança entre elas e as repetições sintomáticas, isto é, sinais e máscaras de um conflito, mas também para os detalhes e as estranhezas transmitidas pela irrupção do recalque quando ele tem sucesso em subjugar a repressão, após ter se beneficiado de todos os recursos da insistência repetitiva. Os detalhes são, no texto, as manifestações do inconsciente irredutíveis pelo desgaste do mecanismo da repetição e pelo processo secundário.

2.3 O grupo tal como referido por nós

Essa coisa que chamamos grupo pode desvelar sua significação se perguntarmos o que exprimem e recobrem as próprias palavras que as

---

11 NT: *Embroché* se traduz como "enfileirado", mas também como "preso num espeto". Esses dois sentidos estão presentes na palavra.

designam? É o que eu esperava, e essa esperança pareceu-me fundada nas duas hipóteses formuladas para esse trabalho de análise semântica.

A palavra, tal como formada e usada, presta-se ao jogo do sentido, no qual se reflete o "obscuro conhecimento dos fatores e fatos psíquicos e daquilo que acontece no inconsciente", palavra que Freud (1901) considerou responsável pelas construções mais complexas que são as crenças e os mitos. A coisa que a palavra designa é modelada, em primeiro lugar, de acordo com as leis da "percepção endopsíquica dos fatores e fatos do inconsciente". A palavra, como representação, realiza certamente certa economia da coisa, mas o vínculo com esta persiste, embora eclipsado, nesse processo de simbolização. É através das variações da denominação, assim como através dos usos sintomáticos ou acidentais da palavra, que se manifestam a expressão incompleta de tendências recalcadas e a significação inconsciente vinculada com a coisa.

Desse conhecimento obscuro, algumas palavras trazem em si o traço e a evidência. Do ponto de vista da pesquisa da verdade quanto ao "capítulo censurado que é o inconsciente" (LACAN, 1956), não se podem desprezar esses testemunhos.[12] Seja sobre o capítulo da história pessoal – capítulo singular de uma história singular – ou desse capítulo comumente esquecido, corriqueiro, de uma história comum aos homens da mesma coletividade, o inconsciente se furta aos truques da censura para abrir seu caminho e produzir seus efeitos de sentido.

O estudo etimológico e semântico, portanto, seria por isso capaz de contribuir efetivamente com nossa pesquisa se descobríssemos por meio dela como a evolução do sentido e as modalidades de uso de uma palavra acentuam os processos de transformação, de cobertura e desvelamento de conteúdos inconscientes. Seria possível seguir como, nesse jogo de palavras com a coisa, toma a forma de um conflito entre significações distintas, e mesmo opostas, e que soluções se adotam para resolvê-lo:

---

12 J. Lacan (1956, p. 104-105) escreve: "O inconsciente é o capítulo da minha história que é marcado por uma lacuna ou ocupado por uma mentira: é o capítulo censurado. Mas a verdade pode ser recuperada; na maioria das vezes, ela já está escrita em outro lugar: nos monumentos (meu corpo); nos documentos de arquivo (lembranças de minha infância); na evolução semântica (o estoque e as acepções do vocabulário); nas tradições (as lendas); nos vestígios que conservam inevitavelmente as distorções e as reorganizações entre os diferentes capítulos".

muitas vezes, a saída resulta de movimentos de desvelamento e ocultação da significação inconsciente, e a palavra funciona então como um sintoma. Essa proposição se sustenta em descobertas freudianas quanto a lapsos, jogos de palavras, ditos populares e chistes; indica, entretanto, que algumas palavras são particularmente capazes de dar satisfação, na mesma formação linguística, a tendências psíquicas opostas e conflituosas de cuja etimologia e evolução semântica trazem vestígios.

A experiência da psicanálise, a de jovens crianças em especial, permitiu escutar e repetir, em expressões metafóricas como "estourar de raiva" ou em palavras como "remorso", representações verbais de pulsões destrutivas. Trabalhos recentes destacaram as bases pulsionais da fonação (FONAGY, 1970) e os investimentos pulsionais do ato de fala (GORI, 1972-1973). Adotar essa escuta permite ouvir palavras – aqui, digamos, a palavra "grupo"– com ouvidos também sensíveis à sobreterminação de sentidos que nelas se condensam ou que, através delas, se movem. Basta ouvir expressões da linguagem comum ou ler em dicionários e jornais para escutar, sem prejulgar um sentido único (esperado), outras vozes, incluindo aquelas que aparentemente lemos. A palavra aparece então na espessura da sedimentação de várias camadas do sentido, dos quais apenas um conseguiu fixar-se por algum tempo em um determinado uso. É como se os outros sentidos tivessem sido recalcados ou caíssem em obsolescência.

Redescobrir esses sentidos esquecidos, que caíram em desuso, é levar a palavra-sintoma à sua coalescência: é identificar aquilo que a coisa, para ser denominada, requer de máscaras e disfarces, derivando seus efeitos de sentido de todas as ambiguidades, distâncias e distorções pelos quais se considera a palavra responsável, a ponto de o enunciador já não reconhecer aí seu próprio jogo com ela.

Os problemas teóricos e metodológicos sugeridos pelo conhecimento do "verdadeiro sentido" das palavras (a etimologia) em termos da descoberta da relação entre o nome e a coisa em suas próprias formas foram assinalados por vários linguistas, e mais particularmente por P. Guiraud (1964) e por É. Benveniste

(1956). P. Guiraud distingue, no empreendimento etimológico, duas abordagens suplementares que se apoiam mutuamente: uma consiste em estudar a natureza das coisas por meio de uma interpretação da linguagem; a outra, pelo contrário, busca obter uma interpretação da linguagem a partir do estudo da realidade que ela exprime. Essa dupla tarefa ainda é aquela da etimologia moderna, cujo objeto é estudar a formação das palavras, a cronologia e relação entre a forma primitiva da palavra e seu derivado morfológico ou semântico, seu lugar no sistema linguístico, no âmbito de uma situação histórica que determina a sua função.

Os linguistas, quanto a esse ponto, multiplicam os alertas e denunciam as ilusões em que incorre a pesquisa etimológica. Assim o faz J. Vendryès (1950, p. 206-209, quando escreve que "a etimologia dá uma concepção errônea da natureza de um vocabulário; seu interesse exclusivo é mostrar como um vocabulário se formou. As palavras não são empregadas, em seu uso, segundo seu valor histórico. A mente esquece – supondo que um dia o soubesse – por que evoluções semânticas elas passaram. As palavras sempre têm um valor atual, isto é, limitado no momento em que se usam, e singular, isto é, relativo ao uso momentâneo que se faz delas". Os exemplos que J. Vendryès oferece sustentam sua tese segundo a qual é completamente casual o fato de um mesmo grupo de sons servir numa mesma língua – o francês, por exemplo – para indicar um cálculo mental e um cálculo renal. Do ponto de vista etimológico, trata-se da mesma palavra. Ele escreve:

> A homonímia existe independentemente das relações históricos que as palavras têm entre si [...], quando dizemos que a mesma palavra tem vários sentidos estamos até certo ponto presos a uma ilusão. Entre as várias significações de uma palavra, só vem à consciência aquela determinada pelo contexto. Todos os outros são abolidos, expelidos, não existem.

E o autor conclui que, "se fosse verdade que uma palavra sempre se apresenta com todos os seus sentidos ao mesmo tempo, sentiríamos continuamente na conversação a impressão irritante que produz uma série de jogos de palavras".

A impressão irritante de que Vendryès se defende tão energicamente certifica bem que a série de jogos de palavras implementa precisamente aquilo que a pessoa se esforça por repelir: a ideia de que uma palavra pode vir às vezes com todos os seus sentidos, sentidos que, no discurso secundarizado e controlado, longe de se abolirem, ser expulsos ou inexistentes, são apenas reprimidos. A convenção social garantida pelo dicionário, o senso comum e o bom uso, assim como as exigências lógicas do discurso secundário, de fato se instala para que as palavras tenham, se possível e na maioria das vezes, mas nem sempre, um valor atual e singular. O fato de a mente esquecer-se das evoluções semânticas pelas quais as palavras passaram serviria mais para entender que ela as conhecia e ainda as conhece. À restrição que Vendryès sugere, pode objetar-se que se trata precisamente desse "conhecimento obscuro" sobre o qual fala Freud, conhecimento disponível a um reinvestimento no estoque e nas acepções do vocabulário.

Outro linguista, A. Meillet (1938, p. 88-89), formula uma tese mais próxima daquele que nos guia. Ele escreve:

> As línguas têm uma inércia que lhes permite guardar o sentido de categorias e formas cujo sentido já não é perceptível [...]; os dados linguísticos não dão a si mesmos o direito de encerrar a existência, entre aos sujeitos que falam uma língua, essas ou aquelas concepções: os fatos da língua podem ser sempre sobrevivências.

Esquecimentos, sobrevivências, emergência de um sentido, mas inibição de outros sentidos da mesma palavra – eis fenômenos observados pelos linguistas, mas de que alguns só oferecem explicação subestimando a economia psíquica dos investimentos do inconsciente na linguagem e na língua.

A análise de Benveniste (1956) do simbolismo linguístico e do simbolismo do inconsciente especifica as condições metodológicas de um estudo de suas relações. É necessário partir aqui do termo de comparação que ele propõe: os procedimentos estilísticos do discurso e a "retórica" do inconsciente. A primeira constatação que se impõe consiste em: se os símbolos do inconsciente retiram seu sentido de uma conversão metafórica, o mesmo ocorre com alguns símbolos linguísticos (como a palavra "grupo"), que só extraem seus diferentes sentidos mediante a mesma operação, à qual é necessário acrescentar as conversões da metonímia (o continente pelo conteúdo) e a sinédoque (a parte pelo todo). O fato de o simbolismo do inconsciente conter inúmeras variantes individuais não deve esconder o fato de que sua expressão se subordina à aprendizagem da língua e de uma linguagem. O "recurso a um domínio comum da cultura" pode tanto aumentar essas variações como reduzi-las a uma atmosfera cultural definida. Temos, pois, o direito de pensar que essas variantes podem fixar-se naquilo que o repertório comum do vocabulário aprendido e transmitido põe à disposição ou esconde do sujeito: só levamos em consideração o aspecto semântico da língua, em suas relações com os procedimentos estilísticos que constituem as derivações de sentido. Encontramos realmente aqui, "de um e do outro lado, todos os procedimentos de substituição criados pelo tabu".

É então possível empreender o estudo das acepções de um termo referente, em suas variações e variantes, ao mesmo significado inconsciente, do mesmo ponto de vista que justifica a possibilidade de encontrar o simbolismo do inconsciente no folclore, nos mitos, lendas, ditados, provérbios e jogos de palavras correntes. Postularemos assim que o uso dessa simbólica de signos (supralinguísticos) extremamente condensados só é possível porque algumas palavras, frases, mitos são, em um dado momento da história, constituídos, transmitidos, aprendidos e retomados, apropriados e transformados, esquecidos e reencontrados pelo sujeito como significantes capazes de se estabelecer em uma relação com um significado. Algumas palavras são, desse modo, na língua, monumentos, arquivos, tradições e vestígios nos quais vem se inscrever o simbolismo do inconsciente.

2.4 As representações do objeto-grupo em situação de grupo

A pesquisa dirigida segundo os dois métodos prévios deve permitir identificar a estrutura e os processos de construção das representações do grupo. Tentei delimitar as referências psíquicas e socioculturais dessa construção propondo a noção de uma dupla série de organizadores. Deve-se observar que, até agora, essas análises só dão acesso a produtos acabados, apartados de toda situação propriamente grupal. O caminho a seguir para compreender como se criam e se aceleram essas representações, como elas funcionam e se modificam, passa pela análise de situações de grupo.[13]

Toda situação de grupo na verdade atualiza certos processos e conteúdos de representações anteriormente adquiridas, as quais se submetem a um destino específico diante da intervenção de fatores da vida grupal. Admite-se que todo grupo se constitui, se organiza e se desenvolve segundo a forma de que se reveste o sistema de representação de seus membros, da tarefa, do próprio grupo e de seu ambiente.

3. Comentários

A apresentação metodológica que acabo de fazer sem dúvida especificou o campo, o empreendimento e as técnicas desta pesquisa. Tentei mostrar o interesse teórico de um estudo dos diferentes suportes e das diferentes modalidades de elaboração da representação do objeto-grupo. Minha hipótese, segundo a qual a representação se organiza a partir de duas séries de organizadores, cujas funções são específicas, e cujo estatuto é relativamente autônomo, não exclui uma inter-relação entre elas. Essa hipótese não aceita a teoria do reflexo do psiquismo no social, e vice-versa.

Esta teoria abre o caminho a todas as armadilhas do reducionismo e às explicações únicas "em última análise", pelo inconsciente, pelo social ou pela economia. Minha posição admite diferentes ordens de realidade, obedecendo a determinações intrínsecas. Ao interrogar as relações entre essas duas séries de organizadores, tento estabelecer as condições e, se possível, os princípios de sua articulação.

---

13 Sobre o dispositivo e a situação de grupo regidos pelas regras de trabalho psicanalíticas, ver meu estudo sobre o seminário como situação social-limite da instituição (1972) e o de D. Anzieu sobre o método psicanalítico aplicado ao grupo (1973). Na introdução à apresentação do protocolo do grupo do Paraíso Perdido (1977), defini as condições de compilação e tratamento dos intercâmbios em um grupo de formação. As condições metodológicas da prática psicanalítica em situação de grupo foram esclarecidas a partir de *La parole et le lien* [A palavra e o vínculo], Paris: Dunod, 1994.

Se forem configurações originais instauradas no decorrer de etapas do desenvolvimento psíquico, os organizadores psíquicos da representação do grupo não devem nada, em sua estrutura invariável, a esse ou aquele modelo social de grupalidade ou sistema de representação coletiva, cuja elaboração releva de princípios e processos específicos. As propriedades grupais desses organizadores definem sua capacidade mobilizadora (de energia, de investimento), distribuidora e permutativa (de lugar, de relações) para os membros de um grupo e para as relações entre grupos. Os conteúdos concretos dessas representações, suas estruturas e suas funções particulares são desvelados e implementados em situações grupais que um dispositivo *ad hoc* permite abordar.

Lembro que os organizadores sociais da representação são modelos de agrupamento e de relações propostos por obras culturais. Esses organizadores funcionam como um código cultural próprio a uma sociedade; assumem funções sociais na medida em que organizam a internalização coletiva de modelos de referência grupais que asseguram e regulam as trocas sociais e interpessoais. Também cumprem funções psíquicas, notadamente fornecendo modelos identificatórios e garantindo a passagem à codificação social de representações psíquicas inconscientes, por projeção e introjeção. A perspectiva na qual nos mantemos, qual seja, a do estudo das representações sociais como a codificação de representações inconscientes, dá acesso a estas últimas. Uma vez constituídas, ou referidas, as representações sociais de grupo funcionam como objetos que têm propriedades semelhantes àquelas do objeto transicional descrito por Winnicott, ou seja, um objeto encontrado-criado que define um espaço de comunicação, de mediação e de criatividade. Nesse espaço, instala-se um jogo mais ou menos livre entre as representações inconscientes e as representações sociais, polo extremo da restrição que se pode alcançar pela "usurpação" do espaço de representação pela ideologia, geradora da redução simbólica e da ilusão da determinação única. As representações sociais, por seu caráter coletivo e seu estatuto de anterioridade, que as localizam na experiência cultural, constituem um arcabouço, um código e um conteúdo encontrado-criado, disponível e necessário para a elaboração da realidade psíquica interna. As representações sociais do grupo constituem, por isso, ao mesmo tempo modelos de referência e pontos de ruptura para a simbolização das representações inconscientes, podendo elas ser investidas como representantes psíquicos.

A perspectiva que proponho, como indiquei no início desse capítulo, consiste em analisar as representações do objeto-grupo como organizadores do próprio processo grupal: nenhum grupo humano funciona se não se constituir uma conjunção suficiente, mas também alguma tensão, entre uma representação social e uma representação inconsciente do grupo. O processo grupal pode ser visto do ângulo da pesquisa dessa adequação e dessa tensão suplementar entre essas duas séries de organizadores.

Essa perspectiva é, no entanto, parcial e incompleta para o estudo do processo grupal. É necessário levar em consideração as relações dessas representações com variáveis propriamente sociológicas e com necessidades impostas pelas condições materiais da realização de uma tarefa. Um grupo de trabalho, uma equipe esportiva, uma equipe de instrutores só pode funcionar na tensão e nos conflitos criados pelas polaridades contraditórias das representações sociais, das representações inconscientes e das estruturas da tarefa que têm de cumprir. Esses sistemas são relativamente autônomos nas suas origens, seu funcionamento e seus objetivos, mas têm de chegar a um acordo no processo grupal. Um conselho de administração, um comando, uma equipe esportiva, uma classe escolar não pode ser entendida segundo a dimensão do intervalo da fantasia que anima suas implicações inconscientes.

Em todos os casos em que se apaga aquilo que constitui a especificidade social, econômica e militar desses grupos, prevalece a relação imaginária com a experiência, que nega a realidade social em seus aspectos insuportáveis e sustenta a representação do grupo em seu estatuto de objeto unificado e pleno. As representações sociais tendem, então, a entrar em um acordo com as representações que vêm de organizadores psíquicos.

Esse apagamento de toda diferença entre essas representações e outras, ou a redução de umas às outras, mantém a ilusão isomórfica; ele confere sua onipotência ao sistema de representações únicas nas quais coincidem a fantasia e o mito. Então, o grupo é um sonho, e todo grupo é de sonho.

O terceiro termo introduzido pela realidade social e material do grupo pede, assim, para não ser considerado somente um objeto de representações, mas também como um arcabouço social, um suporte material, um espaço de troca simbólica, uma forma prática de instrumentação definida por seu lugar e suas funções na realidade social: funções de construção, de conservação, de troca, de defesa e de cognição. Sua organização e seus processos internos são codeterminados por esses lugares e por essas funções sociais.

Capítulo 2

O grupo representado

Postulei quatro organizadores psíquicos das representações do objeto-grupo: a imagem do corpo, especialmente do corpo materno; a fantasia originária, os complexos e as imagos familiares; e o aparelho psíquico subjetivo. É mais particularmente a esses quatro organizadores que vou restringir o material reunido e analisado, seja este de origem individual ou codificado em produtos da cultura.

1. A imagem do corpo

A imagem do corpo organiza de maneira privilegiada a representação do objeto-grupo. As teorias organicistas ou cibernéticas do grupo derivam dessa representação comum segundo a qual o grupo é um organismo ou uma parte do organismo, uma célula. Esse organismo, agregado organizado de indivíduos mantidos no envelope do corpo, é dotado de uma cabeça (um líder), de membros, de um seio e um espírito que habita esse corpo ou essa célula: o vocabulário comum, bem como a etimologia, o comprovam.

D. Anzieu (1964) traçou a origem e a evolução dessa palavra, cujo uso francês é recente: vem do italiano (*groppo, gruppo*), que o usa na terminologia técnica das belas-artes para indicar vários indivíduos pintados ou esculpidos que formam um sujeito. Importado para a França perto da metade do século XVII, permanece um termo de *atelier*, e depois passa a designar uma montagem de elementos, uma categoria, uma classe ou coleção de seres ou objetos. Grupo designa, perto da metade do século XVIII, uma reunião de pessoas na França, na Alemanha (*Gruppe*) e na Inglaterra (*group*). Se interrogarmos a origem da palavra, é possível encontrar um esclarecimento de suas significações latentes: o primeiro sentido da palavra *groppo* italiana é nó, e depois designa uma reunião e uma assembleia. Os linguistas a aproximam da palavra do provençal antigo *grop* (nó) e supõem que derive do vocábulo alemão ocidental *kruppa* (massa redonda); a ideia de um círculo estaria na origem de *grupo* e *garupa*. A etimologia dá, assim, duas linhas de forças que se encontram na vida dos grupos: o nó e, por derivação, o vínculo, conotando o grau de coesão; e o círculo, que representa ao mesmo tempo o fechamento espacial, de que o envelope corporal é a metáfora (oposição dentro-fora), e a plenitude envolvente, cujo paradigma é o seio (oposição cheio/vazio).

A aproximação do campo semântico desse termo com aquele que estabeleci para a palavra "seminário" (KAËS, 1974) mostrou notáveis características comuns: além da ideia de assembleia, de reunião, coleta a coleção, encontramos a representação de órgãos genitais femininos e masculinos: massa redonda, garupa, redondo, círculo,[1] e nó, que é ao mesmo tempo uma das metáforas do círculo, a designação em gíria das glândulas seminais masculinas e, na linguagem de Racine, o equivalente à união sexual. Essa imagem do grupo como célula fechada, atada em si mesmo como totalidade, opõe-se à imagem, com a qual se complementa, do grupo como corpo aberto e ilimitado, fracionado e protoplasmático.

Alguns pintores contemporâneos deram, do grupo como corpo, uma imagem do corpo como grupo: um quadro de Niki de Saint-Phalle (1964, *La Naissance rose* [Nascimento rosa]) representa um enorme corpo materno aberto sobre seu conteúdo: bebês de celuloide, aviões, animais selvagens, aranhas, octópodes, máscaras, flores, conjunto de moluscos e de jovens bestas em uma massa de cabelos e objetos heteróclitos... Essa representação do corpo-grupo confirma perspectivas propostas por Melanie Klein sobre fantasias infantis acerca dos conteúdos do corpo materno: crianças-pênis ou crianças-excrementos que se rasgam umas às outras ou formam uma massa compacta e indistinta.

---

1   É notável que a disposição tipográfica da sigla ou emblema da quase totalidade dos organismos (francês) que, por meio do grupo, propõem estágios, sessões e seminários de formação, represente um círculo ou uma figura circular.

Outro pintor contemporâneo, J. Van den Bussche, representa grupos ameboides cujos elementos se fundem em um enorme corpo: algumas cabeças, alguns membros são, tal como aqueles da Hidra, apêndices comuns (Figura 1). Esses corpos fundidos e confundidos, larvais e proteicos, representam a primeira unidade orgânica, sempre ameaçada de divisão ou de cisão, que só a unidade da imagem e do quadro mantém em um espaço limitado. Os grupos de Giacometti inquietam justamente por essa limitação.

1.1 Ser e fazer corpo

A representação do grupo como corpo oscila entre uma tentativa de ser-corpo, primeira garantia contra o sentimento impensável de inexistência, e um projeto de reconstituir uma unidade posta em risco por perigos internos e externos que ameaçam o começo da existência corporal; fazer-corpo é dar uma forma à existência do corpo exposto à divisão, a fim de unificá-lo.

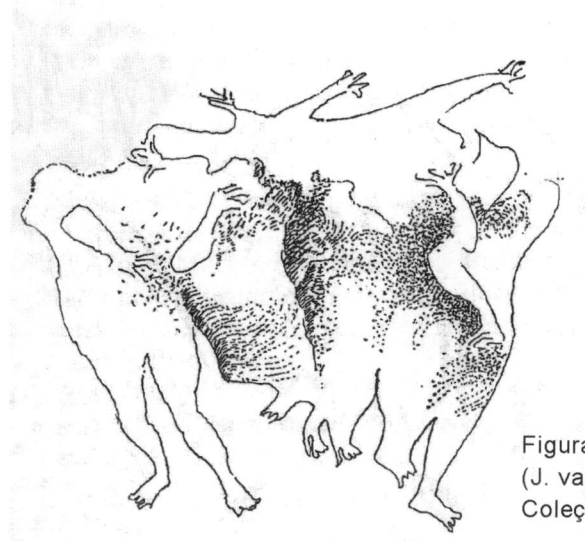

Figura 1. *Grupo*
(J. van den Bussche, 1970.
Coleção R. Kaës).

Ser corpo é incorporar e se incorporar; é realizar uma agregação interiorizada e incorporativa. Trata-se de um corpo primeiro, incerto, protoplasmático, no qual as fronteiras entre interior e exterior ainda são movediças; as diferenciações na estrutura do espaço, mal esboçadas. Os quadros e desenhos de J. van den Bussche representariam essa cena da embriologia grupal. O cartaz político (Figura 2), cujo grafismo evoca o do pintor de Aix, representa a passagem do ser-corpo (existir) ao fazer-corpo (unificar-se para o ataque).

Alguns desenhos de meninos de 9-10 anos apresentam espontaneamente essa figuração do grupo como ser-corpo e fazer-corpo: um deles, não sem humor, representa um general do *Exército* cujas condecorações constituídas por uma miríade de soldados cobrem todo o peito, quepe e galões; as associações verbais que ele fornece no decorrer da entrevista concernem um projeto de cidade imaginária subterrânea e questões sobre a vida dos bebês antes do nascimento. Ele faz esse desenho num momento em que sua mãe espera um bebê (Figura 3).

Incorporar e se incorporar se sustenta em comer e beber, como o testemunham as imagens da Última Ceia, as das festas de guardas cívicas, as fotografias dos funcionários ferroviários aposentados e a prevalência de objetos alimentares associados ao grupo na publicidade. Ser corpo em grupo é já fazer-corpo, contra a angústia da separação e do ataque, contra o medo de não ser alocado em um lugar num conjunto que primeiro deve alimentar, proteger, cuidar. As fotografias dos aposentados da SNCF representam futuros "des(in)corporados" reunidos em círculo ou em arco de círculo ao redor de uma mesa cheia de comida e de presentes, ligados por contatos físicos, como nas imagens publicitárias: o ritual assegura a incorporação última, oferece uma espécie de viático e de relíquia para a partida profissional. O grupo que os aposentados representam para outros futuros des(in)corporados é um grupo-corpo momentaneamente unificado, apaziguado e comunal. A análise de outras fotografias de grupos, pinturas e imagens publicitárias revela a dimensão fundamental da identificação especular nessa tentativa de ser, de fazer ou de permanecer corpo.

Figura 2. Um só combate I (cartaz político). Aix-en-Provence, junho de 1974.

LE GENERAL DE CORPS D'ARMÉE

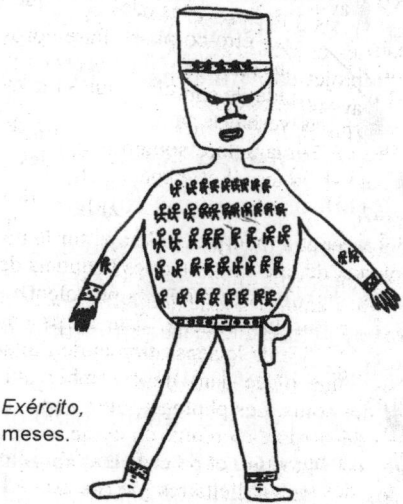

Figura 3. *O general do Exército*, Menino de 10 anos e 6 meses.

A função da luta contra as angústias psicóticas de divisão, perseguição, e depressão muitas vezes restrita à instituição, dispõe aqui de um notável instrumento: a fotografia e o retrato do grupo assumem funções semelhantes àquelas do espelho durante as identificações de resolução da angústia de separação e das tensões sadomasoquistas, tensão destrutiva de si e de outras pessoas. Para conter essa angústia, a fotografia e o retrato do grupo trazem uma *Gestalt* visual com a qual se identifica narcisicamente cada membro do grupo, no próprio momento em que a comemoração do evento notável reativa o medo de ser rejeitado ou de afastar-se do ideal coletivo. A fotografia, tal como o retrato cívico da pintura holandesa, permite opor à angústia do desmembramento uma unidade ideal, uma "imago salutar" (J. Lacan), na imagem de uma forma grupal coesiva. Nas fotografias e imagens estudadas, a conformidade extrema e os olhares voltados para o espectador formam a superfície da reflexão da unidade sem falha. A representação visual do grupo como um corpo do qual cada um é parte coordenada em um conjunto coerente, valorizado, idealizado, constitui o componente narcísico da identificação ao objeto-grupo. O caráter presente-ausente da imagem, a possibilidade de perdê-la e reencontrá-la permitem estabelecer depois uma relação simbólica com o objeto-grupo.

Mas essa coesão imaginária do objeto-grupo recuperado no movimento mesmo em que é apaziguada a angústia de faltar ao ideal (como na entrega de medalhas), ou de que o ideal venha a faltar (durante a aposentadoria), assume uma função social que é a de manter a relação imaginária com o grupo real, isto é, a SNCF. A análise das fotografias do grupo na revista *La Vie du rail* confirma esta hipótese: as imagens, as lendas e os artigos que as comentam de um modo redundante e estereotipado destinam-se a sustentar essa relação imaginária e ideal com a instituição, o grupo e seus membros: o objeto-grupo é a *Gestalt* visual na qual se reconhece a forma e a fonte apaziguadoras da satisfação. O grupo é o objeto pelo qual se assegurará uma relação pré-objetal narcísica fusional, como o viram bem W. Schindler e S. Scheidlinger (1964), e uma possibilidade de identificação especular nesse objeto corporal comum.

Essa identificação perpetua-se e mantém-se por meio da atividade festiva através da qual se realiza a reunião entre Ego e Ideal de Ego, indivíduo e grupo. A literatura sobre o grupo manifesta-o amplamente: penso na festa permanente organizada por *Os companheiros* (J. Romains); na festa maníaca dos companheiros do *Deserto de Bièvres* (G. Duhamel); naquela em que se prática o sadismo enfim liberado e destruidor do grupo de *Senhor das moscas* (W. Golding); ou então na onipotência triunfante de bandos de crianças em *A guerra dos botões* (L. Pergaud). O corpo e seu "espírito" são exaltados, reencontrados, fortalecidos nessa representação mútua unitária e unificante, que protege do caos e de ataques, do retorno muitas vezes mortífero à Mãe Natureza. É também para elaborar um dispositivo de luta contra a desintegração que as Guardas Cívicas, ameaçadas de desaparecer, fazem-se representar em grupo de parada, em vestes de festas, em banquetes excessivos nos quais toda transgressão é abolida do triunfal reencontro entre do Ego e o Ideal do Ego, como o mostrou justamente Freud em *Psicologia das massas e análise do Ego*.

Por razões bem próximas dessas, a fotografia do grupo de aposentados desempenha um papel-chave na elaboração do trabalho do luto e na manutenção da coesão social, uma vez que esse trabalho concerne ao grupo inteiro. A proximidade da partida é a ocasião de reforçar o vínculo de pertinência ao grupo e fornecer uma última e decisiva experiência de seu poder, através de sua completude. O clima de "calorosa simpatia", a passividade do aposentado, a refeição compartilhada, o espaço social de transição que constitui a presença da família e dos amigos, que assim recebem a tarefa de manter a pertinência ao grupo, contribuem para assegurar ao aposentado que ele não está abandonado, rejeitado pela grande família SNCF: a elaboração de um espaço de transição, que a composição formal da fotografia revela, deve facilitar a aceitação da perda, manter a representação do objeto perdido, isto é, sua presença indefinidamente renovável. Correlativamente, a fotografia estabelece a permanência dessa presença do grupo que, no momento de ser perdido, fornece àquele que parte o viático que lhe garante um bom destino e o felicita por ir ao exterior. Através da regressão que acompanha essa prova, faz-se um trabalho de consolidação do bom objeto, uma última e decisiva experiência narcísica de reintegração do Ideal de Ego no Ego do aposentado; o grupo representado funciona como recurso contra a depressão e como referência doravante vivenciada para manter a identidade social que correria o risco de ser ameaçada.

As imagens publicitárias também cumprem essa função ao propor um grupo que faz corpo com seus membros e com o objeto que o adota. É, entretanto, nessa inversão da relação de adoção que se baseia a eficácia da representação na publicidade. Ser grupo é, neste caso, ser unificado pelo produto que traz a razão de ser e a satisfação; é realizar o desejo sem desvios nem conflito. O assentimento grupal sempre confere um selo de legitimidade à realização de um desejo doravante aculturado e normalizado. A festa publicitária está indissoluvelmente ligada à do reencontro do objeto pelo Id, bem como a da reconciliação do Ego e do Ideal de Ego que o grupo figura.

Fazer corpo, ser corpo em grupo, pelo grupo e seus jogos de espelho; essa encarnação imaginária do vínculo social se precipita em um "sujeito" suposto desse corpo: o espírito do grupo, sua "palavra", seu "discurso", seu "pensamento", suas "emoções" são os atributos: "o grupo pensa, diz, quer, decide", não ainda como um "nós", mas primeiro como um "se [*on*]", o da fantasia. Assim se exprime a intuição de uma "subjetividade" própria ao grupo.

Vamos nos deter numa proposição frequentemente enunciada durante as entrevistas: uma das condições da adesão ao grupo é que seja um conjunto organicamente ligado na coesão e na unidade, no qual cada um se apaga para que o grupo possa agir "como um só homem" contra as limitações e os defeitos individuais, em um "só espírito" contra a dispersão e as lutas intestinas. Essas representações não estão desvinculadas das concepções religiosas de Babel e do Domingo de Pentecostes, réplica resolutiva e unificante contra o caos e a fragmentação babélica; o desenho do "General do Exército" (Figura 3) também ilustraria essa proposição.

As teorias organicistas ou cibernéticas do grupo e da sociedade funcionam com base nessas crenças. O grupo é concebido como totalidade biológica ou analogicamente biológica, e seus elementos se ligam por uma solidariedade vital e por sistemas da regulação que transcendem as individualidades subjetivas, desde então subordinadas ao sistema que as governa. A natureza persecutória dos principais medos que se sentem nessas organizações deriva bem diretamente dessa representação, assim como os meios de defesa muitas vezes implementados contra a angústia. Qualquer desvio, ou todo entrave à regulação, toda falha nos circuitos de retroalimentação é uma ameaça à unidade biogrupal e sua capacidade de sobrevivência ou de desenvolvimento: em nome dessa crença, todo membro perigoso é desalojado, amputado do grupo e substituído por outro melhor adaptado; toda perda de um objeto põe o grupo em risco, qualquer disputa interna é letal, como na fábula dos membros e do estômago. Produz-se no grupo o que Freud descreveu em *Psicologia das massas e análise do Ego* a propósito de Holofernes decapitado por Judite: o "líder" falha e os "membros perdem a cabeça".

A representação do grupo como corpo mobiliza a angústia de ser uma parte destacada do corpo grupal, ser sufocado e aprisionado por ele, devorado, engolido e digerido por suas inúmeras bocas, seus tentáculos envolventes, seus olhos fascinantes. A unidade do corpo assegura a defesa contra a divisão, a segurança da incorporação contra o deslocamento: de si, do corpo, do espaço e do grupo. A identificação narcísica onipotente garante esse processo.

Fazer corpo é obrigatório quando se fica sob a égide e a tutela de um Ideal que reunifica a luta contra o inimigo projetado no exterior; cada um então pode assume um lugar nesse grupo-corpo. Essa consolidação do grupo em uma unidade vital de sobrevivência e ataque é o tema de um conto dos irmãos Grimm, *Os sete suábios*[2], no qual os heróis provisórios são *enfileirados* em torno de uma lança gigantesca que os protege do ataque penetrante de um pênis materno fantástico.

A análise das representações do grupo em situações de grupo mostrou que todas as partes do corpo podem ser, num momento ou outro, os suportes da representação do objeto grupal: boca, estômago, seios, ventre, ânus, pênis. No entanto, quer se trate do corpo como um todo

---
2 Ver no capítulo 4 uma interpretação desse conto.

ou de uma parte sua, é quase sempre ao corpo materno que se refere a representação do objeto-grupo.

1.2 O corpo materno

Essa referência é patente em *Nascimento rosa*, de N. de Saint-Phalle: o corpo materno é aberto a seu conteúdo grupal, como as Virgens da Renascença são abertas a sua criança divina, ao Espírito Santo e a Deus Pai. Os desenhos do grupo pelas crianças e os pré-adolescentes muitas vezes têm como quadro simbólico uma grávida, um veículo ou uma nave espacial. As fantasias intrauterinas organizam essas representações ora paradisíacas, ora infernais.

O tema mais frequente quanto ao corpo da mãe é o do retorno a seu seio nas utopias que são o barco, as ilhas, os paraísos da infância pré-natal. Esse tema percorre toda a literatura romanesca. Constitui a representação central dos sistemas utópicos renascentistas: construir a utopia é restaurar e controlar o corpo materno e seus conteúdos, circunscrever as barreiras protetoras contra as agressões e males exteriores. O corpo materno é, ao mesmo tempo, coextensivo ao espaço do grupo, objeto do desejo de estar em grupo para participar dessa reincorporação.

É precisamente um romance de M. Pons, *Rosa*, que se pode considerar o primeiro romance surrealista de ficção de grupo. M. Pons conta a estória de uma turma de militares que, para o grande desprazer do comandante-coronel-pai do regimento, incorporam-se ao amplo e acolhedor ventre da taverneira da guarnição. Não é preciso divagar aqui sobre as evocações maravilhosas desse interior doce, confortável e nutridor úmido e translúcido, sobre as cores de violino e de rosa. *Rosa* é a antítese climática, psicológica e social das sérias utopias filosóficas; nestas, tudo é ordem e controle, vigilância guerreira, vontade de salvar o mundo através de uma mensagem paranoica, ao passo que, naquela, tudo é só volúpia, prazer, tranquilidade, indolência. Lembramos de P. Laffargue, em *O direito à preguiça* e seus "felizes polinésios", nesses lugares que um famoso clube de férias proporia, como a realização de seu sonho e da ilusão grupal, a seus "gentis membros".

Se o grupo é um sonho, o retorno ao corpo pleno e redondo da mãe é o sonho por excelência. Um sonho que termina em pesadelo: no final de *Rosa*, o ventre da generosa taverneira cheio de bebês-soldados explode devido a uma carga de dinamite colocada em seu centro pelo poeta-libertador, para morrer nesse retorno à vida. Esse fim é habitual. Tal como na aventura dos heróis de *A ilha* (R. Merle), o retorno ao grupo-Mãe Natureza acaba mal em *O Deserto de Bièvres*. Não é só o pensamento que se perde nesse Paraíso que é o processo primário, mas também os corpos e o grupo-corpo fechado, como entre os *Náufragos da rua Providência* reunidos pelo Anjo Vingador do filme de L. Buñuel: esse anjo é o mesmo que monta guarda diante da cortina de fogo que barra o acesso ao Paraíso Perdido.

É desnecessário multiplicar exemplos, visto que esse tema central se combina necessariamente com representações criadas pelos outros organizadores psíquicos. O corpo materno é o paradigma fundamental da representação do grupo; sua repossessão também é uma das questões principais da existência grupal.

1.3 O corpo marcado do grupo: a marca de pertinência

Não há grupo que não seja, como o corpo, marcado pelo desejo do outro, por sua identificação e identidade. Não há grupo sem imagem de marca. Essas são as funções dos signos, acrônimos e emblemas dos quais se orna, e que recebe muitas vezes o desejo de seu fundador. Os batismos da promoção de novos iniciados instauram cada um deles em uma ordem de referência simbólica, e as marcas no corpo ou na roupa são sinais de adesão e sinais dessa referência dirigidos a outras pessoas. Ser parte de um grupo é ser parte desse grupo específico, grupo que tem um nome e pais no romance familiar do grupo. O grupo inominável é precisamente o grupo imaginário.

O grupo é um espaço corporal que recebe sua existência de uma marca, de uma marcação. O estudo das fotografias de entrega de medalhas, dos retratos de grupo holandeses e das imagens publicitárias é, nesse aspecto, uma rica experiência de aprendizagem. Já destaquei que a especificidade das representações publicitárias reside na associação de um grupo, de um objeto e de uma marca; duplicação da identificação especular, por conseguinte, uma vez que o grupo coincide com seu objeto e este, com a marca: o grupo é o objeto-marca. A publicidade grupal indica de modo exemplar que o grupo só existe mediante o objeto que o adota, que o preenche e molda. Essa é uma relação de sedução circular na qual o espectador, candidato ao consumo incorporativo, é levado, de maneira equivalente, de um objeto a outro, girando assim no círculo do imaginário.

Eis dois exemplos dados por anúncios de cerveja e roupa. Em um copo de cerveja, representa-se o interior de uma sala na qual se reúnem amigos; eles formam um círculo restrito, íntimo. Sua posição na imagem e sua atitude confirmam o que o texto enuncia com base numa oposição realizada a partir de um jogo de palavras: "a cerveja é a mais quente das bebidas refrescantes". Quente é, com efeito, o ambiente, e caloroso é o grupo que reúne cerveja e fogo de lenha: a cerveja é o coração do grupo cordial.

A argumentação publicitária apresenta o grupo como uma legitimação do ato de beber entre amigos; beber é benéfico para o grupo porque o une. Beber sozinho é beber uma bebida ruim, sem coração: eis a primeira transgressão. Beber em grupo, ao mesmo tempo, a mesma bebida reforça pelo contrário, a coesão e a unidade do grupo duplamente preenchido pelo ser-grupo e pelo objeto que o origina ao justificá-lo: todos parecem satisfeitos porque a pulsão oral é sublimada por sua consagração grupal. O grupo é uma boca-seio e essa marca, que o adota, também é o que lhe confere sua existência e identidade.

A espuma láctea da cerveja que aquece e reúne em um círculo é o objeto bom a ser incorporado, e que incorpora, para ser preenchido e fundir-se no coração-a-coração. Beber a cerveja é, além disso, também incorporar a própria imagem do ser-junto: só há o grupo com copo nos lábios, como o indica expressamente a montagem fotográfica.

A publicidade grupal de roupas inclui uma série notável: a dos encartes e cartazes realizados no início dos anos 1970 para a calça Lévi-Strauss. Precisamos aqui das grandes referências míticas ou pictoriais: *O casamento*, do oficial alfandegário Rousseau; *A república nas barricadas,* de Delacroix, e *O Sermão da montanha.* Outros cartazes são organizados sobre o tema da exclusão do estrangeiro. A única menção textual é a marca, essa marca do grupo unido (o casamento), triunfante (as barricadas), destinada à beatitude (*O Sermão da Montanha*), idêntico e conforme a norma (a exclusão). Ao pé da letra, a etiqueta na roupa é uma marca de reconhecimento, como nas lendas do nascimento do herói. A roupa do grupo, sua pele, é o continente, o envelope da existência grupal. Fora dessa pele e das identificações "pélicas" que ela organiza, não há salvação. Essas imagens publicitárias ilustram e confirmam as propostas de Bion quando ele elabora o conceito de hipótese de base e estabelece que os grupos se organizam em termos de acoplamento (casamento), luta ou fuga (barricadas, exclusão) e dependência (o sermão). Segundo minhas próprias hipóteses, destaco aqui o papel de organização que desempenham a imagem do corpo e as fantasias originárias nas representações do grupo: verificaremos seu efeito no processo da aparelhagem psíquica grupal.

Fundada em uma argumentação racional diferente, mas concorrendo para as mesmas solicitações do inconsciente, a publicidade feita por uma marca da roupa de crianças organiza um grupo de seis crianças, de idades, de sexos e de "raças" diferentes; elas estão de mãos dadas: "se todas as crianças do mundo [...]" – diz o texto. A roda infantil encontra seu centro na marca da roupa; a marca realiza a unidade, a coesão e a igualdade no grupo; é o vínculo de unificação que vela e dissolve todas as diferenças sociais, raciais e sexuais. Os principais mitos de referência que organizam a representação, neste caso, são dois mitos judeu-cristãos: o mito do Éden – a nudez gloriosa é subsumida pelo vestir dos inocentes; e o mito de Babel – a diversidade de raças e línguas é reabsorvida no grupo finalmente conciliado, unificado pela marca comum que dá a cada um a roupa que é conveniente para a sua medida, em um Domingo de Pentecostes mercantil.

Entre os funcionários ferroviários fotografados durante as cerimônias de entrega de medalhas, a imagem de grupo que formam e que descobrem em seu boletim é uma galeria especular que reflete um mesmo e único emblema: a medalha, signo ao mesmo tempo individual e coletivo da solicitude da mãe-SNCF. A medalha reúne e marca cada um em sua adesão no grupo. Essa distribuição equitativa e regular de uma parte da Mãe é um ritual de incorporação ou de reincorporação do Ideal. Sobre a superfície do corpo, na roupa da cerimônia, no decorrer de um ritual[3] que solicita a estrita conformidade a poses, atitudes, discursos e comentários (são sempre concisos, objetivos e quase frios), é colocado o distintivo, a marca da agregação ao grupo escolhido. De mesmo modo, mas por motivos diferentes, as festas das guardas cívicas são pintadas com seu emblema do estandarte, e a gestão de regentes masculinos e femininos é publicamente esclarecida ao mostrar dinheiro, a marca de pertinência e o signo distintivo.

1.4 O grupo-corpo maquinal

Ainda é ao corpo materno que remete a representação do grupo como máquina, corpo maquinal, simulacro ou maquinação;[4] o léxico grupal tem um vocabulário (massa, engrenagens, pressões, contorno, antena, célula) que pertence ao campo semântico da fisiologia e da física. Em alguns quadros de F. Léger (por exemplo *Estudo para os construtores*, de 1950, e *O camponês*, de 1954), corpos congelados de reflexos metálicos compõem um grupo humano que se confunde com as engrenagens de um universo industrial violentamente colorido e mecanizado. Um romance de ficção científica de S. Lem, *O invencível*, representa um grupo de seres humanos transformados em limalha de ferro que se aglutina em massa magnética tão logo surge um perigo cósmico.

A robótica não inspira representações romanescas ou pictoriais do grupo. Foram propostos modelos físicos e cibernéticos, antes de tudo pelo fundador da dinâmica de grupos, K. Lewin. Suas concepções podem ser a aproximadas de pesquisas que, na mesma época que ele, foram feitas

---

3 O ritual sempre indica o arcaísmo das estruturas psíquicas e relacionais diante das quais se veem os membros de um grupo.
4 D. Anzieu (1975) explorou as dimensões dessa fantasia do grupo-máquina, construído com base na mesma fantasia que a do corpo como máquina a influenciar (V. Tausk) ou como a fortaleza vazia (B. Bettelheim) no psicótico.

por Calder, com seus móbiles. O móbile é a representação imagética da teoria gestaltista do grupo: toda modificação na posição de um elemento modifica o equilíbrio estrutural do grupo inteiro. Há indubitavelmente, nessa representação abstrata do corpo maquinal, uma representação fundamental da grupalidade. A análise das entrevistas que fizemos confirma que se trata de uma representação central que cumpre uma função dupla: defensiva, contra a angústia de ser absorvido-destruído pelo grupo corpo orgânico, e de elaboração da angústia paranoica, especialmente depressiva. Em entrevistas com estudantes e adultos mais velhos, o único tipo do grupo que garante contra o fascinante risco fusional é a equipe de trabalho concebida como um mecanismo grupal organizado, eficiente, não emocional, regulado pelo primado da razão: um grupo controlado por um dispositivo de autorregulação confiável, como qual sonham experimentalistas cibernéticos. É com essa fantasia que os membros de um grupo deparam quando temem que aqueles que devem protegê-los e amá-los venham, pelo contrário, persegui-los com seu poder de controlá-los como cobaias em uma situação pasteurizada. Eles denunciam o grupo como uma máquina de laboratório, um computador, uma Cidade totalitária, um mundo orwelliano, um grupo "maquinal", isto é, sem carne e sem desejo.

É notável que só os pré-adolescentes e adolescentes gravemente instáveis em suas relações familiares e sociais, e muitas vezes pré-psicóticos, desenhem um diagrama de Euler quando lhes é proposto que desenhem um grupo. Os adultos que temem o grupo, que mal o conseguem representá-lo em palavras, ou se calam, ou insistem de maneira clivada ora nos aspectos destrutivos do grupo-máquina (destruição de si e de outrem), ora naquilo que um bom grupo pode trazer, como calor, doçura e proteção contra a solidão e a "sordidez social".

2. A fantasmática originária

A fantasia é a emanação do sentido ancorado na sensação, no movimento e na marca do corpo. Toda representação está em relação dupla, de lealdade e ruptura, no fluxo fantasmástico. A representação do grupo é tributária dessas fantasias típicas que concernem ao corpo quanto à sua origem, seu sentido e seus sentidos, quanto ao seu destino e suas relações com outros corpos. Todas as representações do grupo como um corpo ou como parte do corpo ligam-se a um cenário fantástico, através do qual o sujeito imagina a origem e o destino de sua concepção, de seu nascimento, da sexualidade, da diferença entre sexos. Essas fantasias originárias têm propriedades grupais, no fato de que articulam e representam de maneira ao mesmo tempo individual e coletiva, personalizada e anônima, um grupo coerente e cenarizado de relações e processo entre os objetos psíquicos, uma organização distributiva e permutativa de posições e de valores polarizados por oposições pertinentes: desejo--defesa, interior-exterior, presença-ausência, atividade-passividade.[5]

2.1 As fantasias intrauterinas

O estudo da imagem do corpo materno como o organizador da representação do grupo levou-me a acentuar ao mesmo tempo o papel organizador das fantasias intrauterinas. Essas fantasias organizam, em resposta à questão da origem, sensações que se relacionam ao corpo do bebê incluído no corpo materno. O grupo habita esse espaço pré-natal e nele se aninha, espaço com o qual fica identificado pelo duplo processo da metáfora e da metonímia. O grupo é um útero e uma placenta nutridora (*cf. Rosa*, de M. Pons), bom ou envenenado, disposto a abrir-se, rejeitar seus membros-fetos, ou a mantê-los em uma prisão fechada: na ilha, no barco ou na fortaleza.

O grupo é a ilha, o isolado, a Tebaida ou o deserto.[6] É *Citera* que pinta Watteau e *A jangada do Medusa* que comemora Géricault. É utopia e ucronia da origem: o espaço local e o tempo histórico só aparecem no drama da separação e da perda do primeiro objeto, que é o hábitat materno.

Dessa fantasia do grupo como matriz vêm as representações do grupo enquanto casa da pele, como no romance de ficção ciêntífica de J.-G.

---

5 Sobre a estrutura grupal da fantasia original, ver adiante, capítulo 4, p. 185.
6 Ver *A ilha*, de R. Merle; *A nau dos insensatos*, de K. A. Porter; *Os companheiros*, de J. Romains; *O Deserto de Bièvres*, de G. Duhamel; *Entre quatro paredes* e *Os sequestrados de Altona*, de J.-P. Sartre; *A guerra dos botões*, de L. Pergaud.

Ballard (1962), *Os mil sonhos de Stella Vista*. O grupo é representado como revestido e, em cada um dos seus membros, "formado pela mesma pele ou pelas mesmas vestes". A publicidade, como mencionamos, desenvolve principalmente os aspectos bons e desejáveis da complacência à matriz grupal: é uma questão de obter seu emblema, identificar-se com seu objeto e permanecer em seu seio. O grupo da publicidade é ao mesmo tempo matriz e esfera sedutora: como as sereias, chama à união com a voz que vem do mar.

A análise de sonhos traz indicações preciosas sobre essa representação do grupo como seio materno, continente e conteúdo de um grupo. Um paciente sonha que estava no centro do consultório de seu analista: reúnem-se nesse lugar psicanalistas que, dispostos em círculo, ocupam cada um uma cadeira, isto é, uma cadeira com a parte de baixo aberta. O paciente senta-se, por sua vez, em um "trono". Ele tem vergonha de estar nessa situação e está angustiado ao pensar que os analistas, que formam um grupo fechado ao seu redor e exercem sobre ele uma pressão física, vão expulsá-lo do cômodo. Sob o assento de seu próprio analista, um bebê sujo e em péssimo estado se retorce e grita. Outro analista brande uma enorme caneta tinteiro de onde sai uma cachoeira de tinta. As associações feitas pelo paciente autorizam a considerar que se trata de uma cena de nascimento pelas nádegas, figurando o grupo de "analistas"como o seio-cloaca de peito que mantém ou ameaça expulsar crianças-fezes.

Outro sonho, que um monitor teve no decorrer de uma sessão do grupo, representa um conjunto de homens, mulheres, crianças e animais reunidos em uma piscina cheia de água morna, que progressivamente desaparece por fissuras e aberturas diversas. A análise da contratransferência e da intertransferência[7] revela que a angústia do monitor se ligou a seu medo de ser prematuro, e que o grupo não deixa cedo demais as águas amnióticas sob o efeito de uma penetração demasiado profunda da palavra deformadora da equipe interpretante. Esse exemplo mostra como a fantasia intrauterina e a cena primitiva estão entrelaçadas.

---

7 Sobre a análise intertransferencial, ver nosso estudo (1976a, reelaborado em 1982c e 1994b).

Esses aspectos destrutivos, e mesmo mortíferos, do grupo-matriz-seio, se desenvolvem em inúmeros romances, filmes ou ensaios: aqui o grupo não é mais um Paraíso, e sim um Inferno onde somos encerrados, sequestrados e assassinados, como no filme de Kittl, *A estrada paralela* e o de Buñuel, *O anjo exterminador*. Reencontramos essas fantasias nos temas contemporâneos da crítica violenta à instituição "canibal". Trata-se de outro polo da clivagem do objeto-grupo, cujo aspecto bom, todo-poderoso e autossuficiente seria representado pelo lado "Robinson suíço" que predomina em inúmeras figurações do grupo, por exemplo, no romance de Duhamel, *O Deserto de Bièvres*, ou na maioria dos desenhos do grupo de crianças e adolescentes.

A fantasia intrauterina representa o desejo de voltar ao ventre materno para evitar a realidade externa marcada pela insegurança e a defesa oposta a esse retorno impossível. Nos desenhos, o grupo é representado por um mundo fechado: automóvel, casa fechada com algumas aberturas bem protegidas, naves espaciais, paredes circundantes, cavernas, túneis: a família é muitas vezes representada como perseguidora. Lembramos aqui da elaboração da utopia e da representação do grupo utópico. A utopia se organiza a partir de uma realidade persecutória que vem da confusão consecutiva a profundas alterações do código social e cultural (Renascença, século XIX, revoluções de *beat generation* [geração *beat*] ou do maio francês). Campanella escreve *A cidade do sol* no decorrer dos 27 anos de detenção nas prisões de Nápoles. A organização espacial, social e psicológica da utopia é feita para reconstituir uma parede circundante e protetora contra o perseguidor parcialmente externalizado. Como em *A cidade do sol* ou em *Utopia*, há, contudo, um cordão ligando interior e exterior, fazendo circular no interior, para controlá-lo, aquilo que não consegue eliminar-se pela projeção no exterior. A organização interna vê-se aí determinada porque também é uma questão de levar para dentro, para um centro sempre ameaçado, coisas boas (comida, tesouros) que os soldados têm de proteger continuamente. Tudo é regulado e obsessivamente codificado para exercer coletivamente um controle do interior do corpo utópico.

2.2 As fantasias da cena primitiva

As fantasias da cena primitiva são as interpretações das relações sexuais entre os pais, no sentido de que essas relações constituem um mistério para a criança. A elaboração de teorias sexuais infantis generaliza ao racionalizar essas interpretações. A criança está presente, assim como estão outros objetos equivalentes: bebês, pênis, fezes. Segundo essas teorias sexuais infantis, ora o homem ora a mulher tem um pênis, e às vezes a união sexual é uma incorporação, pela mãe, do pênis paterno, e pelo pai, do seio (sadismo oral ou canibalismo); às vezes o pai penetra a mãe pelo ânus, agredindo-a (concepção sádica anal e sadomasoquista).

A fantasia de cena primitiva organiza a representação do grupo como coito ininterrupto entre o "grupo", figurando a mãe, e os "membros do grupo" ou o líder. Os "membros do grupo" representam então ao mesmo tempo, em uma figura combinada, a mãe, o pai incluído na mãe e os filhos. Como disse um participante de um grupo de formação: "o grupo é um *grupar*".[8] Se vem daí um par, é dele que se esperam prodígios, a salvação, um messias, como percebeu Bion, formulando a hipótese de base do acoplamento. As implicações sexuais, orais, anais, uretrais ou genitais sempre são muito importantes, e muitas vezes negadas, notadamente a dimensão do sadismo ou do masoquismo, como mostra o sonho da piscina.

O sonho de um paciente enfatiza a angústia suscitada por essa representação: um grupo de adolescentes sobe uma montanha e chega a um lago de aparência bastante sinistro. Repentinamente, surge uma cobra da margem, que começa a circular entre os membros do grupo, ameaçando-os. Todos ficam paralisados de medo, porque a cobra mergulha no lago e continuamente volta a ameaçar os participantes, amontoados nos outros. O paciente mata a cobra, mas esta, mal morreu e já se transformou em um morcego, que ataca o grupo e o desfaz. O paciente então desperta sobressaltado, com a penosa impressão de ter as pernas paralisadas. As associações fazem esse paciente pensar que os grupos aos quais pertence só podem funcionar quando os riscos – e o prazer de superá-los

---
8 NT: Em francês, há um jogo com *groupe*, grupo, e *couple*, par, casal.

– estiverem presentes. Todos os grupos de que ele é membro provocaram nele uma representação semelhante.

O desenho da Figura 4, executado por uma menina de 10 anos e meio, ilustra uma representação do grupo organizada pela fantasia de uma cena primitiva de tonalidade persecutória: "três homens da lei acusam um casal de camponeses de ter vendido trigo fraudulentamente". O tema lhe é sugerido pela reminiscência de uma palestra. O grupo, inscrito numa forma oval, é o lugar onde se representa a acusação feita ao casal parental: o marido, armado com um bastão, assim como os homens da lei, está atrás da mulher, exposta à reivindicação da criança. O desenho e as associações verbais permitem revelar vários elementos da cena primitiva: a vagina é representada pela bolsa de sementes (nutrição – semente) invejada pela criança; o pai traz um bastão e está atrás da mãe; os acusadores têm características masculinas (cajado) e femininas (bolsa). Vender trigo fraudulentamente é privar do gozo as crianças acusadoras; também é causar um escândalo que a criança vive como uma transgressão.

Formulei a hipótese de que uma única fantasia originária não é por si mesma o organizador da representação do grupo; estão envolvidas várias fantasias, uma das quais predomina, seja no nível da expressão manifesta, seja no nível latente e recalcado. Essa ideia está bem próxima da emitida por Bion, segundo a qual a emergência de uma hipótese de base em um grupo representa somente a parte visível do *iceberg*: assim como uma hipótese de base oculta outra, uma fantasia dissimula ou oculta outra.

O grupo representado

Figura 4. Desenho do grupo.
Menina, 10 anos.

Figura 5. Desenho do grupo.
Menina, 10 anos e 2 meses.

Figura 6.
Desenho do grupo.
Menino, 12 anos.

2.3 As fantasias de sedução

Refiro-me a avanços sexuais desejados e temidos pelo sujeito que os sofre passivamente. Os componentes sexuais da sedução são pulsões parciais exibicionistas e voyeuristas. A defesa contra o desejo de ser seduzido organiza-se no modo ativo de fazer ver para que se faça ver. Os vínculos com fantasias da cena primitiva e de castração são, por isso, estreitos e frequentes. O desenho de uma menina de 9 anos representa uma cena de teatro, e no palco se apresenta um par. O homem convida as jovens espectadoras para entrar em cena com ele, para jogar. Um garoto de 11 anos representa o grupo como o público de um líder dotado de um estandarte colossal, que o atrai a segui-lo. Eis outro exemplo: uma paciente exprime a sensação intensa de fraqueza que a acometeu no momento da leitura de um texto em voz alta diante de um grande grupo, durante uma sessão. Ela sentiu aterrorizada e culpada por não poder concluir a missão que lhe tinha sido confiada. Ela insiste longamente no fato de que era uma questão de leitura, e não de falar espontaneamente, e que o grupo pareceu olhar para ela intensamente com numerosos olhos, perscrutando-a a ponto de deixá-la transparente aos olhos dos participantes. Ela então narra um sonho acontecido no dia seguinte ao desse incidente: uma horda de mães coelhas seduz seus filhotes machos enquanto um enorme pai coelho tenta acasalar com sua própria filha e a esmaga no coito. As associações que lhe vêm concernem a uma agitação muito violenta sentida no momento em que aprendeu a ler, nos joelhos do pai. O pensamento que lhe vem então é que seus irmãos, por sua vez, tiveram de aprender a ler com a mãe; estabelece-se assim, definitivamente, uma espécie de equilíbrio incestuoso contra seus próprios sentimentos edipianos e, especialmente, contra o suposto ressentimento de sua mãe, multiplicada em horda, com relação a ela: ler em grupo é equivalente, para ela, a ter uma relação sexual com o pai e incorrer na reprovação da mãe. O grupo é investido, nesse caso, como Superego materno edipiano e como imago terrificante cuja boca e orelha constituem os representantes de objetos parciais deslocados.

2.4 As fantasias de castração

Constituem-se como representação e como colmatagem da angústia provocada pela ameaça da perda do pênis; formam uma resposta ao mistério da diferença dos sexos. Por isso, organizam-se como cenários diferentes na menina e no menino. O desenho do grupo de um menino de 12 anos representa uma cena de circo: um prestidigitador faz aparecer e desaparecer, ao bel-prazer, um pássaro que os outros comediantes querem tomar. Uma mulher-tronco é representada; um tronco recebe do senhor Loyal peixes maravilhosos. As associações dadas pela criança confirmam que a ameaça de ser castrada pelo pai todo-poderoso é correlativa do investimento genital e da reativação do complexo de Édipo. Durante a adolescência, essa reativação também é um recurso ao complexo de Édipo; esses movimentos se acompanham de uma regressão a estágios anteriores da elaboração pulsional e da afirmação da escolha de objetos fora do campo da família.

Dois desenhos do grupo ilustram essa evolução: o primeiro (Figura 5, p.115) foi feito por uma menina com mais de dez anos: um grupo, disposto excepcionalmente em linha, "faz a roda": meninos e meninas passam de mão em mão "um pequeno objeto"; o jogo consiste em passar o objeto sem que ele seja descoberto. A identificação da desenhista com um rapaz de cabelos presos vai de mãos dadas com sua rejeição de uma pequena menina bonita, embora ela diga que as meninas, quando crescerem, querem ter cabelos longos.

O desenho de um pré-adolescente de doze anos que exibe alguns problemas (Figura 6, p. 115), primeiro, representa um grupo restrito e depois um grupo grande que se torna a manifestação de estudantes, diz ele, ou um rebanho de "ovelhas". A primeira fila, composta de dez pessoas multiplicadas ao infinito em linhas especulares, dá a impressão de multidão, na qual o desenhista se perde, sem rosto, anônimo ("Ego"). As personagens não têm pés nem mãos, desfilam diante de um líder enigmático, idealizado e ausente, que olha do alto de um balcão a multidão virada para ele. Uma linha de carros, cuja frente está rasgada, circunda a multidão. A família desenhada por esse rapaz organiza-se estritamente em uma hierarquia; as personagens cuja atitude é rígida estão bem distantes umas das outras: o pai tem o braço deformado para não entrar em contato com a mãe. No desenho do grupo há mesma hierarquia, mas os contatos são mais estreitos, embora sem reais trocas físicas. O sujeito se representa escondido na multidão, que o protege do pai castrador. O grupo-multidão lhe permite escapar à ameaça de uma regressão a um lugar que, embora incerto, proporciona, contudo, uma relativa segurança.

3. Os complexos familiares e as imagos

J. Lacan indicou há algum tempo (1938) os complexos do desmame, do intruso e de Édipo como fatores inconscientes que estão na raiz da vida familiar. Esses complexos funcionam como organizadores da elaboração psíquica e se caraterizam por um nó de forças contraditórias: no complexo do desmame, o seio é desejado e recusado ao mesmo tempo pela criança.

A imago é uma representação inconsciente que, funcionando como entidade paradoxal, organiza imagens e pensamentos. A primeira imago, que corresponde ao complexo do desmame, é a imago do seio materno. Graças a Jung, o conceito de imago indica, segundo Laplanche e Pontalis (1967, p. 196), um protótipo inconsciente de personagens que orienta eletivamente a maneira como o sujeito apreende as outras pessoas; ele é elaborado a partir das primeiras relações intersubjetivas reais e fantasiadas com o círculo familiar. Laplanche e Pontalis esclarecem que o complexo, noção vizinha da de imago devido ao fato de os dois terem de lidar com o mesmo campo de relações da criança com sua família e seu círculo social, designa o efeito sobre o sujeito da totalidade de sua situação interpessoal; a imago é um esquema imaginário adquirido, um clichê estático através do qual o sujeito visa outrem: é uma sobrevivência imaginária desse ou daquele participante (imago materna, paterna, fraterna) da situação famíliar e social.

Os desenhos do grupo, os protocolos de testes projetivos, a publicidade, a pintura e romance dão muitos exemplos para ilustrar a capacidade dos complexos familiares e das imagos de organizar as representações do grupo. A imago do seio e o complexo de desmame são os organizadores do sonho de um paciente que representou a criança como um ramo de crianças, em que cada uma mama em outra: uma delas tenta, com angústia, evitar as mordidas de outras.

O grupo que partilha os mesmos alimentos é um dos temas mais frequentes da pintura religiosa; já demos um exemplo disso quanto à publicidade do grupo que bebe a cerveja. O complexo de intruso e a imago fraterna organizam a representação do grupo dos Iguais, de grupos de irmãos inimigos (*A guerra dos botões* ou *O senhor das moscas*) ou reconciliados em um pacto que assegura uma posse igual da mãe (O Ciclo do Graal e dos cavaleiros da Távola Redonda). Como observou D. Widlöcher quanto à onipresença banal das fantasias originárias na organização do desenho da criança, as representações do grupo encontram, em complexos e imagos, motivos para infinitas variações.

O complexo de Édipo, no entanto, ocupa uma posição distinta entre os organizadores. De um lado, ele torna possível o acesso à estrutura simbólica da representação ao impor um desvio com relação à imediticidade da imagem; é, de outro lado, uma organização realizada tardiamente na psicogênese; seu aspecto progressivo envolve ainda uma função de defesa, muitas vezes de superfície, contra as angústias e os desejos sustentados nas estruturas mais primitivas do complexo. Como todo complexo, o complexo de Édipo oculta outros, que, nas profundezas, organizam a representação do grupo e – veremos mais precisamente depois – o processo grupal, assim como as relações que se formam aí. Esta função de organização da representação edipiana pode ser confirmada em muitas obras culturais, bem como em produções psíquicas individuais. O romance de R. Merle começa com o assassinato do capitão; tudo se encadeia então segundo o cenário freudiano: rapto de mulheres, luta de clãs, pacto, novos assassinatos, refeições totêmicas etc. Outro romance de marinheiros, *Furacão sobre o Caine*, organiza-se em torno da eliminação do velho líder paranoico e incapaz. A mulher é ao mesmo tempo o mar e o barco.

O gesto heroico do grupo nasce nesse desejo edipiano de conquistar o grupo-Mãe e nele suplantar os Velhos, a ordem estabelecida, o poder.

Toda a obra romântica de Giono, como o observou J. Chabot (1974), é um gesto grupal edipiano. E o estudo dos retratos das guardas cívicas sugere que os *Banquetes das milícias* não fazem nada mais do que celebrar uma espécie de refeição totêmica.

Vamos nos deter um instante diante dessas imagens: sabemos que são pintadas no momento em que ocorre a desintegração das guardas cívicas. As guardas são os heróis e representantes da vitória das Províncias Unidas contra a Espanha e o poder papista: os banquetes comemoram esse duplo triunfo. Durante o banquete, todas as restrições impostas pela "obediência retrospectiva" são levantadas. Cada vez que uma ameaça de desintegração do clã fraterno aparece – e essa ameaça tem relação com a existência das fraternidades antigas –, a refeição totêmica permite a assimilação da força do Ancestral e solidifica a unidade do grupo, reconstrói seu Ideal de Ego sob os auspícios desculpabilizantes dos Santos-totens, vestígios da antiga religião católica. Os porta-bandeiras – estritamente submetidos ao celibato – transportam a marca do poder adquirido; não participam das refeições. Respeitam assim, aos olhos de todos, a interdição dupla criada pelo sentimento de culpa para com a figura paterna: matar o totem e ter relações sexuais.

Tal poderia ser a organização edipiana dessas representações. Mas, através desse cenário, outra cena se desenvolve: essas representações nos remetem à rivalidade fraterna e à imago do seio, especialmente aos seus aspectos angustiantes e marcados pela culpa. Estamos assim diante da inveja, do deslocamento e do ódio. A representação edipiana, em seu conteúdo e, mais ainda, em sua forma e função, assegura nesse caso uma proteção contra essas angústias.

Seria possível dizer que o complexo de Édipo sempre desempenha o papel organizador que lhe atribuímos tão prontamente em termos de conteúdo, processo ou forma da representação do grupo? O fato de que complexos mais primitivos sejam solicitados com bastante frequência na representação do grupo, e mais ainda no processo grupal, deveria nos deixar atentos a esse efeito de superfície, que por certo age no mito "científico" freudiano da horda primitiva.

A análise comparada da representação da família, em função da qual o complexo de Édipo assume em primeiro lugar um sentido, assim como a representação do grupo, pode sem dúvida trazer uma resposta mais precisa a essa questão.

3.1 Complexos familiares e imagos

Como caraterizar a relação entre esses "nós imaginários" constituídos nas primeiras relações intersubjetivas da criança e seus efeitos de organização na representação do grupo? A hipótese que eu quis testar nos anos 1966-1968 foi a seguinte: o grupo é representado através de relações constituídas no âmbito do grupo primário que é a família. Essa hipótese envolve ainda a consideração da estrutura, do processo e das funções de muito grupos: por isso, supus que o grupo mobiliza o princípio da repetição das relações infantis com o objeto; que sua estrutura libidinal é a das identificações; e que seu processo é governado pela natureza dos conflitos e angústias vividas e elaboradas no grupo familiar.

Contudo, não pensei que essa repetição fosse uma simples duplicação ou puro reflexo; eu a considerava uma tentativa de transformar e criar novas relações intrapsíquicas e novas relações interpessoais e sociais. Em certas condições adequadas, como as definidas pelos grupos de formação ou grupos de psicoterapia, manifestações transferenciais vividas e interpretadas constituem o motor dessas transformações.

A ideia de que o grupo garante, com relação à experiência famíliar, uma função reguladora e de realização de desejos insatisfeitos na vigília, isto é, na infância, é tributária da tese enunciada por D. Anzieu em 1966: o grupo é o lugar da manifestação de representações recalcadas, afetos reprimidos; é um sonho. Governado pelo princípio de prazer, ele também está sujeito à censura que oculta o objeto do desejo graças aos mecanismos primários do deslocamento, da condensação e da figuração simbólica. Antes de ser uma cena da realidade grupal em que cada um, alocado a um lugar necessário para a realização do sonho, se torna um ator, o grupo é uma representação psíquica.

Os desenhos da família e do grupo na criança, a análise de testes projetivos e entrevistas com os estudantes permitiram-me discutir essas hipóteses. A análise do desenho do grupo primeiro me confirmou seu valor heurístico e clínico; na medida em que se parece, mais do que o desenho da família, com o desenho livre, o desenho do grupo constitui uma revelação muito boa da relação com a família. Ele revela as estruturas e conflitos desta, através da representação de formações do inconsciente muitas vezes censuradas no desenho da família.

Eis, antes de tudo, algumas características gerais do desenho do grupo: alguns temas são marcados pela predominância de algumas organizações fantasmáticas dependentes da idade e do sexo: aos dez anos, as fantasias de castração são frequentemente os organizadores da representação do grupo nos meninos (medo da mutilação) e nas meninas (medo de não ser reconhecida e busca do pênis). A partir de doze anos, as fantasias da cena primitiva e intrauterinas são mais frequentes, e se observa um esboço daquilo que caraterizará os desenhos de adolescentes de quinze anos, a busca ainda tímida no grupo de personagens de sua idade, mas do outro sexo, e especialmente heróis extrafamiliares com os quais possam identificar-se. As atividades e a composição de grupos também variam: os grupos são unissexuais nos meninos de dez anos e bissexuais (50%) nas meninas da mesma idade e nos meninos (75%) de doze anos; são mais uma vez unissexuais (75%) nos rapazes de quinze anos. Até doze anos, as personagens têm a mesma idade do autor do desenho, menino ou menina; na pré-adolescência, são mais velhas. A quase totalidade das crianças e adolescentes dá espontaneamente um nome ao grupo que desenham, indicando-o pela sua atividade ou pelo objeto que mobiliza relações entre as personagens. Isso lembra a denominação do grupo na publicidade, na fotografia e no retrato. A maioria dos grupos representados está prestes a executar uma tarefa, um jogo, ou viver uma aventura; a ação é relatada com interesse. Os desenhos da família são, pelo contrário, em comparação, mais parados e menos ativos, independentemente da ordem de realização dos desenhos.

Outras características constantes aparecem na análise dos desenhos de crianças de dez a onze anos: em comparação com a heterogeneidade da família, o grupo é representado como um conjunto de semelhantes do mesmo sexo, com o mesmo senso de humor e da mesma idade; o grupo é figurado como um círculo ou semicírculo, coeso, enquanto a família é representada em linha (Figuras 7a e 7b); os desenhos do grupo incluem um ambiente, um quadro, objetos mais definidos e mais detalhados do que os desenhos da família, e esse quadro facilita a expressão de afetos: cinco vezes mais frequentes no grupo que na família, esses objetos, agressivos ou sexuais, servem atividades lúdicas e esportivas. A unidade de lugar e de ação também é mais frequente no grupo que na família (a diferença é estatisticamente significativa); a família é representada como inibidora, restritiva, desvitalizada, enrijecida (suas personagens posam como se fosse para uma fotografia), é lugar de trabalho escolar ou doméstico, enquanto no grupo predominam a atividade, o lazer, a liberdade de poses e de atitudes. As relações interpessoais são mais frequentes, são diretas, nuançadas, diversificadas (amor, ódio, morte, ambivalência) e dispõem de uma meditação simbólica através de objetos e personagens representados.

Essas poucas características notáveis pedem um comentário conjunto. Em comparação com a família, o grupo é uma réplica desta e distingue-se dela por uma especificidade. Réplica em função de algumas semelhanças formais e especialmente pela organização fantasmática comum que se exprime em duas versões. No grupo, todas as limitações impostas pelo quadro familiar são compensadas: diferentemente, o que é figurado no desenho da família, a criança, ao transferi-las para o desenho do grupo, exprime seus afetos, recorre a símbolos, homogeneíza e ativa relações interpessoais, valoriza-se a si mesma, transforma o grupo em outra família em que predominaria o princípio de prazer, entre iguais, em que a realidade se modelaria de acordo com o sonho. O grupo é algo unido, coeso, homogêneo e fechado em que as pessoas se entendem bem; no grupo se esboça a realização de um desejo insatisfeito na família, representada defensivamente como uma justaposição de indivíduos sem relações entre si. Dispersa, dividida, a família é representada como o antigrupo, ou de preferência como seu negativo. O grupo que a criança representa resulta da angústia de que a família seja destruída. Essa poderia ser uma das origens da fantasia da destruição que muitas vezes aparece em grupos de formação; trata-se de uma fantasia duplamente articulada em sua referência à família e à formação. Nos desenhos do grupo, o perigo de destruição é rejeitado no exterior do grupo, na medida em que este não é bastante para apaziguar a angústia de sentir a família deslocada pelos ataques fantasmáticos da criança contra uma ou outra imago parental ou fraternal. Inversamente, o grupo é a antifamília ou, de preferência, seu negativo; a especificidade do grupo, tal como representado e vivido, consiste em facilitar e oferecer a busca de suportes identificatórios e de objetos para escapar à família ou iniciar o desapego dela. Nessa idade, dez a doze anos, portanto, estamos envolvidos em uma espécie de repetição geral do passado, com uma prefiguração do futuro que o adolescente terá de viver. Desse modo, no grupo desenhado, a criança encontra outro lugar, mais valorizado que aquele que ocupa na família; ela se valoriza em seu autorretrato ou nas personagens – seus semelhantes e iguais, com os quais se identifica. Ausente ou inexpressiva na família, a criança no grupo é um herói conquistador ou um poeta conquistado por um herói. Seus iguais compõem sua companhia heroica, na qual se resolve a rivalidade fraterna na busca compartilhada do amor e da bravura, na batalha de equipe contra o inimigo exterior.[9]

---

9 Pensamos aqui, evidentemente, na fecunda pertinência do romance de L. Pergaud, *A guerra dos botões*.

Ⓐ

Meu Pai
+ Forte
− Gentil
− Feliz

Minha Mãe
− Forte
+ Gentil

Meu Irmão
+ Feliz

Ⓑ

① + Forte
② − Gentil
  − Feliz
③ Eu
  − Forte
④ + Gentil
  + Feliz
⑤

Figura 7A e 7B. Desenho da família e do grupo. Menino, 13 anos.

Essa realização de desejos de amor e ódio só é possível no grupo quando a criança projeta em suas personagens as imagos familiares. Os processos mediante os quais se faz a transposição são o deslocamento, que está na origem de algumas semelhanças entre os dois desenhos (identidade de número, semelhança entre as personagens); a condensação, que dá a origem a imagens construídas de várias fontes de família; e a simbolização, que denota no grupo a presença de inúmeros objetos libidinais e agressivos.

Mas a realização de desejos submete-se à ação da censura e de mecanismos de defesa. Estes exprimem-se no desenho da família pela inibição dos afetos e dos movimentos das personagens umas em relação às outras: é o que mostram o aspecto rígido, estático do desenho, a configuração linear das personagens, o estereótipo e a dispersão da atividade. No desenho do grupo, a censura parece intervir *a posteriori*, isto é, depois da satisfação imaginária do desejo, especialmente os desejos de vingança e, de um modo mais direto, ela atua através de hachuras, rabiscos, máscaras, vigilantes que controlam o jogo e enunciam interditos.

Pode-se então formular a hipótese de que, do ponto de vista da expressão de conflitos familiares, o desenho do grupo aparece como um instrumento de elaboração de meios implementados para resolver esses conflitos. Revela sintomas familiares e modalidades de resolução de conflitos, e disso vem seu interesse clínico.

A análise das representações do grupo entre estudantes de psicologia confirma um pouco essa observação e especifica a articulação entre relações familiares – especialmente as imagos parentais – e as representações do grupo.

Para a maioria dos estudantes, a imago materna provoca medo, fascinação e culpa. A vívida agressividade oral que notamos em mais da metade dos estudantes pode explicar sua busca do absoluto e sua angústia de ser destruídos ou de destruir; estudantes do sexo feminino têm dificuldades para identificar-se positivamente com a imago materna, estudantes do sexo masculino, de se desapegar dela.

A imago paterna é em geral valorizada, defensivamente idealizada: o pai decepciona, é ausente, inacessível, perseguidor. A busca comum é a de um pai no qual encontrar apoio, força e modelo, de um casal parental diferenciado, unido e que dê segurança.

A representação do grupo nos estudantes é marcada por duas características predominantes: em primeiro lugar, a translação para o grupo da compulsão de reparar as imagos familiares, especialmente as figuras parentais; o grupo é representado como reprodutor dos conflitos de identificação que caracterizam a grande maioria dos sujeitos; em segundo, a representação do grupo como lugar, ambivalente, da realização das fantasias de união-fusão entre seus membros: os desejos subjacentes são aqueles do retorno à união com a mãe (isto é, de se incorporar ao grupo vivido como corpo materno) e da realização da união igualitária na fraternidade.

Por isso o grupo é representado como o teatro de manifestações pulsionais ao mesmo tempo boas e más, criativas e destrutivas. Ele suscita atrações e rejeições violentas. Na medida em que é o suporte projetivo dos desejos mais arcaicos (plena satisfação oral, inclusão intrauterina, unificação indiferenciada, júbilo do consumo mútuo pelo olhar, onipotência sexual), o grupo é, tal como a fantasia, a proteção contra a angústia primitiva e o objeto dessa angústia: predomina o medo de ser sufocado aí, feito em pedaços, de explodir; o temor de que o grupo destrua os outros e a ele mesmo, o medo de ser visto nele e se manifestar em suas faltas, o medo de ser despossuído por intrusos, de ser desapontado, frustrado, rejeitado. Compreendemos, pois, que, se o grupo é investido com esses desejos, se ativa essas fantasias, também é representado pela metade dos estudantes como fracassado em suas tarefas e no estabelecimento de relações capazes de considerar a realidade e transformá-la.

Não surpreende, assim, que o grupo seja vivido como lugar em que se oculta um perigo proporcional ao que desperta como desejos interditos; ele é então representado sob o signo da coerção, do poder arbitrário exercido pela autoridade, na qual são projetados os atributos paranoicos do Superego. Ele só pode ser paralisante, ineficaz, fraco diante dos desejos irrealizáveis que suscita: esse tema prevalece em mais da metade dos estudantes.

O grupo é um campo fechado: é fechamento do campo de relações, com respeito a um exterior decepcionante, frustrante, ameaçador; é em seu interior que se resolvem, no imaginário, as principais insatisfações causadas pelo fracasso dos outros, principalmente da família, em receber e dar amor: o grupo é representado ora como incorporação plenária ao seio-falo materno, ora como agregação à fraternidade narcísica todo-poderosa. O grupo é também detenção por uma "parede circundante", cerca protetora contra o exterior, contra a abertura a uma história: é visto precisamente sem história(s), sem conflitos, mas também sem futuro, fixo, eterno. E esse desejo assusta porque traz a morte e a destruição de si nessa clausura. Vemos que as fantasias predominantes que estruturam as imagens do grupo são as do retorno, vital e mortal, à matriz. É nessa fantasia que se articulam as angústias do desmame, da penetração do intruso e da castração.

Assim, parece confirmar-se a ideia de que as representações do grupo são, em seus conteúdos e funções, construídas segundo o modelo das fantasias originárias e através dos termos do cenário e dos protótipos familiares interiorizados. Desse ponto de vista, como observamos quanto ao desenho do grupo e da família na criança, as representações do grupo são como uma superfície projetiva do vivido. Através das referências à família, à fraternidade e à escola, vêm à superfície as mais primitivas relações de objetos, que, amplificadas, funcionam como organizadores específicos da representação do grupo.

4. O aparelho psíquico subjetivo

As análises propostas até agora tornaram manifestos vínculos que os organizadores fantasmáticos, *imagoicos* e complexais mantêm com a imagem do corpo. A representação do grupo como figuração do aparelho psíquico (ou de partes desse aparelho) se manifesta, ela também, através dos resultados de pesquisas sobre o desenho, a fotografia, o romance e a pintura e as respostas aos testes projetivos. É este tipo último do organizador que gostaríamos de apresentar: a representação do grupo se elabora através "conhecimento obscuro" dos componentes e do funcionamento do aparelho psíquico subjetivo.

Minha hipótese é que temos um conhecimento subjetivo daquilo que Freud descreveu como aparelho psíquico em sua metapsicologia, e que esse conhecimento endopsíquico é aquele de um grupo internalizado. Esta hipótese é central para a análise que proponho sobre o funcionamento grupal e os processos do grupo: penso que a organização da representação do grupo como aparelho psíquico explica, ao mesmo tempo, a estrutura grupal de algumas formações psíquicas e o processo grupal como construção de um aparelho psíquico imaginário.[10]

Vários exemplos vêm comprovar a hipótese do caráter organizador do aparelho psíquico subjetivo nas representações do grupo: a representação que se deu dos "grupúsculos" na imprensa francesa em maio-junho de 1968 fez destes representantes de um "Id" ora destruidor, ora libertador de energias desopilantes (e eloquentes), lutando contra "Superego-instituições" garantidoras da ordem e do ideal e, portanto, repressivas, e contra "Ego-Grupos" que elaboram pseudocompromissos em nome, ao mesmo tempo, da realidade social, da razão, da ordem e das exigências do coração e do ventre.

Os *Grupos*, de J. van den Bussche, é construído como figuração do pré-Ego corporal ainda fundido que procura suas fronteiras e suas diferenciações internas. *O embarque para Citera* é uma figuração do grupo como o representante da libido, enquanto *A jangada do Medusa* dramatiza a luta contra a pulsão de morte da qual se defende e se organiza todo o grupo de náufragos e cujos representantes o circundam por todos os lados: a distância aparece a salvação, a libertação. No romance de W. Golding *O senhor das moscas*, dois subgrupos antagônicos opõem-se ora como Eu e Id, ora como pulsão de vida e pulsão de morte. A representação do grupo como a cena do duelo de pulsões transparece nas pesquisas com adultos e estudantes. Há assim, na representação, grupos organizados pelas relações entre as instâncias

---

10 Sobre o aparelho psíquico grupal, ver a terceira parte desta obra, p. 253-335.

da segunda tópica, ou pela prevalência de uma delas, como se o grupo inteiro fosse sua personificação.

4.1 O grupo como figura heroica

Uma das representações mais comuns do grupo como representação de uma instância psíquica é aquela que faz do grupo uma figura de Ego heroico. As correlações dessa representação com os outros organizadores da representação do grupo como corpo, cena fantasmástica originária, imago ou complexo familiar, mostram-se imediatamente no seguinte sonho: um paciente sonha com um grupo de amigos que cruzam uma floresta luxuriante e espessa, em um caminho claro e retilíneo. Um dos membros do grupo proíbe que se deixe o caminho, e outro ameaça toda a tropa com problemas mais sérios caso continuem o passeio. Esse caminho leva de volta a um lugar desconhecido que mobiliza a busca do grupo. O paciente se representa agindo por intermédio de seu melhor amigo, que, tendo consultado um mapa, se informa sobre o caminho a seguir junto ao lenhador que é proprietário da floresta. O amigo então o incita a avançar, apesar do perigo, porque coisas maravilhosas esperam por eles; mas primeiro têm de beber um café passado em uma taberna. A narrativa se interrompe nesse ponto.

A análise desse sonho, que tem muitas personagens do sonho típico do grupo heroico, leva-nos a pensar que, na cadeia associativa grupo--floresta luxuriante-pelos do sexo materno, o grupo é ao mesmo tempo o sexo feminino, o pênis e o ventre da mãe, cujos conteúdos são o objeto da busca. É também uma representação do aparelho psíquico do paciente: a floresta e seus conteúdos representam o objeto da pulsão; os membros interditores representam o Superego; o paciente se representa pelo Ego e pelo Ideal do Ego de seu amigo e do grupo, suporte da identificação heroica. O café passado é a figuração condensada do filtro da imortalidade (em defesa contra o caráter mortífero da busca), da excitação sexual e da vigilância do Ego.

Um número considerável de romances, filmes e narrativas se organiza mediante essa ou aquela personagem típica entre as que pertencem à representação do grupo como figura heroica: romances-guia como os da Coleção "Signe de piste" (por exemplo, *O Bando dos Ayacks*), romances para crianças (aqueles, por exemplo, da série escrita por E. Blyton: *Clube dos cinco* e *Clube dos sete*), romances com o tema dos companheiros, das patrulhas perdidas (*A 317ª Companhia*, de P. Schoendörfer; *A patrulha perdida*, de John Ford; *Vitória amarga, Um táxi para Tobrouk* etc.), sobre equipes de pioneiros (os "faroestes" oferecem grande número de epopeias, mas também o romance de Saint-Exupéry, *Voo noturno*), sobre grupos em situação acidental de isolamento e confinamento (como *O voo da fênix*, de R. Aldrich), sobre grupos de resistentes e militantes (*Maria-Outubro*, de J. Duvivier) – relação que, evidentemente, não é exaustiva.[11]

Tal como no sonho da exploração da floresta, no filme de J. Borman, *Libertação*, cujo tema se aproxima do sonho acima em mais de um aspecto, a maioria dessas representações mostra um grupo composto por pré-adolescentes, adolescentes ou adultos que estão em uma situação que causa neles uma regressão readolescente (*sic*). Esses tipos psicológicos centrados na adolescência ligam-se principalmente ao projeto heroico: não só por causa da regressão que as circunstâncias externas (acidente, exploração) ou internas (fuga da sociedade e da família, afastamento voluntário) impõem aos membros do grupo, mas também, e antes de tudo, porque a adolescência é precisamente a idade das identificações heroicas, das façanhas e da busca, bem como das regressões e elaborações psicossociais correspondentes.

Antes de apresentar alguns aspectos da imagem do grupo como figura heroica, convém diferenciar-se entre a companhia heroica, tema de muitas representações míticas em que o herói é uma figura individualizada sobre um fundo de grupo, e o heroísmo grupal, que faz o grupo inteiro participa da gesta mítica: há, portanto, diferenças entre a representação do grupo na *Odisseia* ou nos *Evangelhos*, e a do ciclo dos cavaleiros da Távola Redonda, a expedição dos Argonautas ou os

---

11 Nessa lista também deveriam estar *Le Paradis des pilotes perdus, Lifeboat, La Montagne sacrée, Aguirre* ou *la colère de Dieu*...

Atos dos Apóstolos. Uma segunda diferenciação se impõe ainda, e tem que ver com a posição positiva ou negativa do herói grupal: algumas representações são ou críticas do heroísmo grupal, ou figurações infortunadas do grupo fadado ao fracasso e à morte (*A 317ª companhia*; *A patrulha perdida*); a prevalência da pulsão de morte compele o grupo a ser o joguete do destino implacável, do absurdo, do arbitrário. Esses grupos morrem por não ter sido capazes de responder ao enigma da esfinge (*A estrada paralela*) ou se perdem devido ao ideal megalomaníaco de um pai fraco e impotente (*Vitória amarga*). Contudo, todas essas representações participam da gesta heroica do grupo, cujo sentido revelam. Outras obras romanescas ou teatrais manifestam, pelo contrário, uma representação anti-heroica do grupo: *O Jantar na cidade*, de C. Mauriac, *O silêncio*, *A mentira* e *Isma*, de N. Sarraute, são algumas amostras disso.

4.2 Estrutura da gesta do grupo heroico

A estrutura comum às representações do grupo heroico pode ser identificada a partir dos elementos principais que constituem o arcabouço do mito do herói, tal como estabeleceu particularmente O. Rank em 1909. Esses elementos compreendem momentos típicos nos quais insistem, em variados graus, os diferentes mitos e representações.

- Um primeiro elemento da representação heroica concerne à gestação e ao nascimento do grupo heroico: às vezes há o nascimento do próprio grupo (grupo-objeto), às vezes o grupo é representado como lugar de um nascimento heroico; o grupo é gestante-gestado, continente-conteúdo: assim, em *O Deserto de Bièvres*, uma personagem, Justin, representa a matriz original do grupo, que se tornará o lugar fabuloso de um novo nascimento pessoal e social dos sete companheiros da nova Tebaida. Esse lugar materno bom, escapando à ordem da má sociedade, é na verdade um lugar da autarquia e de autogeração, uma vez que terá de viver para si mesmo e por si mesmo, fugindo assim da lei do trabalho e da realidade social "exterior". A origem ilustre reivindicada, como faz todo herói, pelos companheiros do deserto, é ao mesmo tempo a de uma utopia, a Tebaida, e aquela da Corporação aristocrática dos artesãos do livro. Esses referentes famosos constituem uma negação da determinação de si e do grupo pela geração, uma brecha no destino representado pelo determinismo social e uma afirmação da autogeração. No romance de J. Romains, os companheiros têm como modelo original o grupo divino idealizado em uma "Trindade em sete pessoas": eles são Deus reformulando a criação de Ambert e o Diabo reformulando a destruição de Issoire. Em *A guerra dos botões*, é a respeito dos pais que são trocadas invectivas entre os Velrans e os Longeverne, do mesmo modo como o tesouro dos antepassados mobiliza, para sua longa marcha pelas provas iniciáticas, os companheiros anões do hobbit herói do romance de Tolkien *O hobbit*.

- O segredo sobre a origem e o projeto define um segundo elemento da gesta heroica do grupo. Assim ocorre em *Os companheiros*: o segredo de seu projeto de ataque e de glorificação grupal os isola no início para mantê-los unidos entre si. O vínculo que unifica os "peritani" de *A ilha* é o de assassinato do capitão, mantido em segredo, que sela o pacto entre os assassinos. O segredo dos Longeverne, em sua luta contra os Velrans, é o de seu tesouro escondido na cabana. Como o ilustram o sonho do grupo explorador e o conto de Grimm *Os sete suábios*, uma das funções do segredo é manter ocultos do olhar exterior, representando o Superego, essa falha (essa falta) e o desejo vergonhoso do tesouro que ela contém, que ela denuncia e revela, ao mesmo tempo, ao desejo do outro, ao rival. A identificação mútua, pela posse desse tesouro e na falta que é desejá-lo, sela a coesão de um grupo voltado doravante para manter este intacto e mascarar aquela.

- Eventos formidáveis são um prelúdio do nascimento do grupo, tal como, no mito heroico, oráculos ou profecias, em geral ameaçadores para o pai, justificam que a criança seja abandonada, exposta a um universo hostil, que leve uma vida oculta e sofra uma morte aparente, da qual será salva antes de enfrentar a série de provas que a farão renascer e reconhecer. Na gesta grupal, estão presentes esses eventos formidáveis: o talento dos jovens cantores de *O senhor das moscas* fracassa em uma ilha depois de um desastre aéreo; os navegadores de *A ilha* inauguram suas aventuras com o assassinato do capitão; se escondem, depois procuram refúgio e abrigo na ilha, onde outras catástrofes vão se abater sobre eles. Se as profecias do sonâmbulo forem de bom augúrio e favoráveis aos companheiros, é porque a versão do grupo heroico proposto por J. Romains não apresenta essa fase de ocultamento do herói. O tom é diferente em G. Duhamel: a chegada à casa do deserto está tomada pela defesa maníaca contra as sinistras prefigurações das provas e do fracasso subsequentes. Temos aqui uma regra geral: todo grupo é, em algum momento, uma jangada do *Medusa* lançada na correnteza; a espera de uma salvação passa pela exposição antecedente à morte, como no filme de L. Buñuel, *O anjo exterminador*, cujo título primitivo foi *Os sobreviventes da rua Providência*. Alguns são, diante desse destino, ativos, razoáveis e desconhecidos: essa foi a sina do grupo dirigido por Ralph no romance de W. Golding. Outros se entregam a suas pulsões destrutivas e só se salvam *in extremis* pela "bondade" de alguma providência: foi a sina do grupo liderado por Jack, e será finalmente a de todos em *O Senhor das Moscas*.

Todos os grupos heroicos submetem-se a essa fase de fechamento, marginalização e ruptura com o ambiente exterior. Esse afastamento, voluntário ou imposto, é um período de iniciação que constitui um prelúdio ao da passagem por provas: ela é economicamente necessária ao refluxo narcísico, sobre o grupo e sobre seus membros, das energias pulsionais mobilizadas para a realização heroica ulterior. Tivemos a oportunidade de analisar a regressão que acompanha essa fase como aquela típica em que vivem os adolescentes e os participantes de grupos de formação intensivos; esses grupos são o teatro de fenômenos regressivos e construtivos análogos; revelam, nessa fase de "readolescência", o ressurgimento do desejo de ser heroico em um grupo de heróis (KAËS, 1973a).

- Sucede ao período de ocultamento e regressão do grupo aquele das provas e enfrentamentos decisivos que o transformam em herói. Os exemplos são abundantes em todos os romances a que acabo de me referir: caça, castração simbólica, tempestade, luta contra a noite, terror suscitado alternadamente por máscaras, a besta, o monstro e, por fim, uma parte do próprio grupo no romance de W. Golding; trabalhos hercúleos, doenças, feridas físicas e morais, batalha contra a máquina e o pó no romance de G. Duhamel.

No decorrer dessas provas, o grupo se depara com duas espécies de monstros: segundo o tipo de angústia psicótica predominante, é às vezes a natureza hostil, brutal, fragmentadora, seja interna (o grupo é um monstro) ou projetada no exterior (os romances de Golding e de Tolkien são exemplares nesse aspecto) e, outras vezes, monstros mecânicos, robóticos, anulam toda tentativa do homem e do grupo no sentido de controlar suas próprias produções, que, sendo boas, se transformam em ruínas: esse tipo da angústia depressiva predomina no romance de Duhamel. Nas representações do grupo, a monstruosidade é um atributo do próprio grupo: este confronta a si mesmo em suas próprias partes terrificantes, tendo em vista que cada uma delas é a projeção de suas pulsões letais e de suas representações destruidoras. Simbolizado como Hidra, Medusa ou Argos, ou personificado como canibal, boca, máquina e maquinação, o grupo, durante esse período de prova, fica dividido contra si mesmo em uma multiplicação especular da projeção sobre si de pulsões e objetos mortíferos, mas ao mesmo tempo, empreende sua reunificação interna ao restaurar seus Ideais, muitas vezes ao modo maníaco da festa e da exaltação de sua onipotência. O conto sobre os sete suábios ilustra isso.

- A epifania do grupo, quando a prova o transforma em herói, é a quinta fase da gesta heroica. Constitui-se de seu triunfo na luta contra o monstro, autoexaltação, autorreconhecimento na maioria das vezes: o discurso final de Benim, no final do poema épico de *Os companheiros,* é exemplar, nesse aspecto, de toda as epifanias do grupo heroico, momento daquilo que D. Anzieu definiu como o da ilusão grupal. Encontra-se em *O senhor das moscas, A guerra dos botões* e *A ilha.* É diferente em *O Deserto de Bièvres*: o romance é pontuado por uma epifania festiva completamente provisória; a luta maníaca contra a angústia depressiva é uma tentativa que, apesar de tudo, está fadada ao fracasso final e, em vez da apoteose, predominarão o apocalipse e a raiva destrutiva. Mas, nessa epifania infeliz, o grupo de *O Deserto* terá cumprido a sua função profética até o fracasso de seu projeto; podemos reconhecê-la na lição pessimista e amarga que Duhamel dá no final de seu romance. O grupo de *O Deserto*, como todos os grupos heroicos, vai então aspirar à missão salvadora que se torna, no mito, um dos atributos do herói salvo; nesse caso, será apenas uma questão de preservar o herói infeliz da ilusão de autarquia, porque geralmente a missão salvadora do herói, indivíduo ou grupo é consequência direta de sua epifania e de sua vitória diante da morte. Ele pode, então, ser oferecido para imitação e adoração ao comum dos mortais, como o grupo dos Burgueses de Calais. São esses os grupos que o retrato ou a fotografia transfiguram em herói: comandos militares, equipes de salvamento, grupos de pessoas que receberam medalhas do trabalho ou de aposentados, equipes esportivas, antigos guerreiros; justo aqueles cuja existência e identidade são ameaçadas de desintegração se não sobreviverem na forma de heróis reconhecidos e célebres.

Para chegar hoje à epifania heroica, não é necessário mais que a façanha seja extraordinária. A heroicização do grupo na publicidade é realizada através de uma trivialização da façanha: use esse *jeans*, beba essa cerveja, fume essa marca de cigarros, use essa *lingerie*. A virtude salvadora do grupo heroico é transferida ao objeto fetiche no sentido de este representar uma pertinência e emblematizar uma "corporação". Mas a intuição mítica continua a ser explorada e permanece eficiente: o herói só o é ao ser portador de um signo que o faz se reconhecer como salvador e como cópia. No mito heroico publicitário, só permanecem as duas características iniciais do mito heroico (origem ilustre e exemplaridade); todas as outras fases desaparecem.

- Iniciado, reconhecido, salvador, o grupo se perpetua e se imortaliza na exemplaridade: ele se torna Academia. *Os companheiros* alcançaram o Panteão, assim como, pelo martírio, os Burgueses de Calais mereceram o Museu e a História, e os Apóstolos, a fundação da Igreja e a salvação eterna. O grupo heroico torna-se assim uma espécie de "politopo" identificatório para a formação de outras comunidades sempre mobilizadas pela busca exaltante. Ele se mantém em sua lenda mediante a celebração ritual, a refeição totêmica, a comemoração.

Porque, nesse desejo heroico de ser-grupo e de ser-em-grupo, trata-se sempre de escapar aos limites e à contingência imediata da história, de alcançar uma realização exaltante de si, a ponto de tornar-se Deus ou, ainda, de elevar-se acima do comum e se erigir em ídolo eterno (*cf.* o desejo de ser Deus em *Os companheiros*, e o fenômeno do "voo" em *O Deserto de Bièvres*). Trata-se ainda de romper com o passado e suas mutilações, suas falhas e faltas, de conquistar uma terra, de promover um espaço ou um novo tempo, ou de tomar posse, através da luta contra perigos monstruosos que ele esconde, de um corpo inalterável e imortal, cuja primeira figuração é a da mãe: o grupo é uma pós-figuração e ao mesmo tempo uma promessa dela. Esta variedade de maneiras de ser-em-grupo atesta uma pluralidade de expressão e de objetivo no desejo heroico. Mas parece-me constante que todo grupo heroico é ao mesmo tempo figura edipiana e corpo materno: traz em si sua própria conquista.

O gesto heroico do grupo fornece modelos globais ou parciais de organização dos grupos, sejam eles "reais" ou "artificiais", isto é, construídos a partir de um dispositivo metodológico, como são os grupos terapêuticos e de formação. A hipótese de que nenhum grupo funciona sem pelo menos uma referência mítica a um gesto heroico grupal, e não só individual, era aquela que temos sérias razões para pôr à prova.[12]

---

12   É provável que a expedição do *Alcali*, realizada com fins científicos por um antropólogo mexicano, funda-se nessas representações heroicas. Em maio de 1973, cinco homens e seis mulheres, de nacionalidade, situação social e cultura diferentes, a maioria casadas, mas que partiam sem o cônjuge, embarcaram em uma jangada, a *Alcali* ("a casa na água"), para cruzar o Atlântico. O objetivo científico da expedição era estudar os comportamentos humanos em situação de grupo fechado e de isolamento, e em circunstâncias difíceis e desgastantes. Essa tentativa retoma, em sua versão mítica, o poema épico de Thor Heyerdahl, em suas duas expedições na jangada de papiro Ra, em 1968 e 1970. Ao lado do motivo científico dessas duas expedições (mostrar que atravessar o Atlântico, a partir da África, rumo à América, era possível pelo menos dois milênios

5. Observações sobre os organizadores socioculturais da representação do grupo

O estudo da gesta heroica do grupo pode ser realizado segundo duas perspectivas de análise. A primeira é aquela dos organizadores psíquicos: trata-se então de considerar o papel organizador do ideal do Ego, das identificações heroicas, das relações com o objeto, do complexo de Édipo, das fantasias de devoração e de onipotência que regem a distribuição de lugares e de relações no interior do grupo representado. A segunda é a do modelo da ancoragem social da representação do grupo, cuja função é dotar todo grupo que se forma de uma "história" prévia (uma espécie de romance do grupo, no sentido do *Familienroman* [romance familiar]) e de um princípio da organização. O organizador social da representação do grupo no conto dos irmãos Grimm *Os sete suábios* é, provavelmente, um mito de origem celta: propõe um modelo de grupalidade estruturado pela busca de um objeto comum e por relações igualitárias: pensamos no ciclo do Graal e os cavaleiros da Távola Redonda.

Os organizadores socioculturais da representação do grupo podem ser resumidos, no estado atual das pesquisas que executamos com D. Anzieu, a três.

- Distinguimos um *modelo de origem cristã*, que organiza as representações e as práticas grupais mais comuns em nossa civilização. Esse modelo se constitui através da representação mítica do grupo de doze Apóstolos, companheiros, discípulos, testemunhas e representantes de Cristo. O grupo dos Doze, de acordo com a narrativa contida em Atos dos Apóstolos, é um grupo religioso, constituído pela vocação de seus membros ao chamado de Jesus e pela confirmação do Espírito Santo. O grupo se estrutura por meio de duas representações-alvo: a de uma missão (evangélica) perante a humanidade e a de um testemunho pessoal e comunitário que atesta a verdade salvadora revelada pelo seu fundador. O grupo requer de seus membros

---

antes de C. Colombo), Heyerdahl quis mostrar que sete homens de raças, de nacionalidades e personalidades diferentes eram capazes de se entender para sobreviver em um espaço restrito, essa frágil jangada de papiro que traz a bandeira da ONU. O projeto heroico do grupo é manifesto nesse empreendimento exaltante.

uma adesão a essa verdade revelada e uma renúncia – uma conversão – aos vínculos que, até a vocação, foram estabelecidos com a família e o ambiente social do discípulo.

O Cristianismo romano elevou a um grau da estruturação rígida esse tipo piramidal da organização que rege a Igreja Católica. Também promoveu, em vários momentos de sua história, o retorno às fontes da comunidade apostólica primitiva do século I, instituindo um modelo de grupalidade ancorado na tradição bíblica (as doze tribos de Israel, as doze pedras do Templo) e apocalíptica (doze estrelas da coroa de Maria). Esse modelo foi projetado no futuro de sua história, principalmente mediante a vida conventual, através de suas diferentes versões e suas renovações contemporâneas.

Quando a Cristandade se desintegrou, a partir do século XVIII, as ideologias sociais e políticas herdaram esse modelo: a democracia burguesa e jacobina, o sindicalismo democrático, algumas utopias socialistas ofereceram versões diferentes do mesmo modelo de organização colegiada e piramidal. Descendentes desse modelo podem ser encontrados em numerosas representações pictoriais ou fotográficas do grupo (O *Sermão da Montanha* na publicidade do *jeans* Levis) ou em romances como *O Deserto de Bièvres*. É provável que conotações religiosas desse tipo estejam contidas em formas sociais de práticas formativas, como os "seminários" de formação.

- Um *segundo modelo de grupalidade é de origem hebraica*. Proposto pela Bíblia, organiza as relações entre um Deus único (Yahweh) e o povo que ele constitui para si, que é frequentemente designado como sua noiva. Sobre esse povo velam, para mantê-lo na retidão e na pureza, diferentes personagens, portadoras da palavra divina e guardiãs do pacto da Aliança inaugurado pelo sacrifício de Abraão e confirmado pela revelação da lei (Torá) no Sinai.

Nesse modelo, a oposição fundamental que estrutura as relações é entre as tribos e o povo: aquelas se fundam na consanguinidade e têm em sua liderança um patriarca; este se reúne na unidade pela palavra profética. A reunião das pessoas (*kibutz*) transcende a rivalidade fraterna das tribos divididas depois da instalação dos hebreus em Canaã e sua sedentarização. O papel dos profetas de Yahweh é de velar pela pureza da fé no Deus único, conservar as regras de vida, as instituições e o culto; é especialmente preservar o povo eleito da tentação idolátrica e de toda contaminação pelas populações autóctones ou dos cultos orientais. A figura do rei vai realizar a harmonia entre a comunidade humana e as exigências de fidelidade ao seu Deus do povo, sempre tentado e seduzido por ídolos. O modelo do grupo caracteriza-se pelo ideal de constituir um conjunto autônomo definido por seu Deus, uma terra e uma língua (o que se realizará especialmente no período dos juízes e da realeza, com organizações sociais e religiosas específicas).

Esta estrutura de grupo opõe-se, de certo modo, ao modelo cristão, organizado pela missão evangélica voltada ao exterior. A organização grupal hebraico-judaica centra-se, pelo contrário, no próprio grupo: na manutenção da unidade espiritual e da reunião territorial do povo; no aprofundamento da sabedoria e do conhecimento do Livro, principalmente quando ele se constitui, depois do Exílio e sob a influência do profeta Esdras, de pequenos grupos (*yashivots*) dirigidos por escribas e rabinos (mestres) que ensinam seus discípulos. O pequeno grupo de apóstolos de Cristo vai se constituir segundo esse modelo e romperá com ele.

- O *terceiro modelo é de origem celta*. Ele se articula com um mito cujas diferentes versões são identificáveis nas lendas da expedição dos argonautas e a da busca dos cavaleiros da Távola Redonda. Esse mito desenvolve um modelo grupal de heróis iguais, organizados numa democracia estritamente horizontal ou segundo o modelo da autogestão. Trata-se também de uma fantasia de autogestão: o grupo é uma figuração social em que as imagos parentais e a fraternidade mantêm relações de equivalência e de permutação. Ele se identifica com seu objeto redondo, autodeterminado e auto-originado. O ressurgimento desse modelo a partir de maio de 1968 assinala a luta que o mesmo trava contra os dois modelos de referência precedentes.

Esse esboço mereceria um aprofundamento, e sem dúvida pede uma formulação de hipóteses mais precisas. Seja como for, esses modelos oferecem um quadro de referência para situar outros modelos sociais de representação e organização grupais: em especial, o modelo do Processo, da Inquisição e da Conjuração, que tentei articular com a figuração psíquica do grupo como Arquigrupo.[13] Nessa perspectiva, a análise de sistemas utópicos, particularmente os de Hobbes, More, Campanella, Fourier, Cabet e Owen, bem como contrautópicos (Huxley, Orwell), mereceria um lugar de destaque.

6. Comentários

6.1 O grupo impensável

Os autores de uma pesquisa realizada em 1961 pela Afap tinham acentuado a dificuldade de os sujeitos entrevistados formularem representações do grupo: concluíram disso que o grupo não é uma noção vivida, integrada, operante, que só há "vivido" interindividual e que as relações sociais praticamente nunca se exprimem em termos de grupo. Observaram que a própria dificuldade de exprimir o que se vive nas relações sociais se manifesta mediante um emprego maciço de expressões estereotipadas e gerais que assinalam a implementação de mecanismos de defesa contra o afeto ligado à experiência, contra o envolvimento do sujeito na experiência das relações: denegação, projeção, idealização, distanciamento. O recurso ao estereótipo, assim como a implementação desses mecanismos, assegura uma dupla conformidade da representação às normas sociais e às pressões psíquicas internas. Graças a esse processo duplo, a regulação de conflitos é assegurada no nível representacional.

Os autores concluíram que as pessoas entrevistadas tinham a tendência de definir as relações e os problemas das relações sociais não quanto ao grupo, mas em termos de relações interindividuais. Quando vem a exprimir-se, observaram, a ideia do grupo está em oposição à do indivíduo, alternando suas qualidades e propriedades. O grupo é

---

13 Nesta obra, capítulo 5, p. 229-246. Dediquei-me depois da redação desta obra a várias pesquisas sobre a utopia e sua relação com o grupo.

restrição, limitação pessoal, "prisão", "enclausuramento", em comparação com a liberdade, a espontaneidade e a expansão do indivíduo. De modo inverso, se o grupo é representado como meio e autor da realização de um desejo, ele o é em comparação com a impotência do indivíduo. No grupo, a representação predominante deixa transparecer o medo de que o grupo seja o lugar de um perigo, de uma ameaça à existência e à unidade individual.

A observação que fiz durante as entrevistas realizadas em 1967-1968 se aproximam desses resultados: as mesmas dificuldades em verbalizar representações do grupo, a mesma apresentação clivada de um grupo totalmente "bom", protetor, reparador, criativo, caloroso, e um grupo extremamente "mal". Tal como na pesquisa de 1961, o grupo parece frágil, efêmero, instável, dominado pelo acaso e a fatalidade. É o lugar de divisões, da repressão e da mentira: cada um usa nele uma máscara, em oposição à espontaneidade e sinceridade que predominam nas relações interpessoais escolhidas livremente.

Os grupos são, contudo, reconhecidos em sua utilidade: o indivíduo fraco fica dependente, submetido à injustiça e à insegurança; o grupo protege, fortalece, faz a mediação das relações entre os indivíduos e a sociedade. A ideia que predomina consiste em que o grupo só existe como utilidade em função das vantagens que oferece ao indivíduo ou das justas restrições que lhe impõe. Mas, principalmente, o grupo pode ser apenas destino e necessidade.

Raros são aqueles que exprimem com relação a seu ambiente uma expectativa positiva: nesse caso, o grupo é representado como um regulador de tensões e conflitos de desejos, como o cadinho de uma criatividade inacessível ao adulto e ao indivíduo isolado, como o lugar possível do recebimento de um amor que permanece insatisfeito; ele protege contra a solidão e consolida os vínculos atacados pelo trabalho e a vida urbana "maus".

A interpretação dessas entrevistas levanta várias questões: nem sempre é possível perceber em que nível de elaboração se situa aquilo que se exprime nessas representações. A representação tem uma dupla relação de lealdade e de ruptura, às vezes elaborativa e, às vezes, defensiva em comparação com a fantasia. O que se exprime não é a expressão direta do "vivido"; pelo contrário, estabelece-se uma relação de articulação e de diferença entre o vivido a e representação. Essa diferença se deve ao trabalho da representação, que se efetua através do deslocamento, da condensação e da figuração simbólica destinadas a romper as barreiras da censura. Nesse trabalho, as formações socioculturais já constituídas desempenham seu papel, que é facilitar ou prevenir a passagem das formações do inconsciente aos modelos socializados de representações e oferecer adesões, ancoragem ou assentimento às formações inconscientes.

A análise feita a partir de imagens, mitos ou romances persuadiu-me de que a representação do objeto-grupo está ligada, em suas formas mais antigas e primitivas, a um pré-objeto materno fálico: ao contrário, as representações mais secundarizadas e mais frequentes remetem o grupo a uma organização edipiana ou um modelo familiar. Já discuti essa função defensiva da representação quanto ao "destaque" do complexo de Édipo em muitas representações de grupo, inclusive o mito freudiano da horda primitiva.

Outra questão evocada pela interpretação de representações nas entrevistas é saber se a atribuição de qualidades negativas ao grupo vem da clivagem ou da formação defensiva reacional contra desejos cuja satisfação é procurada e ameaçada em grupos: incorporar-se e incorporar, amar e ser amado. A admissão desse desejo feita a um terceiro pode ser, para alguns sujeitos, o desvelamento de uma fraqueza infantil.

A análise de imagens do corpo do grupo persuadiu-me de que a possibilidade de pensar o grupo e de dar uma representação verbal dele supõe a existência de um quadro e de um modelo de referência psicológica e socialmente aceitáveis. Nas entrevistas, o grupo só é pensável ao preço de uma transformação do objeto fantástico em objeto manipulável e familiar: o grupo de trabalho, a equipe funcional cuja atividade é socialmente valorizada, o grupo de amigos, as "relações" reguladas pela ordem da razão.[14] O recalque infantil repele toda outra representação,

---

14 O diferenciador semântico indica que as distâncias mais fracas entre o Grupo e os outros conceitos são Sociedade e Trabalho. A ideia subjacente, confirmada pelas entrevistas, é que o grupo é uma necessidade inelutável de nossa sociedade (1967), e que o grupo só tem legitimidade por ser

exceto aquela da família, na maioria das vezes da família idealizada como uma Sagrada Família ou como uma Horda.

As dificuldades que surgem para que as representações do grupo se exprimam talvez pudessem explicar os obstáculos epistemológicos encontrados na objetivação do conhecimento dos grupos. Enquanto a percepção e a conceitualização do grupo se acham sob o peso de representações inconscientes e dos afetos ligados a esse objeto, a infiltração fantasmástica vela, deforma, torna opaca, torna sedutor ou terrível o conhecimento do grupo.

A solução muitas frequentemente concebida para resolver dificuldades relacionadas aos grupos é, na teoria psicossociológica lewiniana, recorrer à democracia. Adiro a esse projeto voluntarista. Mas devo admitir que aquilo que se impõe mais fortemente na representação do grupo é recorrer a artifícios, à força e à manipulação em relação a outras pessoas, ou sonhar com um grupo em que não existissem esses recursos. Essas soluções são governadas pela intensidade dos medos paranoides que o grupo imaginado como Hidra, Medusa, Octópode, Polvo, Argos. Do mesmo modo, as tentativas de desbloquear as relações de sua carga emocional implicam uma negação de afetividade e o "medo de vencer a máquina". Essa desvitalização do grupo e das relações interpessoais deixa aparecer a ideia de que o grupo é tão perigoso porque reativa pulsões libidinais e agressivas, bem como os desejos menos admissíveis pela ordem social e psíquica: "em grupo, o indivíduo fica irresponsável, não pensa, age de modo subjetivo, sem lucidez, faz dos outros juízos infundados" – disseram-me em uma entrevista. As análises de Le Bon e de Freud sobre a multidão encontram eco nessas representações pessimistas do grupo: este só pode ser, para o inconsciente, uma multidão, uma mulher embriagada e perigosa, entregue a suas pulsões terríveis, enquanto um líder e uma ordem racional não a dominarem. Mas será isso uma representação inconsciente ou uma posição ideológica?

---

um grupo de trabalho (ou de amigos). Os aspectos positivos do grupo são expressos com frequência três vezes maior do que os aspectos negativos.

O pensamento verbal e o conceito têm como base psicológica a capacidade de estabelecer uma comunicação consigo mesmo e com os outros.

O pensamento verbal é "uma comunicação interna por meio de símbolos – as palavras", escreveu H. Segal (1970, p. 694). Essa observação explica uma das dificuldades intrapsíquicas de pensar o grupo, isto é, o estabelecimento de uma comunicação simbólica com fantasias e objetos inconscientes. O corpo, isto é, o corpo da mãe, é a base das identidades de percepção, e não da identidade de pensamento. A impossibilidade de pensar o grupo é, correlativamente, a impossibilidade de representá-lo como lugar marcado pela pulsão de morte. Esse inominável encontra sua voz, nos grupos, através da construção ideológica que faz do grupo um corpo dotado de espírito.

6.2 As funções psíquicas e sociais da representação do grupo

Se sólidas resistências epistemológicas mantêm o grupo como impensado, permanece o fato de as representações dele propostas constituírem uma ruptura com o vivido e com a fantasia inconsciente. Quais as funções psíquicas e sociais da representação do grupo?

Quanto às funções psíquicas, suponho que uma representação-meta (Freud) organize o curso e as relações dos pensamentos; essa representação-meta, inconsciente, é o *núcleo organizador* de uma rede de representações que se exprime segundo modalidades variáveis e que se integra a uma estrutura mais ou menos coerente. A representação assegura assim várias funções psíquicas: torna presente o objeto perdido, garante a defesa contra a ausência do objeto, mas também a reparação deste quando lhe sobrevém um dano fantasmático ou real A representação permite a integração de conflitos intrapsíquicos ao possibilitar sua figuração e transformação em direção ao campo das trocas simbólicas. Sob a influência de processos secundários, a representação assegura uma relativa coerência dos pensamentos e concepções de mundo. Cumpre, por fim, uma função identificatória através das identificações mútuas que permite.

O caráter social de uma representação se define não só por um critério quantitativo, quando se considera sua extensão em uma coletividade, nem apenas por um critério de produção, quando a analisamos como a expressão de uma formação social, mas também mediante um critério funcional, se tentarmos identificar sua contribuição adequada no processo de formação de comportamentos e comunicações em um conjunto social (MOSCOVICI, 1961).

O ponto de vista que desenvolvi em 1968, em meu estudo *Images de la culture chez les ouvriers français* [*Imagens da cultura entre operários franceses*] levou-me a enfatizar a função de marco identificatório das representações sociais.

A pertinência dessa perspectiva foi confirmada pela análise das representações do grupo na publicidade, na fotografia e nos retratos. Não só todo grupo se funda por meio de uma representação emblemática de seu objeto identificatório, como também essa representação compartilhada assegura identificações comuns a um mesmo objeto: ela cumpre uma função semelhante à do líder. Esse emblema transnarcísico delimita as fronteiras da pertinência agrupo e das relações intergrupais.

A representação é considerada social porque garante a possibilidade da comunicação e das trocas. É um núcleo de identificação dos membros do grupo que ela diferencia do não grupo, caraterizado por uma representação antagônica. Nesse nível, as funções psíquicas da representação não são dissociáveis de suas funções sociais.

6.3 Gêneros cognitivos na representação do grupo

Várias questões permanecem abertas, notadamente aquelas da relação entre o modo de expressão da figuração e as características do objeto representado: que restrições ligam os conteúdos e as modalidades da figuração ao gênero e ao estilo cognitivo da representação icônica, literária ou verbal? O objeto-grupo "fixa" preferencialmente essas adesões inconscientes naquele que as produz e naqueles a quem se destinam, segundo a forma e o estilo da representação que lhe é dada?

As informações que reuni no decorrer de minhas pesquisas permitem propor um começo de resposta a essas questões. Há diferenças notáveis nas formas da representação e nos conteúdos representados.

O grupo representado no desenho, na escultura, na fotografia, na pintura e na imagem publicitária é figurado em um eixo sincrônico ou paradigmático. É uma imagem a inserir em um discurso ainda não articulado pelo espectador. A figuração icônica sustenta uma função especular destinada a fundar a identificação e a adesão, a representar o ideal, oferecer uma marca de reconhecimento e um signo de reagrupamento. Esse tipo de figuração mobiliza essencialmente a imagem do corpo, apresenta uma realização completa da fantasia: os lugares são alocados, os jogos são mais ou menos feitos. Em contrapartida, em romances, filmes, contos e mitos, o grupo é representado em uma figuração diacrônica ou sintagmática. Nesse estilo da representação, o cenário e o processo, e não a imagem, é que são privilegiados. As figurações icônicas correspondem, por assim dizer, aos pensamentos do sonho, enquanto as figurações discursivas são a base da elaboração secundária de um sonho. O objeto-grupo figurado nas representações icônicas é, na maioria das vezes, dotado de características positivas e, com exceção da pintura contemporânea, é essencialmente a figuração de um grupo-corpo unificado. As representações discursivas são mais nuançadas, e nelas, a clivagem e a ambivalência surgem continuamente.

É provável que as representações icônicas do grupo sejam organizadas por relações com objetos mais arcaicos e estruturas mais antigas que aquelas que organizam as representações verbais. O resultado das entrevistas confirma esses dados e os da análise etimológica e semântica: a noção de grupo é conceitualizada rara e tardiamente. As pesquisas feitas com crianças e adolescentes confirmam a prevalência e a precocidade da representação figurativa icônica (desenho ou modelagem do grupo) com relação à representação verbal. Todas essas pesquisas, na medida em que conseguem atingir aquilo que há de investimentos emocionais e fantasias subjacentes na representação do objeto-grupo, indicam que o grupo constitui um suporte privilegiado da representação da relação mais primitiva com um conjunto organizado de objetos psíquicos: não surpreende, pois, que as características mais fundamentas dessa representação se exprimam em um registro pré-verbal.

Comentários sobre a Primeira Parte

Ao reler essa Primeira Parte, sou tocado pelo esforço feito para implementar uma metodologia multidimensional, como se fosse necessário, para explorar esse território desconhecido, assegurar-me, por meio dessa abordagem, de nada perder da consciência do objeto que iria constituir a base de meu modelo: a hipótese de que os grupos se organizam mediante as representações inconscientes cuja estrutura é organizada como um grupo "interior". É provável que esse acúmulo de pontos de vista também tenha me servido para evitar críticos que não deixariam de vir de psicanalistas demasiado inclinados a considerar que "fora da cura" não há salvação, ou não muito dispostos a correr o risco de cruzar os dados da pesquisa psicanalítica com aqueles de outras disciplinas: do lado dos psicossociólogos que viam com reticência práticas clínicas "fora do laboratório". Nos anos que precederam a publicação de *O aparelho psíquico grupal*, vi-me em um espaço fronteiriço, estendido entre o que eu tinha aprendido destes últimos e do que recebia daqueles, a partir de então. Eu queria abrir passagens entre disciplinas e entre objetos sem ter de percorrer rotas de contrabando e sem me deixar sobretaxar pela alfândega.

1. O cruzamento de metodologias

Permanece, de todo esse empreendimento, uma dupla abordagem metodológica: uma tem por centro as representações grupais comuns, compartilhadas, socializadas pelo trabalho de simbolização que a cultura cumpre; as vias de acesso mais eficientes nessa época foram aquelas que a psicologia social dos grupos e das representações sociais tinha aberto. A outra abordagem centra-se nas representações intrapsíquicas do grupo, apreendidas em sua subjetividade, e nesse caso a via de acesso mais definida foi aquela proporcionada pela psicanálise. O problema consistia em fazer funcionar um sistema de interpretação de dados advindos do primeiro método, a partir de hipóteses propostas pelo segundo. Não tenho certeza de tê-lo conseguido com rigor suficiente. Para aumentar a complexidade, devo dizer que esperava, da pesquisa psicanalítica dos grupos, hipóteses mais precisas para interpretar os processos e os conteúdos das representações sociais. Mais tarde, minhas pesquisas sobre a utopia e a ideologia beneficiaram-se de uma abordagem metodológica mais congruente.

Os instrumentos de que eu dispunha tornavam possível um duplo acesso à representação do grupo: como representação de coisa (e a análise iconográfica abria aí um caminho melhor que todas as outras) e como representação de palavras e objeto de discurso: a análise de textos e de entrevistas me deu acesso a isso.

Essa dupla abordagem metodológica cruzada, que eu queria que fosse intervalidadora, tinha definitivamente interesse por distinguir e articular representações intrapsíquicas tais como as constroem e sustentam os organizadores inconscientes, e as representações sociais e culturais, que funcionam em sua ordem própria, mas que têm interesse em fornecer significantes comuns, um já aí, um já figurado, um já dito, em suma, predisposições significantes, a bem dizer pré-conscientes, sobre as quais as representações inconscientes podem encontrar um suporte e um caminho de sublimação: as obras de cultura, os mitos, os romances, a pintura, a fotografia, o teatro e o cinema têm essa qualidade e essa propriedade.

Dei continuidade a essas pesquisas em trabalhos posteriores, notadamente nas representações do grupo como "corpo". Pesquisas mais precisas sobre as palavras que dizem o grupo foram desenvolvidas e validadas no estudo organizado por D. Anzieu em seus primeiros trabalhos com os grupos. Pude identificar com maior precisão as múltiplas relações entre a imagem do corpo e a metáfora política que se apossa dela no tocante a pensar o vínculo "orgânica" do social e do psíquico, com o risco de delírios totalitários. Prossegui no estudo anunciado sobre as representações do grupo nos sonhos, nos quais a multiplicidade de pessoas psíquicas aparece nas figuras condensadas de personagens conglomeradas, como na Irma do sonho "da injeção", ou em figuras reduzidas e difratadas pelo Ego do sonhador em figurações idênticas ou semelhantes (KAËS, 1999e, 1999f).

2. As três dimensões da representação do grupo

Diferencio hoje três dimensões da representação: a primeira é a dimensão *pictográfica*; a segundo, *cênica* ou dramática; e a terceira é a dimensão *significante* discursiva.

As representações *pictográficas* estabelecem-se na base da experiência originária do sujeito na relação com a experiência do corpo da mãe e em seu corpo próprio: a massa, a esfera, o círculo, o bolso, o núcleo e a célula são pictogramas formados experiência originária do ventre e das cavidades continentes, da boca, do trato oro-anal, dos envelopes portadores; esses pictogramas do grupo são representações da experiência originária do corpo, das sensações de prazer e desprazer, inicialmente constituído com a sustentação da pulsão na experiência do corpo materno e da satisfação das necessidades corporais necessárias à vida. Estão assim em estreita relação com a economia pulsional que percorre as formações da grupalidade interna. São retomadas e reelaboradas na lógica discursiva do processo secundário.

A dimensão *cênica* ou dramatúrgica da representação do grupo qualifica a construção do grupo como "teatro interior": o sujeito se representa aí, assim como representa seus objetos e suas relações, a razão de sua origem (fantasias originárias) e os protagonistas de seu desejo inconsciente, de suas identificações, de seus conflitos pulsionais ou instanciais, ou então de suas alianças. As análises da primeira e da segunda parte deste trabalho apresentam seus protótipos: fantasias inconscientes, complexos e imagos são organizadas segundo a lógica do processo primário: um elemento da cena pode receber a delegação de representar outro, vários ou um conjunto, por condensação ou metonímia, ou vários elementos podem ser representantes de um único outro, por difração e multiplicação do idêntico. Essa é a dimensão de *delegação* ou de representação de um elemento por meio de outro, ou da totalidade.

A terceira dimensão da representação do grupo é constituída pelo *discurso* que o sujeito sustenta sobre o grupo, sobre os outros e si mesmo, sobre sua realidade interior e sobre seus objetos. Uma teoria de grupo é uma forma hiperelaborada desse tipo de representação. O processo secundário, ainda que dirija seu curso, entra em acordo com as emergências dos processos e formações originárias e primárias: os pictogramas e os cenários inconscientes da grupalidade psíquica sustentam, infiltram e dinamizam enunciados nos quais o sujeito pode conseguir reconhecer, antes das restrições da lógica secundária, sua própria subjetividade, aquilo o que lhe dá a pensar, aquilo em que ela tropeça, aquilo que constitui um obstáculo a (ou paixão de) conhecer. Nesse nível, as representações secundárias também chegam a um acordo com as representações coletivas do grupo, com os enunciados do próprio grupo acerca do que ele é e deve ser. Nesses discursos, enuncia-se o sentido que o grupo atribui de si mesmo a si mesmo, de sua origem, de seu objetivo e de suas relações com seus sujeitos e os outros grupos. Esses enunciados discursivos são principalmente os mitos, as utopias, as ideologias e as teorias que um grupo recebe, forma ou transforma e transmite. Alguns desses enunciados são prescritivos das relações recíprocas do grupo e de seus sujeitos. Recupero aqui minhas propostas de 1976: os modelos sociais e culturais da representação do grupo coorganizam, com as representações inconscientes, o discurso sobre o grupo.

3. Os investimentos pulsionais do grupo

Nas pesquisas de 1965-1970 sobre o grupo como objeto, privilegiei em especial dois aspectos no estudo da representação: a análise de conteúdos icônicos e discursivos e a análise estrutural de sua organização.

Isso era congruente com minha hipótese sobre a função organizadora dos grupos internos no processo grupal: ela permitia identificar cenas e cenários, mas também lugares e relações intersubjetivos. Em contrapartida, não dei a devida atenção à época dos investimentos pulsionais de que o grupo é objeto, nem aos afetos que suscita. Somente na análise dos processos associativos (1994b) e das transferências que os sustentam percebi mais precisamente sua importância: seguramente, os investimentos narcísicos no objeto-grupo eram identificados, principalmente em suas correlações com as representações do grupo como unidade ou como totalidade, mas eu ainda não dispunha dos conceitos de sustentação (1984b) e de exigência de trabalho psíquico impostos pelo vínculo intersubjetivo às pulsões, às representações e às identificações.

4. O investimento narcísico e a dificuldade de pensar o grupo

A partir dessas primeiras pesquisas, minha atenção tinha sido atraída pelo investimento narcísico do grupo como obstáculo ao seu conhecimento. Depois (KAËS, 1993g) me propus a considerar mais sistematicamente os investimentos pulsionais na representação do grupo e extrair com maior precisão os componentes arcaicos e edipianos desta. Pareceu-me que a dificuldade de pensar o grupo se liga primeiro à natureza dos investimentos pulsionais antagônicos que ele recebe (pulsões narcísicas, pulsões de vida e pulsões de morte) e das representações inconscientes de que é objeto.

A dificuldade de pensar o grupo é similar àquela sobre a qual Freud fala no artigo de 1917, "Uma dificuldade no caminho da psicanálise". O narcisismo humano, escreve ele, foi acometido por um triplo orgulho ferido. A ferida cosmológica no narcisismo foi infligida por Copérnico: a Terra não é o centro do Universo; a ferida biológica, por Darwin: o Homem não é o ápice privilegiado do reino animal; e a ferida psicológica, por Freud: a psicanálise desaloja o sujeito de sua crença na centralidade de seu Eu consciente, e ele não é o mestre de seu universo interior, já que a vida psíquica inconsciente escapa ao seu domínio. Como acentuei na Introdução, apesar disso ainda estamos em uma metáfora galileana-copernicana, heliocêntrica: em uma representação do psiquismo em termos de círculo.

O grupo, ao infligir uma quarta humilhação narcísica, choca-se com uma representação de um espaço psíquico dotado de vários centros, um espaço elíptico no qual doravante a tensão entre as casas organizadoras trabalha todas as regiões desse espaço. O Ego, que dá de si a representação como "indivíduo", um e autônomo, não apenas depende em larga escala do inconsciente, pelo qual é dividido, como também é originalmente tributário do vínculo com o outro, e especialmente do vínculo ao outro naquilo em que ele mesmo é ligado ao outro; é a esse sistema de vínculos, que formam uma rede grupal interior *e* exterior que o sujeito está submetido mediante aquilo que, em seu próprio inconsciente, é presença inconsciente do inconsciente do outro, do recalcado do outro, do desejo do outro. Essa dimensão grupal do narcisismo faz que a vida psíquica inconsciente do homem escape, no interior e no exterior, ao domínio de um centro único.

A vida em grupo é assim a ocasião de uma tríplice humilhação narcísica: o Ego se vê descentrado de sua autorrepresentação imaginária onipotente, autônoma e unificada. Sente que não é nem a causa, nem o centro ou o objetivo do grupo. Ele pode proteger-se desse desprazer fazendo do grupo uma causa, um centro, um objetivo em que as figuras e os investimentos narcísicos do Ego são transferidos e repartidos, por difração, como em um sonho. O grupo, por sua vez, sustenta essa aposta narcísica nos termos do contrato narcísico (AULAGNIER, 1975) que liga, nesse ponto difícil, o grupo e seus sujeitos. Mas se o grupo mantém a sustentação do narcisismo primário do sujeito, na medida em que ele mesmo sustenta a continuidade narcísica do grupo, a pressão inerente a esse contrato não é menos pesada. Por outro lado, a ilusão de que o Ego encontra no grupo a completude narcísica de seus grupos internos o levará inevitavelmente a sentir-se e eventualmente admitir que não é o centro, a causa nem o objetivo – eis um motivo potente do ódio narcísico do grupo e um grande obstáculo epistemológico.

O grupo é ocasião de feridas narcísicas por uma segunda razão: nele, o sujeito é submetido, contra o consentimento de sua vontade, a uma cadeia da qual é, por certo, o beneficiário na realização de seu próprio fim, mas da qual é igualmente servidor e beneficiário: todos sabem que, em uma herança, nem tudo é identicamente recebível.

Há dificuldade e sofrimento narcísico em estar nessa cadeia sujeita ao grupo vertical intergeracional, submetido a lugares, realizações de desejos irrealizados, faltas daqueles que o precederam, embora o contrato narcísico garanta ao sujeito, em troca desse assujeitamento narcísico, uma base de continuidade e um meio de ser para si mesmo seu próprio fim. Supondo que o contrato seja firmado e cumprido, e de modo assumível pelo sujeito, o excesso de impostos na herança, o mandato do impossível ou o não cumprimento do contrato causam intensos sofrimentos narcísicos com que o sujeito singular não pode arcar sozinho, mas ao lado de sua relação com o conjunto. Há dificuldade e sofrimento narcísico em ser, no grupo dos contemporâneos, descentrado de seu próprio fim, submetido à interferência do grupo, à exigência grupal do sacrifício de uma parte de si, ao não cumprimento de promessas pelo outro, mesmo que esse abandono de uma parte de si, que envolve a identificação em um objeto comum, produza benefícios, o balanço da economia narcísica e objetal é sempre instável nos grupos, exceto se se estabelecer aquilo que na economia comercial se chama mais-valia, o que em grupos corresponde a localizações subjetivas como as de líder, vítima expiatória ou executor de sanções: a depender das modalidades grandiosas, reconhecidas, estabelecidas, o narcisismo pode se estabilizar na economia sádica ou masoquista.

O grupo *e* o corpo são componentes narcísicos da identificação. Quando o grupo *é* o corpo, quando, no imaginário e na fantasia, eles coincidem, então o grupo é inimaginável. Espírito de corpo, ele assume o estatuto cruel das formações arcaicas do Ideal. A experiência dessa crueldade é banal: quando um membro de um grupo falha em atender ao narcisismo do grupo – do corpo grupal – esse membro se autoabandonou, se autossacrificou, reduzido ao silêncio. Há necessidades de se livrar daquele por meio do qual chega o escândalo. E o escândalo está na revelação brutal de uma ruptura, de uma deserção e finalmente de um ataque contra a adesão narcísica ao vínculo grupal. Desse ponto de vista, o grupo – assim como a ideologia em sua substância narcísica – é uma defesa contra a depressão narcísica, a lacuna e o parcial; o agrupamento opõe potentes forças, que mantém do narcisismo de seus sujeitos, para inscrever em seu benefício e no de seus membros, aquilo que pode levá-los a fazer a experiência da separação, da individuação e da interdependência.

Há outro motivo, o terceiro, de sofrimento narcísico: ele nos é dado na experiência da expropriação dos objetos do nosso universo interior pelo grupo. Queremos não perceber que nos desapossamos de nós mesmos por projeção, abandono e depósito de alguns de nossos objetos no grupo ou em algum de seus membros; não admitimos simplesmente que o grupo exige sacrifício e abandono e o tornamos responsável pelas nossas angústias de ser esgotados, absorvidos ou explorados por ele.

O grupo, assim, descentra o sujeito de sua fantasia individualista, e o faz viver dolorosamente o fato de que o grupo comporta vários centros, que estes são provisórios e mutáveis e que a fantasia grupal, tão necessária para fundar o coletivo e a relação de cada um com esse coletivo em uma nova continuidade narcísica, mediante o deslocamento do investimento para o "corpo" grupal, precisa ela mesma se desfazer para que se constitua um saber sobre o grupo. Descobrem-se assim os afetos de ódio que o grupo suscita, as elações oceânicas que parece prometer, aos Egos incertos de seus limites, as fruições de sua idealização, as cóleras e iras que ele faz explodir quando a onipotência que mobiliza ou a possessão de que é objeto descobrem o infortúnio que ele deveria ou que teria devido poupar.

A descoberta de que o grupo é para si mesmo seu próprio fim, que ele não pode deixar de ter o lugar e a função das imagos providencial que os sujeitos lhe atribuíram, também provoca o ódio ao grupo e paralisa o pensamento de seu objeto.

5. O ódio ao grupo: o suporte arcaico da representação do grupo

O ódio ao grupo é o resultado dessa descentração, dessa expropriação e dessa dependência narcísica. O ódio ao grupo não é só uma obsessão do pensamento; na medida em que contribui para a separação entre o Eu e o Se [*On*], para fazer emergir a psicologia "individual" a partir da psicologia "arcaica de massa", sem fazer a foraclusão [*Verwerfung*] de sua origem, ele é o motor de uma descoberta: o objeto sobrevive ao ódio, como diz Winnicott, e ao sujeito, para usá-lo e pensá-lo.

A grande questão que mobiliza os sujeitos de um grupo é a paixão para fazer-se um só. Sobre essa manifestação do narcisismo, Freud lembra o mito platônico do Andrógino: as duas partes separadas "agarram-se com os braços ao corpo, enlaçam-se mutuamente, na paixão de fazer-se um só". No grupo, as partes separadas são aquelas de corpos parciais pulsionais, de uma sexualidade arcaica que é preciso restabelecer na unidade imaginária de um vínculo originário comum. O narcisismo de vida mantém essa paixão unificadora e as fantasias de incesto primitivo, mas o narcisismo de morte também o faz, em sua fusão que apaga toda diferença.

A "comunidade" é o sonho profundo do grupo: *fazê-lo um só com* o outro é antes de tudo o desejo de fazer o um e o mesmo na identificação do um com o outro; identificar-se no mesmo corpo, no mesmo continente psíquico, na mesma alma. O grupo-como-um é sonho de inclusão na matriz originária.

O suporte arcaico dessa representação que organiza a vida dos grupos é uma imago materna todo-poderosa; as figurações míticas a representam tal como nos grupos em que ela aparece: um corpo animal, divino e monstruoso, homem e animal, animal e Deus antropomorfo, masculino e feminino, dotado de bocas (como a Hidra de Lerna), de olhos (como Argos), de cabeças (como Erneia), de falos (como a cabeça da Górgona), de seios (como a Ártemis polimasta de Éfeso), de braços e pernas (como Shiva), múltiplas, inumeráveis, luxuriante de vida e de morte, de prazer e de medo.

A paixão de se fazer apenas um tem como contrapartida a fascinação do múltiplo e parcial. O grupo, por sua estrutura morfológica, pelas representações e os investimentos de que é objeto no espaço interno de cada sujeito, reativa formações e processos de difração do sujeito, da fragmentação do objeto, de multiplicação do semelhante, ao mesmo tempo que incita a paixão de reuni-los e unificá-los.

Mas é também por essa razão que suscita o ódio e não pode ser pensado: ódio do arcaico, ódio do inconsciente, ódio da morte, o ódio daquilo que, no ser humano pensado como sujeito individuado e como absoluto, permanece indiferenciado, sempre pronto a se dissolver. Não causa surpresa, nessas condições, que os psicanalistas mais sensíveis à dimensão da realidade psíquica do grupo se interessem pela psicose, o autismo ou os estados limítrofes, ou que tenham tido de elaborar sobre essas questões sua própria posição interna. Seria possível sugerir que Freud, ao pensar a grupalidade psíquica e os grupos, conseguiu superar esse ódio representando seu próprio tributo ao arcaico?

6. Os referentes edipianos da representação do grupo

O advento do complexo de Édipo dá acesso a outra representação do grupo. Ao remanejar a organização do complexo de desmame e do complexo do intruso, isto é, da rivalidade com o Irmão, o complexo de Édipo coloca objetos parciais na inextricável inclusão mútua. O enunciado do interdito edipiano, que originalmente sustenta o funcionamento da metáfora paterna na relação triangular, permitirá que o grupo arcaico deixe de ser apenas uma massa contundente, uma conspiração narcísica que ordena sua representação como aglutinamento, caos, destruição, domínio mútuo fechado que mal contém fragmentações e explosões internas, ou como formação da idealização primária. A queda narcísica que a criança vivencia ao descobrir que não é a causa do desejo da mãe, mas que o desejo dela se dirige a outro, já abriu o caminho à dolorosa integração, no espaço interno, do outro e do objeto, e a um remanejamento estrutural dos sistemas de relação do objeto. As experiências subsequentes do grupo reativarão necessariamente os elementos desses estágios do desenvolvimento.

É nesse movimento que se organiza a representação de nosso próprio grupo familiar, do lugar que ocupamos nele para os outros, os investimentos de que são objeto nosso: na separação, no conflito, no amor e no ódio edipianos. A análise comparada dos desenhos da família e do grupo mostrou a importância do papel dos grupos não familiares – mas de íntimos – nesse estágio da organização psíquica: os grupos de pares estão ao mesmo tempo, para a criança, em uma continuidade familiar e em uma relação de ruptura com ela. Como depois, durante a adolescência, o grupo extrafamiliar é ocasião de uma modificação de identificações, de reativação de todos os complexos fundamentais a partir da elaboração do complexo de Édipo, de uma nova prova em termos da separação e da distinção entre o Eu e a "psicologia de massas". Todas as representações arcaicas do grupo e da grupalidade, todas as representações primárias e secundárias do grupo mobilizam-se e transformam-se; a imagem do corpo, o sistema de relações do objeto, a rede de identificações, complexos e imagens, a fantasmática originária e as elaborações posteriores do romance familiar. Sob esse aspecto, a fantasia de cena originária é uma notável elaboração da tensão entre o um e o múltiplo: ela resolve a contradição que sustenta a reconstrução do idêntico a partir do diferente. Trata-se de um marco decisivo do pensamento, e, portanto, uma etapa do pensamento do agrupamento. Essa fantasia, se dá acesso ao embrião do pensamento combinatório, é atravessada naturalmente por investimentos pulsionais de seu sujeito.

O acesso à representação edipiana do grupo implica que nos separamos do grupo de objetos e vínculos incestuosos. O interdito do incesto, assim como a resolução do desmame e a superação do complexo do intruso, exige que procuremos fora do grupo familiar novos investimentos do grupo. Novas situações se esboçam aí de modo conflituoso, por exemplo, entre a *filiação* familiar e a *afiliação* grupal; resolvem-se mais geralmente de um modo regressivo segundo os modelos construídos nas organizações arcaicas da representação do grupo: é um dado constante da observação e da análise dos grupos que são as configurações arcaicas do complexo de Édipo prevalentes: o ponto de vista estabelecido por Freud em *Totem e tabu* permanece com uma potente lucidez. A ancoragem profunda da representação do grupo em formações e processos arcaicos do psiquismo, nos meandros do complexo de Édipo primitivo, produz seus efeitos no processo psíquico dos grupos. Os grupos se representam, antes de tudo, e simplesmente na maioria das vezes, nos termos da grupalidade arcaica e da família pré-edipiana. As representações infiltram-se no pensamento teorizante, por exemplo, quando o grupo é pensado *como* uma família. Ou então o grupo não é uma família, separando-se dela e opondo-se a ela. É justamente porque é mantido nessa distância pela análise das transferências que o grupo pode constituir um dispositivo para a análise "daquilo que é, em cada um de nós, grupalidade", daquilo que se transfere e se repete no grupo de nossas famílias interiores.

Segunda Parte
Ensaios psicanalíticos sobre os grupos

"O imaginário é o que tende a tornar-se real".
André Breton. *Le Revolver à cheveux blancs* [*O revólver de cabelos brancos*].

A análise das representações do grupo, realizada a partir da hipótese de duas séries de organizadores, os psíquicos e os socioculturais, levou-nos a tratar o grupo sob o aspecto de eu estatuto de objeto e de representante psíquico. Esbocei algumas perspectivas de análise para situar essas representações no processo social que as codetermina e para perceber seu papel no próprio processo grupal. As representações do grupo fornecem ao fluxo pulsional não apenas um objeto e um objetivo; elas se elaboram como figuração da estrutura grupal de certas formações do inconsciente; constituem também um modelo de funcionamento para a existência grupal.

Mostrar essa eficácia da representação no processo grupal é, antes de tudo, garantir a posse de condições metodológicas adequadas para perceber seu agir. A perspectiva psicanalítica requer o estabelecimento de uma situação-tipo de referência capaz de fazer surgir, em condições nas quais se neutralizam, outros fatores não especificamente psicológicos, esses processos e essas formações. Assim sendo, apenas a relação a partir da qual elaborei minha hipótese pode ser interrogada.

Essas condições metodológicas parecem-me reunidas na situação do grupo ou do seminário psicanalítico de formação, cujo projeto, dimensões e regras tentei definir (KAËS, 1972). A compreensão dos fenômenos que se manifestam nessa situação, regida pelo dispositivo de regras próprias à experiência psicanalítica, deve levar em consideração os diferentes aspectos da regressão em grupos. Esbocei sua análise em um estudo centrado na reação de luto diante da dupla perda objetal que caracteriza o processo da regressão e da construção nos grupos de formação (KAËS, 1973b).

A partir desses movimentos psíquicos, que tornam possível a emergência de formações grupais do inconsciente e a análise de suas vicissitudes no processo grupal, podem-se identificar as produções e processos tipicamente implementados nos grupos. Minha análise privilegia como sendo central a elaboração de posições ideológicas, utópicas e míticas e aquilo que elas constituem de estruturas, processos e funções coextensivos da existência grupal. As pesquisas que realizei sobre esse assunto serão reunidas dentro em breve em um trabalho dedicado a essa questão.[1]

O tema comum dos três capítulos a seguir será a exploração do efeito de organização de formações grupais do psiquismo no processo grupal. Sem desenvolvê-la neste trabalho, sustentarei a ideia de que os primeiros se constituem em parte, ou se modificam, sob a influência do segundo. Por exemplo, tratando da maneira como se constrói o espaço vivido em grupos (capítulo 3), proporei que há uma relação direta entre a elaboração do espaço grupal, a representação da experiência espacial e a problemática pessoal da imagem do corpo. O essencial de minha análise pôde ser efetuado a partir da situação de grupo amplo (40-60 pessoas), tal como vivenciei em seminários de formação, notadamente no decorrer de sessões plenárias. Essa situação pareceu-me favorável para tal estudo, na medida em que a regressão genética, tópica, econômica e dinâmica requer as formações mais antigos do psiquismo.

O segundo estudo proposto (capítulo 4) tem por objeto uma fantasia de enfileiramento, notada em vários tipos de situação de grupo. Essa fantasia condensa várias fantasias originárias em uma formação original que revela as propriedades grupais dessa variedade de fantasias. A análise que ofereço é esclarecida por um conto dos irmãos Grimm, *Os sete suábios*. Por isso, temos que lidar, a partir desse conto, com a codificação sociocultural de uma formação do inconsciente. Seguiremos o destino dele no processo grupal.

O terceiro estudo (o capítulo 5) centra-se na análise do poder da atração e da repulsão – da fascinação – alocado para o grupo com a imago da mãe arcaica. Denominei Arquigrupo essa imago cujos efeitos na organização da existência grupal devem ser identificados.

---

1 Ver KAËS, R. *L'Idéologie. Études psychanalytiques*. Paris: Dunod, 1980.

Capítulo 3

Construção do espaço grupal e imagem do corpo

1. Espaço-suporte e espaço do corpo

Grupo, pequeno grupo, grupo amplo ou restrito, grupo grande, o grupo é do espaço, é no espaço.[1] O grupo é uma noção espacial e, como sabemos, a etimologia o mostra: garupa [*croupe*], forma redonda, massa, nó – eis as tantas inscrições na língua desse objeto que ocupa o espaço e cujo espaço nos ocupa: estamos nele, dentro ou fora, ou então nas margens, na fronteira. A lógica topológica fez dele um de seus conceitos principais. Para as Belas-Artes, um grupo é um espaço organizado em lugares, posições, relações, massa, densidade, fronteiras.

Sem lugar real, é impossível realizar uma reunião. A sede de um grupo é um território; seus elementos o posicionam nesse território, atribuem correlativamente um lugar uns aos outros e constroem assim um espaço habitável, com um interior e um exterior, um continente e um conteúdo, um envelope e um centro, um limite. A base material do grupo é o espaço que ele encontra e que cria. O espaço-suporte é um espaço-quadro predisposto pela estruturação que grupos preexistentes nos deixam ou nos legam, por herança, doação ou aluguel. Cada grupo o recebe, ou conquista; ele o organiza para a sua existência e, por causa do que acontece em sua história, desloca-o continuamente, abandona-o, reencontra-o, modela-o de outra maneira. O espaço do grupo é o suporte

---

1 NT: O paralelismo foi mantido aqui: "é do espaço, é (existe) no espaço", que implica, mais do que apenas estar no espaço, ocupá-lo. O autor usa "ocupar" logo em seguida.

e o traço material de sua história. A posição no espaço define também as modalidades e conteúdos do discurso (MOSCOVICI; PLON, 1966).

O espaço-suporte necessário para a reunião do grupo, sua sede, não é um espaço suficiente para sua localização; é-lhe indubitavelmente necessário igualmente – e em primeiro lugar – deparar com suas fronteiras e restrições, povoar e avivar esse espaço que é espaço do desejo. Talvez resida no fato de que o desejo se refere ao espaço a razão de o espaço permanecer como "a dimensão oculta" (HALL, 1966). O espaço real é apropriado, em sua relativa plasticidade, no espaço imaginário, em uma relação de verossimilhança, de mais ou menos semelhante ao – e mais ou menos diferente do – espaço imaginário. A tomada do espaço para o grupo e para o indivíduo reside nessa frágil possibilidade de estabelecer um vínculo entre o espaço imaginário e o espaço real, entre o espaço vivido – que é o corpo do homem – e sua imagem no espaço real. Esse vínculo é a construção do espaço simbólico.

Todo grupo só se organiza como metáfora ou metonímia do corpo, ou de partes do corpo. O destino do grupo e de seus sujeitos constituintes define-se na relação que se estabelece entre o espaço vivido (o corpo) e a representação desse espaço, entre essa representação e o espaço real que é seu suporte na cena da história. O estudo das representações do grupo permite atestar que o grupo é representação do corpo, assim como recuperar essa referência central ao espaço vivido do corpo: célula ou organismo mais ou menos diferenciados em cabeça (líder), membros, seio, continente, espírito. Também vimos que algumas representações do corpo, em pintores contemporâneos, são representações do grupo, como se uma correspondência fundamental ligasse, possivelmente em sua origem, o espaço do corpo e aquele do grupo, como o termo *organização* o sugere.

A experiência de formação pessoal por meio do grupo (por exemplo, os seminários da formação) revela a referência constante a uma fantasmática do corpo em um espaço: a de um "seminário", receptáculo de participantes-sementes dedicados a um destino germinativo ou letal, lugar de fecundação, de reconstrução ou de destruição *in utero*, cena em que se desenrola o drama e o gozo da sedução, em que se representam a causa e o mistério do acoplamento e da diferença entre os sexos. O espaço-seminário é aquele do corpo materno, de seus conteúdos, de seu invólucro de pele, de seus apêndices. Liga-se ao tempo-seminário, como aquele da ucronia pré-natal, da expectativa e da busca incessantes e repetitivas (KAËS, 1974).

As construções teóricas acerca dos grupos tiveram um momento decisivo quando K. Lewin (1938, 1939) propôs um modelo topológico do grupo. Percebe-se ali facilmente a referência a uma imagem do corpo: o grupo é representado como o espaço abstrato que figuraria em um esquema anatomofisiológico. Possivelmente, além disso, o mesmo se aplica à descoberta e à elaboração freudianas do aparelho psíquico: não seria a tópica, tanto a primeira como a segunda, uma figuração grupal cujos elementos organizam o cenário de uma fantasia originária? E. Pons (1974) sustentou, quanto ao sistema Ics-Pcs-Cs, que a primeira tópica teria sido construída segundo a fantasia de cena originária.

Esses dois exemplos ilustram o que Piaget entende ao escrever que as estruturas cognitivas mais arcaicas – e em particular aquelas que concernem ao espaço – são elaboradas e usadas tardiamente no desenvolvimento.

Está fora de dúvida que a representação do espaço implique um trabalho psíquico excepcional que expõe o ser humano a um duplo perigo: identificar o espaço representado ao espaço vivido do corpo, e manter aquele submetido a este último; a perda do vínculo entre a representação e aquilo que ela representa (o corpo vivido), e o rompimento do vínculo vital. O primeiro perigo é o de permanecer no espaço especular; o segundo, é o de mergulhar no abismo do espelho.

Os objetivos deste estudo são precisar o que está em jogo nesse duplo perigo, identificar os processos de construção do espaço em situação de grupo, e compreender seu impacto na formação do espaço simbólico. Vou me referir à clínica das situações de grupos amplos, aqueles que reúnem 40- 60 participantes por um período delimitado, em um seminário de formação em residência. Os postulados explícitos de que partimos são que, em tal situação:

- A regressão produzida tem que ver com as organizações pré-genitais do psiquismo, que estas se implementam ao mesmo tempo em sua heterogeneidade, que elas estão imbricadas, especialmente durante a cena inicial da organização do grupo amplo;
- Pode-se remeter o essencial dos fenômenos referentes ao espaço, a vivência espacial dos participantes e a organização espacial do grupo à problemática do espaço para o psicótico, e, em consequência, ao vínculo entre a parte do corpo e a totalidade, à questão da dinâmica do corpo vivido.[2]

1.1 Composição 1: sonhos mistos

"A gente" – ou "isso" – está em grande quantidade no quarto.[3] Intermitentemente, colidimos com paredes, cadeiras, os corpos dos outros: esse atrito assusta e às vezes reassegura. Em seguida, não há nada mais nem ninguém. A gente está lá e em outro lugar, sem conseguir imaginar onde, nem em que momento. Intermitentemente, ruídos atingem e estriam o espaço. A gente também colide com ele, o que reassegura e às vezes assusta. É algo sem limite, numeroso, e a gente se perde ali exceto quando vislumbra um rosto, um olho ou uma mão; então a gente se apega. É distante e próximo, em geral frio e metálico, quando não repentinamente quente e cheio como uma carne que se apega à pele. A gente fica confuso e se afasta. A gente é tudo, está em todo lugar e em seguida não é nada, uma extensão de si fora das fronteiras da pele, incluindo tudo que ali está, e daí sobrevém um isolamento, um abismo sem fundo; nenhuma forma aparece mais depois que aquelas outras se tornaram hostis e estrangeiras. Falta a voz – incluindo o grito. É uma espécie de abertura quente – faz frio lá fora – ou uma reentrância glacial que chama como que seu contrário, uma praia suave ou uma pele de gato. Esse rosto, essa boca, molham repentinamente minha boca e meu rosto, assim como a presença fluida de meu vizinho me atravessa e sensibiliza minha pele, minha boca e meu rosto como existentes: o resto é insensível e evaporado; meu corpo teria de encarnar-se pelo efeito do fluido dos outros, tal como, por meio do borrifo, incorpora-se o corpo de

---

2 A orientação dada a estas reflexões se inspira nos trabalhos de G. Pankow (1969, 1972).
3 Este texto é bem evidentemente uma ficção literária. Eu o escrevi em um seminário, associando meus próprios pensamentos e as associações vindas dos participantes. Escrevê-lo foi para mim, nessa situação, um dos recursos para figurar representações e emoções violentas. [NT: "On" – ou "ça" – est beaucoup dans la salle].

semimortos, no romance de Dick, *Ubik*... Meu corpo ainda não se repatria para um lugar contínuo, diferenciado, para um tempo que dura. Tenho, no entanto, um embrião de existência celular entre outras células, mas ele está dentro ou fora? Na frente ou atrás? Em cima ou embaixo? Antes ou depois? Impossível representar o conjunto: demasiado numerosos, fluidos, caóticos, às vezes oníricos, logo depois demasiado reais, intoleravelmente pesados e precisos. Sentimento (de um perigo, de uma ameaça de que isso se abra, invada, trema fortemente como um terremoto (desaparecer em uma fissura que se abriria no solo). Que endureça, congele, sufoque; ser tomado como nos gelos polares. Ver um rosto, sugá-lo, beber o calor, banhar-se no morno, quebrar o gelo, sorrir, tocar um rosto sorridente. Uma parte do corpo é quente, e a outra fria: meu corpo? Sinto apenas meu peito, não minhas pernas, nem minha cabeça, se esvaziar. Isso bate. Se eu vomitei e me esvaziei? Urinar morno, não sinto meu sexo; transpirar lentamente, um braço é mais curto do que o outro. Vão me despedaçar, incinerar, passar pela parede, ou pelo vidro da janela, fugir. Esse outro rosto que volta e me chama. Eles são como eu, estamos todos dentro, no mesmo saco. Sou eles, uma galeria de espelhos. *A dama de Xangai*. O nome do advogado? O tobogã, o percurso agitado! *A grande loja...*[4] (vazio, branco, frio, medo). Cabelos por toda parte, a gente só vê cabelos em cabeças, pelos, pelos, pelos... Palavras, palavras, palavras-valise como marionetes. No interior do interior do interior. O quarto se estreita, estamos encolhidos uns contra os outros; Boris Vian: *A espuma dos dias*. Adiante há pequenas corujas, "antiquários" ansiosos por pilhar o passado. Imagem da casa inflável – a casa de pele – de um filme com esse ator que se parece com o tipo que tenho diante de mim. Tem o ar bem em sua pele. Te amo, te amo... Dormir... nenhum limite. Van Gogh que corta a própria orelha... espelho... Quebrar o gelo..."

2. Espaço especular e medo no grupo

Apesar das regras que definem a sede espacial do grupo em um lugar determinado, por um período definido, e segundo uma tarefa cujas modalidades são enunciadas pela regra fundamental, o espaço vivido em grupo amplo, especialmente na fase inicial, é organizado pela angústia, pelas representações e os mecanismos de defesa que suscita a propósito do corpo. As fantasias de ilimitação e extensão infinitas do

---
4 NT: Filme dos Irmãos Marx.

eu-corpo-grupo que forma um *todo* se alternam com as fantasias de dissolução ou de aniquilação do eu-corpo-grupo reduzido a *nada*.

Não há quem possa representar a si mesmo e suas relações com um grupo a não ser na forma parcial da metonímia (o continente pelo conteúdo: o grupo é cada um) ou da sinédoque (a parte pelo todo: cada um é o grupo). "O grupo é uma boca": é (minha) boca. Esta representação é já uma operação capital; ela organiza o espaço do grupo à imagem de uma parte do corpo, fornece um primeiro limite ao corpo em uma de suas partes. Essa primeira elaboração do espaço grupal se articula no espaço vivido do corpo. Basta que um membro do grupo comece a fantasiar para que os lugares sejam atribuídos como sede do grupo no corpo e de cada um no grupo-corpo. Basta que o corpo de um membro do grupo se ofereça para designar "o grupo" para que articule, na fantasia, a relação dos corpos entre si, com esse membro-corpo-grupo, e a relação com o não corpo, o nada, o vazio intersticial entre o membro, o corpo e o grupo: o orifício, a fissura, o lugar por excelência da cegueira ideológica (ou idológica) e do espelho-de-narcisos.

Nesse momento está em jogo o destino das angústias psicóticas e das diferentes modalidades da capacidade de estabelecer relação com um outro. Antes de definir algumas de suas etapas, especifiquemos o que envolve esse período inicial na representação do corpo e na vivência do espaço em um grupo grande.

Em um artigo sobre a dinâmica do espaço e o tempo vivido, G. Pankow (1972) oferece um comentário de um romance de Soljenítsin, *A casa de Matriona*. G. Pankow escreve que é no momento em que Fadei faz vir abaixo, na casa de Matriona, o quarto que deveria ter sido destinado ao casal que a vida de Matriona também vem abaixo: no momento em que a viga mestra cai, Matriona cai. Toda a dinâmica da união de Fadei e Matriona tinha ficado oculto durante quarenta anos no espaço, em uma dialética entre parte e todo que revela a estrutura heterogênea dessa casa. O que falta repentinamente é o vínculo, mantido por toda uma vida, entre o espaço vivido (o corpo) e sua imagem como representação. Assim que a imagem perde o vínculo com aquilo que é representado, e que a imagem não é, o espelho se torna o abismo que ingere de um só gole tudo o que se oferece a ele, objeto perigoso que perdeu seu poder de criar imagens.

O ser engolido pelo espelho, a angústia específica da psicose, se apresenta como uma ameaça e um atrativo no decorrer dessa etapa do desenvolvimento chamada de estágio do espelho. G. Pankow escreve que, para o psicótico, o encontro com o espelho não determina nostalgia nem alegria, mas medo. R. Zazzo e seus colaboradores destacaram recentemente (1973), mediante a observação experimental de filmes, esse elemento de medo – e não só de alegria – diante da imagem especular.

Nos grandes grupos, a sensação do perigo de ser ingerido de um só gole, o medo sentido diante do outro também é tributário do fato de que a imagem do outro não funciona mais como reflexo de sua própria imagem, na medida em que aquilo que é perceptível no espelho não pode ser relacionado com a realidade do corpo (o espaço corporal vivido) de cada um. "A gente não se reconhece". Quebrar o gelo então adquire um sentido muito definido e diametralmente oposto daquele que o senso comum atribui: ir ao encontro do outro. Por que é precisamente esse encontro com o outro que não é possível; surge uma multiplicidade de espelhos para tentar substituí-lo, escreve G. Pankow. Quebrar o gelo é então ser engolido pelo espelho fraturado. A pluralidade, o anonimato, a distância, a ilimitação do espaço e do corpo constituem, em situação de grande grupo, as condições para viver transitoriamente essa experiência de loucura.

O ser engolido, escreve G. Pankow, realiza-se da seguinte maneira: cada espelho traz consigo uma parte da narrativa que a ele se associa. Mas as imagens de pessoas, e em particular daquelas que são refletidas aí, deixam de ser imagens e começam a assumir uma realidade independente que ameaça o doente.

É legítimo formular a hipótese de que a situação do grande grupo reativa as angústias e movimentos identificatórios pré-especulares, aqueles por que passa o bebê recém-nascido, segundo Spitz, com relação a seu rosto – mas primeiro ao seio – da mãe. Essa proeminência da relação com o corpo da mãe – com o seio, mas primeiro com a pele da mãe – caracteriza, no ser humano, a importância do corpo como componente narcísico da identificação, como bem estabelece G. Rosolato (1971).

Nesse estágio da regressão, o medo e a ameaça sentida no grande grupo são a consequência do fato de que, como na identificação pré-especular, em vez de atuar com imagens ou representações isomórficas do objeto, os outros parecem dotados de uma realidade que decerto é independente, mas é em especial estrangeira, hostil, inquietante. Por outro lado, a impossibilidade de utilizar o olhar e a visão em sua função primordial de controle do espaço, isto é, dos objetos que aí estão, acentuam a aflição e a infelicidade. Por isso é tão essencial para os participantes identificar, discernir, ver (o ver conjunto) os monitores. Ao mesmo tempo, a aparência do outro como não idêntico à imagem de que cada um precisa para se reconhecer a si mesmo em seu corpo próprio suscita primeiro o medo do duplo, do estrangeiro, assimétrico e animado. Os participantes têm aí a experiência da estranheza inquietante. Mais tarde no processo do grupo, os participantes terão a experiência na qual essas imagens dispersas têm como única realidade a imaginação: constituem uma saída e uma garantia contra a loucura transitória. Quebrar o gelo é, então, quebrar a relação especular na qual o corpo está "tomado", congelado em sua imagem.

2.1 Composição 2: romance

H. Hesse nos conta o que acontece com Harry Haller, *O lobo da estepe*.[5] Ao final de sua busca por si mesmo, Harry é levado pelo estranho Pablo ao teatro mágico:

> Estamos num teatro mágico, onde tudo não passa de símbolos, onde não existe nenhuma realidade. Busque imagens belas e alegres e demonstre que já não está realmente enamorado de sua dadivosa personalidade! Mas, se, apesar de tudo, você voltar a desejá-la, basta apenas que se olhe de novo no espelho que lhe vou mostrar agora. Já conhece o velho provérbio: "Mais vale um espelho na mão que dois na parede". Ah! Ah! (e voltou a rir, daquele modo belo e aterrador).

---

5 NT: Edição utilizada: HESSE, H. *O lobo da estepe*. Rio de Janeiro: Record, 1955, p. 181-82. Trad. Ivo Barroso.

Bem, agora só nos falta uma pequena e divertida cerimônia. Já se livrou dos óculos de sua personalidade; agora venha olhar-se num espelho de verdade! Você se divertirá bastante. [...]

Sorrindo e pronunciando frases cordiais, fez-me virar de costas, colocando-me defronte um monumental espelho que havia por trás de nós. Olhei-me nele.

E vi, durante um brevíssimo instante, o Harry que eu conhecia, mas com uma fisionomia inusitada, de bom humor, luminosa e sorridente. Mal o reconheci, porém, desfez-se em pedaços, dele saltando uma segunda figura, uma terceira e logo dez ou vinte, e todo o espelho gigantesco estava cheio de Harrys e de fragmentos de Harrys, infinitos Harrys, cada um dos quais eu olhava e reconhecia em um momento instantâneo como um relâmpago. Alguns daqueles Harrys eram tão velhos quanto eu, outros muito mais, alguns velhíssimos, outros muito jovens, rapazes, meninos, crianças de escola, garotos, molecotes. Harrys de 50 e de 20 anos corriam e saltavam uns atrás dos outros, de trinta e de cinco anos, sérios e divertidos, dignos e cômicos, bem vestidos e esfarrapados e também completamente despidos, e todos eram eu mesmo, e cada qual era visto e reconhecido por mim e logo desaparecia com a velocidade do raio, corriam em todas as direções, para a direita, a esquerda, para o fundo do espelho e até saíam dele. [...]

Também Pablo havia desaparecido, e aparentemente o mesmo acontecera ao espelho e com todas as infinitas imagens de Harry. Senti que estava então abandonado a mim mesmo, [...], abri a estreita porta e entrei.

Vi-me atirado num mundo ruidoso e excitante. Nas ruas, os automóveis, meio desgovernados, davam caça aos pedestres, esmagando-os sobre o solo ou contra as paredes das casas.

Compreendi em seguida: era a luta entre o homem e a máquina, preparada há tanto tempo, esperada há tanto, temida há tanto tempo, que por fim havia estalado. Por toda a parte havia mortos e estropiados, por toda parte também se viam automóveis batidos, amassados e meio incendiados....

3. A despossessão dos limites do corpo

Isso é diferente do que sucede ao psicótico?

Assim se produz a ruptura característica da loucura: a imagem do sujeito é substituída de início pela imagem do outro e em seguida esta se torna uma realidade outra [...]. Por meio dessa busca desesperada de outra, que se torna uma realidade especular, o doente se precipita no espelho.

Mas essa experiência de loucura no grande grupo é tributária da estrutura e da despossessão dos limites do corpo:[6] por isso não é possível olhar a si mesmo no gelo sem tremer diante da "abertura" (segundo a expressão de H. Maldiney, citada por G. Pankow: "ninguém pode sobreviver sem os limites de seu corpo. A abertura ao infinito é sempre perigosa").

A despossessão dos limites do corpo está, assim, na origem da experiência do espaço abissal no grande grupo. Quebrar o gelo representa o empreendimento destrutivo (no nível da representação) que acompanha o acesso ao limite do corpo e à sua totalidade.

Aqui cabem dois comentários sobre as relações do corpo e do grupo: o grupo é uma metáfora do corpo ou de uma parte do corpo, assim como o corpo próprio é uma representação do "corpo" ou de parte do "corpo" grupal. A dialética que G. Pankow admite para ser fundamental entre a parte (o corpo) e o todo é decisiva para o processo de construção do espaço grupal e do espaço vivido. Durante o período inicial, e uma vez estabelecido um primeiro limite no espaço grupal, uma parte do corpo se assimila ao grupo, segundo várias modalidades:

- O grupo é uma boca que me engole e me incorpora, ou um evento cujos conteúdos são pênis, fezes, bebês; também sou essa boca que é o grupo inteiro, sem limite outro que a cavidade oral, os dentes, a língua, o ventre...
- O grupo é um corpo dotado de órgãos parciais em processo de diferenciação, cabeça (líder), membros (participantes), espírito, pele, esfíncteres para absorver e rejeitar, bolsos para conter, para conservar e estar ao abrigo, regenerar. Nesses dois casos, a parte é vivida como uma totalidade que abole e destrói o que deve ser expulso do espaço, engolido pelo espaço.

Essa análise de imagens do corpo no grupo é uma introdução a alguns aspectos da dinâmica da fantasia nos grandes grupos, como veremos no

---

6 Merleau-Ponty (1945, p. 237) escreve que "o que protege o homem são do delírio e da alucinação não é sua crítica, mas a estrutura de seu espaço".

próximo capítulo, centrado nessa questão. Eu gostaria, contudo, de apresentar já agora a relação entre a imagem do corpo e a fantástica originária como organizadores dos vínculos de grupo.

A fantasia do enfileiramento de monitores no mesmo tronco é uma representação frequente na situação do grande grupo: sempre surge no contexto de uma angústia acerca do corpo-dos-monitores que representa o corpo dividido-congelado dos participantes. Estes sentem-se ameaçados de uma penetração e de uma aniquilação, que se relaciona com seu desejo de mergulhar no corpo do grupo (da mãe) e se perder nele. Entre os monitores, que fantasiam a si mesmos como um bloco ou uma fileira, a representação da destruição (de ser espetados[7], esvaziados, cortados) acompanha a sua própria tentativa de constituir o grupo como um todo.

A interpretação dessa fantasia pode apoiar-se no processo descrito por G. Pankow na análise de sua doente da corrente vermelha (1969, p. 91-103; e p. 18-21). Essa interpretação supõe antes de tudo o reconhecimento de uma falta no corpo vivido (de participantes ou monitores), falta que é atestada pela dissociação de uma parte que adquiriu existência autônoma em comparação com a totalidade (o espeto como representante do seio fragmentado e do falo destruidor). Vem depois o reconhecimento dos limites do corpo (e, correlativamente, da reconstituição de um limite do grupo). Então ocorre a diferenciação, nesse limite, de cada um e aquilo que não é nenhum, e, correlativamente, o estabelecimento da identidade dos sujeitos em relação aos outros sujeitos. Finalmente, vem a reparação da falta no corpo vivido e, correlativamente, na dinâmica das relações interpessoais.

G. Pankow conclui: "Encontrar os limites do corpo do sujeito permite-lhe encontrar sua identidade e sua história" (1972, p. 181). Ela acrescenta que a dinâmica do espaço só é apreendida, em sua delimitação, quando se encontra as funções simbolizantes na experiência do corpo vivido. Estas permitem primeiro reconhecer um vínculo

---

7 NT: *Brochette*, que traduzimos como "fileira", ou uma agregação de elementos um depois do outro, foi traduzido neste caso como "espeto" porque o trecho sugere uma agregação forçada: os sujeitos são enfileirados em vez de se enfileirarem. Usar "fileira" aqui eliminaria o aspecto negativo presente no trecho.

dinâmico entre a parte e a totalidade do corpo – e essa é a função primeira fundamental da imagem do corpo – e depois apreender, para além da forma, o conteúdo e o próprio sentido desse vínculo dinâmico – e essa é a segunda função fundamental da imagem do corpo.

A função simbolizante no grande grupo (o conjunto de sistemas simbólicos) visa, como para o indivíduo, "uma regra de troca, uma lei imanente do corpo" (PANKOW, 1972, p. 182). O grupo é reconhecido como *simbolicamente* constituído de partes do corpo vivido dos sujeitos, assim como se reconhece *simbolicamente* o corpo vivido como parte do corpo grupal. A diferenciação instala-se para além da alternativa entre fusão e dissociação. As partes projetadas e introjetadas são retiradas de seu enquistamento no espaço grupal e no espaço do corpo.

G. Pankow sustenta que o registro simbólico é a função que cada membro desempenha na família (em comparação com o corpo da mãe e do pai), que esse registro dá, assim, acesso às estruturas familiares e que as zonas da destruição ou de alteração na dinâmica do corpo vivido correspondem (no psicótico e em alguns doentes psicossomáticos) às zonas da destruição da estrutura familiares desses doentes. A partir dessas propostas, duas consequências também são válidas para a situação de grupo: a primeiro é que, como muitas vezes indica G. Pankow, a abordagem do outro é prefigurada e determinada pela dinâmica do corpo vivido (a imagem do corpo); a segunda é que a situação do grande grupo, devido às suas propriedades estruturais e às regressões que nele ocorrem, mobiliza as elaborações mais incipientes da imagem do corpo e da relação com o outro, isto é, com o corpo da mãe.[8]

4. Dinâmica do espaço e organização do grupo

Tentemos agora diferenciar algumas etapas decisivas na organização do espaço no grande grupo.
- A experiência imediata é a da ilimitação e da perda dos marcos do espaço corporal. A extensão infinita do Eu-corpo-grupo-todo se

---

8   Ver as pesquisas de A. Salamon (1971-1972) sobre o desenho do interior do corpo em crianças sãs e crianças doentes.

alterna com a experiência da abertura para o nada e a separação. O grande grupo é um polítopo[9] caótico e ameaçador, cujos movimentos, espaços e organização escapam à nossa representação. As angústias dominantes são aquelas que predominam na posição paranoide-esquizoide: são reforçadas pela falta de fantasmatização e a proeminência do "pensamento vazio" (Bion).

- A essa primeira etapa sucede uma tentativa de fechamento do espaço grupal, fase que corresponde a uma elaboração limitativa e parcial do espaço corporal vivido. As defesas específicas da posição paranoide-esquizoide ainda são solicitadas aqui; a clivagem permite obter um primeiro espaço diferenciado: dentro-fora. O espaço grupal é uma cavidade (pele, boca, seio, ventre), uma bolsa, um invólucro, um continente e um conteúdo. A atividade de mentalização ainda é reduzida.
- A terceira etapa caracteriza-se pela redução da distância entre os participantes. Eles se aproximam mediante a comunicação entre peles: comunicação imaginária e imediata pelo contato a distância com aquilo que P.-M. Turquet (1970) designou como "a pele de meu vizinho". As primeiras identificações, pré-especulares (anteriores ao papel preeminente do olhar, que permite tocar a distância), baseiam-se no que se pode indicar como identificações "pélicas" (pele-forro; pele-arame). O que se sente durante essa etapa lembra a experiência da vinculação. O resultado da regressão rumo a identificações "pélicas" suscita, na situação do grande grupo, a angústia de se desfazer, a hipersensibilidade aos "contatos" (sem para-excitação sólida), de ser privado deles ou à possibilidade de que esses contatos sejam glaciais, metálicos e mecânicos (cf. a mãe de arame das experiências de Harlow). Se a relação grupal se estabelecer e se mantiver, assiste-se à constituição de uma pele comum indivíduo-grupal, de um invólucro e de um tecido coletivo cujas células não são diferenciadas ou o são bem pouco: é como se diz, "estão no mesmo saco"... Esse saco pode ser vazio ou cheio, quente ou frio; sua membrana

---

9 NT: Trata-se de uma região contida num espaço que é resultante da intersecção de um conjunto de semiespaços.

pode ser mais ou menos flexível ou rígida, hostil ou protetora, favorecida ou não por sua porosidade das trocas que trazem satisfação e regulação. É típico que as relações com essa pele sejam sentidas em termos de tudo ou nada, bom ou mau, e, especialmente, em relação a uma experiência fluídica ou magnética.[10]

Estabelecido com base nessas identificações "pélicas" primárias, o grupo então aparece como um poder maciço, que pode desde o começo aniquilar, devorar, engolir, atravessar e penetrar em cada um por todos os orifícios do corpo. É então essencial quebrar o gelo: ao mesmo tempo superfície e casca "pélica", espelho onde se reflete e se tenta encontrar o outro da imagem, separação transparente e glacial do objeto quente e compacto, a tela de projeções destrutivas...

Assim como, em alguns grupos étnicos africanos da Nigéria, as paredes da cabana são decoradas segundo os mesmos motivos presentes na tatuagem da pele de seus habitantes, a pele do grupo recebe as marcas e os sinais da pele dos participantes. O grande grupo é a nossa pele maior. As elaborações fantasmáticas dessa experiência ocorrem através do recurso a imagens da casa (o estar encerrado entre quatro paredes, o albergue, a prisão, o internato, o laboratório) ou de equivalentes a lugares fechados (o barco, a ilha, o deserto, o paraíso, o inferno).

- Marcado assim como território e como sinal de pertinência, anexado ao corpo numa relação de isomorfia que suscita angústia, o espaço grupal vai poder diferenciar-se. O mecanismo da clivagem está em ação aqui: alto-baixo; frente-atrás, direita-esquerda... são os marcos elementares que levam a uma primeira diferenciação interna. Essa diferenciação e esses marcos fornecerão as bases do espaço ideológico; o bom e o mau aparecem como categorias ligadas a esses dois momentos de clivagem e de diferenciação maciça do grupo. Os procedimentos do controle esfincteriano são então reinvestidos e contribuem para instalar o corpo e o grupo em suas fronteiras, tornando possíveis, assim, a incorporação, a conservação e a rejeição.

---

10 A experiência dos grupos de contato (*touch-group* implementa amplamente esse tipo de identificações, com os recursos e as fantasias do magnetismo animal e da hipnose.

O espaço grupal dota-se de orifícios de excreção pelos quais pode esvaziar os objetos maus, e de orifícios de incorporação pelos quais os objetos bons são introduzidos por capilaridade, assimilados, ingeridos e conservados; o grupo dota-se de olhos, do nariz, de orelhas, poros, bocas, ventre, ânus... O espaço grupal se acha modificado ou convertido na medida em que os órgãos de percepção e de exploração do espaço são reinvestidos; a locomoção permite a mudança de lugar, a musculação, o deslocamento de objetos, o investimento dos órgãos de percepção a distância e em proximidade, a constituição de um espaço heterogêneo e dotado de alívio.

- A constituição de ilhotas egoicas "grupais" ocorre correlativamente mediante essas primeiras diferenciações e a aplicação da regra fundamental como princípio de simbolização das relações entre o indivíduo e o grupo, o corpo de um e o dos outros. Os "membros" do grupo se depararam com o limite do espaço físico e psíquico, aboliram-no ou o negaram. O investimento da regra permite a simbolização, ao mesmo tempo que se elaboram os componentes distintivos e reguladores, representando instâncias egoicas: procedimentos de tomada da palavra, consideração do tempo, organização do espaço grupal em "corpo grupal", simbólica cujos elementos são denominados, organizados e articulados; líder, membros... À medida que o espaço se diferencia, cada um exprime a exigência de ocupar "plenamente" seu lugar no espaço grupal. Sob o efeito de pulsões parciais sadomasoquistas anais, a exigência igualitária manifesta-se como uma defesa mutuamente garantida contra a destruição, graças ao controle do espaço, dos lugares, do tempo para falar. Os lugares e a distribuição de lugares no espaço são afetados por valores: trata-se de lugares atribuídos, conquistados, invejados.

Essa fase muitas vezes caracteriza-se por um conflito direto ou pela simbolização de um conflito com a equipe de monitores ou os terapeutas: seu lugar é representado, no espaço grupal e na tópica psíquica, como aquele de um "Superego" ou de um "Ideal do Ego". Por exemplo, no "alto" em que reinam os monitores, os participantes vão erigir, para fins de reconciliação, um altar para o sacrifício ou um templo de adoração e reconciliação. Essas representações diferenciadas são marcadas pela ambivalência: em um grupo grande, os participantes elaboram a representação de que a equipe de monitores (que nessa época é designada como o *staff* [gestores]) é um "*staff-coco*" impenetrável que se protege ou protege, ou então um "estafilococo" que envenena e destrói: "ter a pele do *staff* é ao mesmo tempo traspassá-la, destruí-la ou revestir-se com ela.

Uma vez diferenciada em tópica projetada, o espaço psíquico compartilhado deve reunificar-se, e suas zonas de ameaça (a parte do grupo-Isso em conflito com a parte do grupo-Superego) controladas pelo espaço egoico que o líder ou a ideia-chave (a ideologia) figuram: um e outro asseguram a permanência do ideal e do princípio de unidade.

- Essas tentativas de constituir o espaço diferenciado do corpo e do grupo implicam, por isso, uma ruptura com as primeiras formas de constituição do espaço imaginário, em que a parte coincide com o todo. O movimento que leva à construção do espaço limitado, diferenciado, articulado deve satisfazer às condições da autonomia pessoal e da funcionalidade para a realização da tarefa do grupo: esse movimento se faz através da depressão. Adotamos antes a proposta de G. Pankow segundo a qual o acesso à totalidade se acompanha de representações (ou de atos) da destruição.

De acordo com a perspectiva kleiniana, a posição depressiva se instaura a partir da necessidade de se representar os efeitos catastróficos da destruição fantasmática do objeto de amor (o *staff-coco*; a pele dos monitores; o grande grupo: o seminário-matriz etc.). Os principais modos de defesa a que podem recorrer os membros de um grupo no decorrer do processo que acompanha essa nova organização do espaço grupal são a defesa maníaca (o espaço do grupo é um espaço festivo, expansivo, oclusivo[11]) e a abstração (o espaço esvazia-se dos seus conteúdos,

---

11   A expansão do espaço é expressão do Ego que realiza seu encontro jubiloso com o Ideal distante, ameaçado, inacessível e de súbito mais próximo, quase em uma fusão. Veja-se a apresentação da festa como dissolução do corpo e do Ego na massa em H. Hesse (*O lobo das estepes*), em G. Duhamel (*O Deserto de Bièvres*), J. Romains (*Os companheiros*) ou W. Golding (*O senhor das moscas*).

de seu peso de carne e afetos para se tornar um espaço abstrato, desvitalizado, manipulável: o grupo é fantasiado como um campo de forças físicas, um laboratório de experimentos, um móbile, uma topologia. Mas é também desse modo que se abre, pela implementação conjunta dos mecanismos da abstração e da reparação, para a construção do espaço simbólico do grupo. Os participantes simbolizam o espaço grupal com metáforas maquinais ou mecanistas, primeiro através do controle ideológico e depois graças à elaboração de uma concepção mitopoética de sua origem e de suas relações com o objeto-grupo.

5. Espaço grupal, espaço transicional, política do espaço

Minha tentativa de resgatar alguns momentos significativos na organização do espaço do grupo, com relação à dinâmica do corpo vivido e representado, não visa ao estabelecimento de uma ordem de sucessões ou de engendramentos nos estágios da evolução. Essas características do momento "inicial" se reproduzem depois em outros momentos do grupo. Esse esboço também requer outras elaborações, especialmente sobre a tópica do espaço grupal, sua economia (posições, posicionamentos, deslocamentos), sua dinâmica (fronteiras, zonas de conflito, marcas de conflito, cicatrizes, vestígios...) e sua fantasmática.

Eu gostaria de propor, para cada um desses critérios metapsicológicos, uma hipótese:

Quanto à *dinâmica do espaço grupal*, a perspectiva winnicottiana do espaço transicional abre um campo fecundo à análise. A ciência dos grupos só avançará se se constituir como a ciência das fronteiras e dos espaços movediços que estas determinam: entre as singularidades individuais e as singularidades grupais, entre os próprios grupos. O espaço grupal é um espaço intermediário que reproduz as possibilidades criativas do espaço transicional. Não pensamos apenas no que conceitos como os de usurpação e de "jogo" podem contribuir para a compreensão dos processos de limitação e de construção do *self*, mas também naqueles que definem a capacidade de estar só em um grupo e ser, em seu âmbito, criador ao lado de outras pessoas.

A dinâmica do espaço organiza-se mediante uma fantasmástica que realiza, para seus próprios objetivos, a ideologia e a política do espaço. Dizer que a multidão é "uma mulher embriagada" (V. Hugo) exprime não só uma fantasia do espaço materno aterrorizante como também que ela é um espaço social em que se pratica o terror, e os fatos levantados por G. Le Bon não deixam de ter relação com a elaboração ideológica da hostilidade ou do temor que as massas podem suscitar, a menos que sejam manobradas por um homem poderoso e salvador.

O espaço dos grupos é o espaço da fantasia, lugar da realização do desejo e da defesa contra a angústia, atribuição de lugares e de papéis a indivíduos que são a um só tempo atores e figurantes. O espaço do grupo define-se por aquilo que o objeto do desejo convoca para sua realização: figurações de objetos, de imagens, de processos, de polaridades, de pulsões, de mecanismos de defesa coordenados em uma disposição grupal inconsciente. Esse espaço é aquele do corpo da mãe, do corpo pré-natal e do corpo neonato. As fantasias que se relacionam com o corpo "esquecido" especializam e organizam literalmente o grupo e os relações entre as pessoas que nele vivem.

Essa "dimensão oculta" reaparece como um retorno do recalcado nas práticas dos grupos de contato, de expressão corporal, de eutonia e de relaxamento. Temos dificuldades com nossos corpos-grupos: por isso temos a mania de nossos grupos-corpos.

Todo grupo se constitui em um espaço dado e conquistado; esse espaço o encerra, o define, mas é ainda no espaço que os membros de um grupo procuram outro grupo seu, seu lugar outro. O espaço é sua restrição e sua pulsação fora dele; o espaço o organiza porque resume seu sonho: o grupo é um móbile à procura de seu lugar, que ele aloja e desaloja continuamente. A mobilidade do espaço é necessária a esse movimento exploratório rumo a incessantes equilíbrios: mobilidade no sentido de simultaneidade e sucessão de fronteiras, diferenciação de limites e troca de lugares. A fronteira assegura ao grupo sua identidade e sua diferenciação, contra a incerteza de si e dos outros. Congelado, inalcançável, causa apatia ou agressão; demasiado fluido e intangível, causa insegurança e anula todo desejo e ordem. O limite está no centro do discurso dos membros de um grupo sobre eles mesmos e o grupo. Todo conflito se refere ao limite entre o Ego e o não-Ego, entre o Ego e o outro, entre o espaço atribuído ao grupo e um outro espaço.

O espaço dado ao grupo, a sala de reuniões, apartamento, fábrica, é um espaço inteiramente marcado pelo imprevisto. Cheio, rígido e fixado, não é mais um espaço de livre movimento: o projeto de existência de um outro para cada um o preencheu, inscrevendo-o definitivamente em seu espaço. O espaço nos faz agir, pensar e, antes de tudo, sonhar. Precisamos de um espaço para a memória, o esquecimento, as raízes: celeiros e sótãos. É preciso um espaço de autoridade, paixão, estudo, jogo e instinto.

O lado inferior da mesa de discussão é o espaço em que cada um vive secretamente, instintivamente. Falar sem mesa é falar diferentemente, sem suporte e sem proteção idênticos (*sic*). O espaço de um grupo é um espaço que se modifica e é um espaço que modifica; ele estrutura as relações no grupo, organiza as relações, define um centro, uma direita e uma esquerda, um alto e um baixo, uma frente e um fundo: esses são lugares em que ficamos e ocupamos e que nos ocupam, que nos limitam e nos definem. A principal dificuldade que encontram os membros de um grupo em sua existência de grupo é precisamente a dificuldade, para cada um, de descentrar-se de sua posição e de compreender um universo de relações de interdependência.

Isso ocorre porque o conhecimento do grupo humano não é natural: reduzimos continuamente o grupo, a partir de nossos lugares, a um objeto que só manterá sua realidade e seu poder devido a nossos lugares. A questão que, nos grupos, fazemos a nós mesmos e às vezes aos outros, é justamente a de nosso lugar.

O espaço só nos dá resposta a ela se coincidir, provisoriamente, com o que esperamos de nós e de outros, e com o que os outros esperam de nós. A mudança de lugar é uma recriação do espaço e das relações: também a acompanham uma insegurança e uma ameaça.[12] Por isso, pode-se considerar que toda organização do espaço é uma projeção na

---

12   Na época eu não conhecia os trabalhos de J. Bleger.

terra tanto de uma ordem psíquica como de uma ordem social. O espaço é político, poético. É uma indústria e um comércio para a nossa necessidade de identidade. Pode ser também uma ciência e uma arte da vida em grupo: arte e ciência da fronteira.

Capítulo 4

Grupalidade da fantasia e construção do grupo

Estudando as representações do grupo, notadamente a partir dos desenhos das crianças, sugeri a hipótese de que as fantasias, especialmente as originárias, constituem um dos organizadores psíquicos da representação do grupo e que são dotadas de uma estrutura grupal. Essas fantasias são os paradigmas dos organizadores grupais do psiquismo e, portanto, desempenham um papel determinante no próprio processo grupal. É necessário agora especificar, sustentar e pôr à prova essa hipótese.

A noção de fantasia não é não unívoca em psicanálise. Em seu estudo intitulado *Fantasme originaire, fantasme des origines, origine du fantasme* [*Fantasia originária, fantasia das origens e origem da fantasia*], Laplanche e Pontalis (1964) propõem uma classificação das fantasias diferenciando-as segundo a origem: a fantasia originária (*Urphantasie*) forma-se com base no que Freud chama de recalque originário. Trata-se de um esquema anterior à experiência individual cujas características fundamentais se relacionam com a origem do sujeito, da sexualidade e da diferença entre os sexos, constituindo, portanto, aquilo que dá origem ao sujeito. Esse tipo de fantasia especifica uma formação do inconsciente de um sujeito único, mas também é, por sua frequência, generalidade e origem, pertinente a todos. O caráter misto da fantasia manifesta-se aqui nessa dupla pertinência, individual e coletiva. A fantasia secundária (*Phantasie*) tornou-se inconsciente por obra do recalque secundário (ou *a posteriori*) que afeta a fantasia diurna consciente. Esse tipo de fantasia, variável de um sujeito a outro, liga-se, mais do que a fantasia originária, à história de um indivíduo.

Outra diferença caracteriza essas modalidades de fantasia: ela concerne ao lugar do sujeito. No polo do devaneio diurno, escrevem Laplanche e Pontalis (p. 1861-1862), o cenário é essencialmente em primeira pessoa; o lugar do sujeito é marcado e invariável. No outro polo, o da fantasia originária,

> [a] ausência de subjetivação vai de mãos dadas com a presença do sujeito na cena: a criança, por exemplo, é uma das personagens, entre outras, da fantasia "uma criança é espancada"...; "um pai seduz uma filha" — eis a formulação resumida da fantasia da sedução. A marca do processo primário (é) o caráter particular da estrutura: é um cenário com múltiplas entradas, no qual ninguém diz que o sujeito vai encontrar imediatamente seu lugar no termo filha; é possível vê-lo igualmente instalando-se como pai ou mesmo como seduzido.

A fantasia é uma cena na qual o sujeito figura participando da cena, "sem que lhe possa ser atribuído um lugar". Laplanche e Pontalis extraem disso a consequência de que, como tudo sempre está presente na fantasia, o sujeito pode estar nele de uma forma dessubjetivada, isto é, na própria sintaxe da sequência da fantasia.

A partir dessas propostas, é possível deduzir a importância, para o processo grupal, da estrutura de cenário da fantasia originária, de sua dupla pertinência, coletiva e individual, sua organização diretamente grupal: entradas numerosas, permutabilidade, relação organizada por uma articulação de termos em um conjunto.

A essa perspectiva, que permite enfatizar a estrutura de cenário e grupal da fantasia originária, os kleinianos adicionam outra dimensão: as fantasias inconscientes constituem uma expressão psíquica de pulsões, arraigada na experiência corporal: a vida fantasmática é a forma pela qual as sensações e as experiências reais, internas ou externas, são interpretadas e representadas pelo indivíduo em sua psique, sob a influência do princípio de prazer, escreve J. Rivière (1952). A origem da fantasia reside, para M. Klein, na resposta dada pela criança em estado de tensão a seu desejo de sugar o seio materno. A incorporação do seio é o protótipo da fantasia inconsciente. A ênfase é posta, por isso, diferentemente de Freud, na pulsão na qual a fantasia encontra um fundamento; a fantasia é definida aqui, em primeiro lugar, como o corolário mental, o representante psíquico da pulsão. Para S. Isaacs (1952), não há pulsão, nem necessidade ou reação pulsional que não seja vivida como fantasia inconsciente. Mas se a fantasia é também apreendida como uma relação entre um sujeito e um objeto, é também porque – como bem o observam Laplanche e Pontalis –, para os kleinianos, "a estrutura da pulsão é a de uma intencionalidade subjetiva inseparável daquilo a que ela visa", e porque o conjunto da dinâmica interna do sujeito se exprime nesse tipo de organização. A perspectiva kleiniana, ao acentuar a relação com o corpo que exprime o investimento pulsional do objeto por um sujeito, não deixa de conceber a fantasia como uma estrutura relacional.

1. A fantasia nos grupos e as fantasias do grupo: perspectivas

A questão da fantasia nos grupos recebeu vários tipos de respostas. A mais comum consiste em definir a existência de uma fantasia comum, isto é, que funciona como o denominador comum de vários participantes: trata-se de uma definição estatística que retém principalmente o fato de que vários participantes compartilham um conteúdo fantasmástico idêntico. A hipótese de Ezriel, aquela da ressonância entre fantasias individuais como fonte de tensão comum entre os membros de um grupo, privilegia as relações de semelhança ou de oposição entre fantasias secundárias inconscientes ou conscientes. Está nessa perspectiva que J. Arlow (1969) definiu a fantasia como base empática dos fenômenos de grupo.

Entre essas fantasias comuns, é possível diferenciar aquelas que, dada a regressão que se produz, são atualizadas pela situação de grupo: são fantasias arcaicas inconscientes que se elaboram no decorrer dos primeiros estágios do desenvolvimento e que concernem, antes de tudo, à relação com o seio: as fantasias de incorporação, de devoração, do corpo fragmentado ou unificado. O que predomina aqui é, segundo a perspectiva kleiniana, a expressão psíquica de pulsões, notadamente pulsões destrutivas.

Outra perspectiva, não mais estatística, mas funcional, enfatiza as propriedades de cenário da fantasia e o papel indutor de um membro do grupo, portador dessa fantasia. Trata-se menos de entrar em ressonância do que de entrar em cena, e de assumir um lugar nela, embora esteja presente a ressonância como expressão da identificação com os objetos da fantasia do outro. R. Dorey (1971) e A. Missenard (1971) realçaram o papel indutor de um indivíduo portador da fantasia. A explicação proposta é a seguinte: o grupo se organiza em torno da fantasia pessoal do líder do momento; a fantasia é disposta no grupo, por alguns de seus membros e pelo portador da fantasia, atualizando assim o desejo do líder e o medo de assumir esse desejo. Aqueles que não assumem um lugar na cena estão, apesar disso, presentes, escreve Missenard: eles assumem na fantasia o lugar de espectadores-ouvintes, ficando identificados assim com todos aqueles que atualizam a fantasia ou então entram em ressonância com o indutor, que, como o observa com acerto R. Dorey, é tanto indutivo como indutor. O tipo de identificação assegurado pelo vínculo suplementar entre os participantes no decorrer dessa atualização dramatúrgica é de natureza histérica, uma vez que os sujeitos se identificam assim com o desejo do outro ou com a defesa contra esse desejo.[1]

Essa análise destaca as funções de alívio da fantasia mediante as quais são garantidas a comunicação segura e a troca entre os membros de um grupo. A. Missenard descreveu o processo a propósito da palavra "provocante" do monitor que, em grupos de formação, fala em primeiro lugar enunciando regras: o monitor "pro-voca" (no sentido de *vocare*: falar e chamar) o grupo. Justifica-se efetivamente pensar que essa palavra veicula uma outra, que vem do inconsciente do monitor: é com essa palavra que, de um lado, o grupo vai funcionar; os participantes – alguns deles e não outros – respondendo ao que aponta para além das propostas do monitor segundo sua problemática pessoal. Aqueles que articulam assim seu desejo inconsciente com aquele do monitor tornam-se os portadores da fantasia organizadora do grupo, que será implantada no decorrer do

---
1 Ver o estudo de A. Missenard, 1972, sobre a identificação nos grupos.

processo grupal que ele organiza. A hipótese subjacente a essa descrição é que a fantasia organiza o grupo por indução, ressonância e identificação.

Uma terceira perspectiva permite explorar as propriedades estruturais da fantasia: são as características que fazem dela um organizador do grupo. A hipótese que ofereço pode ser resumida assim: a fantasia, e trata-se notadamente da fantasia originária, se estrutura como um grupo. Essa hipótese aceita o que se disse antes sobre o fenômeno da indução e do processo de identificação.

Contudo, quanto ao que me ocupa aqui, trata-se menos de dar atenção à comunicação de fantasias inconscientes dos membros do grupo, que ao cenário fantasmático originário. Em outras palavras, ao lado do fato necessário de que uma fantasia "pode tornar-se a organização comum dos participantes se estes tiverem problemáticas próximas, isto é, de mesmo nível" (R. Dorey), é importante destacar que a estrutura grupal da fantasia originária define a eficácia de seu poder organizador no processo de grupo. O que me interessa nesse caso é que, por causa do caráter relativamente impessoal e geral da fantasia originária, e mesmo por causa do número restrito de formas que ela pode assumir, esse tipo de fantasia permite ao sujeito entrar em qualquer lugar da cena e ocupar aí qualquer lugar, sucessivamente ou ao mesmo tempo.

2. A grupalidade da fantasia: a estrutura grupal das fantasias originárias

As fantasias originárias constituem a estrutura inconsciente de base que sustenta o vínculo e as posições subjetivas nos grupos: a fantasia de cena primitiva fornece a elas o modelo privilegiado, a partir do qual se organizam outras categorias de fantasias originárias.[2] Essa estrutura da relação impessoal e dessubjetivada, embora portada por um sujeito indutor de fantasmática no grupo, apresenta as seguintes características:

---

2 Bion (1955) reconhece em suas hipóteses de base (dependência, ataque-fuga, acoplamento) uma referência às fantasias originárias e especialmente à cena primitiva: "As hipóteses de base aparecem como formações secundárias de uma cena primitiva extremamente arcaica elaborada no nível dos objetos parciais e associadas a angústias psicóticas e mecanismos como a clivagem e a identificação projetiva" (tradução de M. Thaon).

- É uma estrutura de dramatização da energia pulsional que propõe objetos de investimento aos membros do grupo. O caráter geral da fantasia predispõe uma distribuição de lugares em um cenário relativo à origem; os lugares e as posições são assim afetados, reduzindo a angústia da não atribuição que assola, no início do processo de grupo, os indivíduos que nele se encontram;
- Ao mesmo tempo que a cenarização permite diferenciar personagens e localizar imagos, instâncias, polaridades (desejo e defesa) e processos psíquicos, a articulação entre estes tolera uma permutabilidade ou uma forma circular de lugares e posições. Essa articulação favorece o jogo identificatório nos limites da coerência do sistema cenarizado e da necessidade para apoiá-la para fins de controle.
- A troca e a distribuição de posições, objetos, polaridades implicadas na fantasia asseguram a base da comunicação no grupo. Essa possibilidade liga-se ao caráter interpretativo inerente à dimensão representacional da fantasia. A capacidade de representar e de se representar no cenário suscita uma resposta em nome dos outros membros do grupo em resposta a posições atribuídas-atribuidoras dos parceiros: cada um interpreta segundo sua singularidade o lugar que ocupa e aquele dos outros, no quadro de um esquema organizador fundamental. As trocas (de palavras, lugares, objetos) são interpretadas em função e nos termos da estrutura fantasmática originária.

Para especificar essas proposições gerais, eu gostaria de fazer vários comentários: o primeiro concerne à associação de fantasias originárias entre si nos grupos. É de fato raro que um grupo seja mobilizado por uma só fantasia originária. *A fortiori*, é necessário considerar as engrenagens das três modalidades de fantasia identificadas por Laplanche e Pontalis. O caráter misto da fantasia originária não é só articular o indivíduo e o coletivo, mas também estar em relação estreita com outras fantasias originárias, à maneira como as hipóteses básicas propostas por W. R. Bion constituem a tela umas das outras.

Se convém, por razões que serão exploradas adiante, pensar que a fantasia de cena primitiva é o modelo da grupalidade das fantasias, ao ponto de o grupo se organizar pela construção e atualização dessa fantasia, também é importante esboçar a articulação dessas fantasias nos grupos. Assim, a fantasia da sedução ao mesmo tempo (R. Dorey) se associa à fantasia de cena primitiva, para a qual constitui uma tela (A. M. Tchakrian), como atua com relação a ela, uma vez que está em jogo a encenação da relação entre duas pessoas ainda não ligadas, mas que implica a presença de um terceiro termo. Enquanto a fantasia de sedução inaugura a natureza sexual do vínculo do casal, a fantasia de castração traz à cena a ruptura do vínculo (por exemplo pela representação da castração no decorrer do coito) e dá uma resposta preliminar à questão da diferença entre os sexos. As fantasias intrauterinas são modalidades das representações mais regressivas da cena primitiva organizada no espaço materno interno, assegurando à criança o lugar de onde ela ainda não foi excluída.

Uma segunda observação se refere ao estatuto do sujeito na fantasia original do grupo. A atribuição de lugar não define o sujeito da fantasia: a subjetividade singular só pode ser identificada aí se articular na tela horizontal e impessoal a fantasmática individual de cada um. É com essa condição que a fantasia originária, e especialmente a cena primitiva, é uma estrutura na qual o sujeito vem a assumir um lugar que lhe é atribuído por outro e ao qual ele, correlativamente, atribui um. Só a emergência do devaneio diurno e da fantasia inconsciente secundária permite o surgimento de um lugar marcado pela subjetividade do sujeito. Nos grupos, o caráter impessoal e anônimo da fantasia originária faz do próprio "grupo" o sujeito da fantasia: cada um só está ali como figurante ou ator. Em todos os grupos que conheci, a designação do grupo-objeto como entidade subjetiva específica sempre assinala a prevalência da organização fantasmática originária sobre a fantasia secundária. A passagem do "a gente" [*on*] (ou do "grupo") ao "nós" sempre está ligada à emergência de fantasias inconscientes secundárias elaboradas no devaneio mitopoético; correlativamente ao uso do pronome "nós", foi possível efetuar-se um trabalho de personalização dos membros do grupo.

Uma consequência dessa observação tem que ver com a diferenciação entre a posição ideológica e a posição mitopoética em grupos e instituições. A primeira equivale a uma subjetivação do grupo e da instituição como espaço, cena e "sujeito" da fantasia originária; aparece como defesa das angústias psicóticas mediante a atribuição de lugares e de sentido ao manter a coerência contra o rompimento e a dispersão. A segunda equivale a uma subjetivação de sujeitos como atores e sujeitos de uma fantasia pessoal. Essa emergência supõe que as angústias psicóticas possam ser aplacadas ou superadas, por exemplo graças à instauração de um rito ou mito. É notável que, em algumas instituições que tratam psicóticos, as atividades de criação pessoal sejam precedidas da recitação de um mito, indicando que o que constitui problema "já foi dito", ou da celebração de um rito, significando que a angústia arcaica pode ser aplacada e controlada pelo grupo. Com essas duas condições atendidas, pode surgir uma expressão pessoal livre do que não se disse, sem por isso projetar a angústia. O sujeito pode ser o ator e o sujeito de sua fantasia, contanto que a organização grupal ou institucional se abra a essa irrupção, o que não é tão fácil porque é por meio dessa irrupção que ele pode explodir.

Para resumir, diremos que um grupo é um debate com a fantasia originária que o organiza em cena, atribui lugares aos seus membros, assegura a mobilidade de posições, trocas, fornece um esquema de representação de suas relações, polariza o investimento pulsional. No decorrer da formação e evolução do grupo, seus membros exploram e elaboram, por meio de modificações ininterruptas, diferentes modalidades e figuras de suas relações no registro psicótico, perverso e neurótico. A repetição e a sustentação da fantasia em um registro fixo caracterizam o esforço de controlar o cenário inconsciente, as angústias e as relações de objetos nos quais se baseiam as relações de grupo. Essa sustentação evita em definitivo a necessidade de enfrentar a emergência da fantasia individual ou de ser confrontado com o remanejamento edipiano dessas fantasias.

3. O protogrupo: corpo da mãe, cena primitiva e grupo originário

A fantasia de cena primitiva constitui o protótipo do grupo primordial: a situação de grupo mobiliza eletivamente essa fantasia como estrutura da construção e da representação da origem do primeiro grupo humano que vem do casal original. A fantasia de cena primitiva deve considerada "a organização mais geral e mais concentrada da fantasia" (ROSOLATO, 1963); ele abarca, como escreve J. Mac Dougall (1972), "o conjunto das fantasias inconscientes acerca da relação sexual e a mitologia pessoal de cada um quanto às imagos parentais".

Penso que a representação mais arcaica do grupo se compõe da conjunção de uma fantasia intrauterina e de uma cena primitiva dos pais combinados. Ao qualificar esse quadro como aquele de um *protogrupo* (1972), pensei a figuração do grupo completo e fechado, que combina na mesma cena o casal parental no coito e contendo nele as crianças que se associam a ele, formando o que uma monitora de um grupo de formação me apresentou um dia como "grupar".[3]

Esse protogrupo indistinto e reversível é primeiro o das crianças no ventre da mãe, como o representam os quadros de N. de Saint-Phalle ou o romance *Rosa*, de M. Pons. É também o de crianças que compõem juntas uma mãe que eles contêm. É a esse grupo-matriz originário que os membros do grupo procuram voltar, na fusão nirvânica em que se combinam o gozo extremo e a morte.

Essa hipótese levou D. Anzieu (1972) a formular com Schindler a ideia de que o mito freudiano da horda é uma reestruturação *a posteriori*, durante a fase edipiana, e uma fantasia da fase oral. O *protogrupo* é antes, na verdade, uma horda composta fantasmaticamente da mãe (ou dos genitores combinados) e de seus filhos nascidos e/ou em gestação. A relação de amor é suscetível de se transformar em relação de devoração sob a influência da prevalência da inveja e do

---
3 NT: Em francês, há um jogo com *groupe*, grupo, e *couple*, par ou casal.

ódio. À imagem do corpo dividido, consecutivo ao ataque projetado no corpo da mãe (ou dos genitores combinados), e à introjeção desse ataque, corresponde a representação do grupo desorganizado, que mal emergiu da diferenciação.[4] A cena primitiva, assim como a fantasia intrauterina protogrupal são fantasiadas em função da prevalência pulsional (oral, anal, uretral, genital) da criança.

4. A fantasia de cena primitiva, organizador do processo grupal: dois exemplos

Vou tentar neste parágrafo pôr à prova a hipótese segundo a qual a estrutura das relações, em um grupo de formação e em uma instituição hospitalar, foi comandada pela representação inconsciente da cena primitiva. Vou evidenciar além disso que, se a estrutura de trocas desse organizador psíquico de caráter grupal predispõe e organiza a dinâmica dos fenômenos de grupo, sua ação só pode ocorrer com a ressonância de fantasias pessoais de alguns membros do grupo, e com a participação de outras fantasias originárias.

4.1 Os polos paranoico e perverso da fantasia de cena primitiva no grupo do Paraíso Perdido

O primeiro exemplo clínico concerne um grupo de formação.[5] A tentativa feita desde a primeira sessão de incluir os observadores no grupo indica imediatamente várias características da referência à cena primitiva. É útil observar imediatamente que essa tentativa terá êxito, na transgressão, durante a sessão, última, suplementar:

- Há primeiro um desafio dirigido ao monitor-psicanalista enunciador da regra. Um lugar fora da lei é procurado por alguns participantes: sem dúvida aquele que se supõe ser ocupado pelos dois observadores que o monitor instituiu.

---

4 Os desenhos e tabelas de J. van den Bussche (p. 97) vão ilustrar essa representação protogrupal. Ver também o cartaz político da p. 99.
5 Publiquei e comentei (KAËS; ANZIEU, 1976c) o protocolo desse grupo de diagnóstico, realizado há cerca de 10 anos, e que serviu de base a inúmeras análises: sobre a ilusão grupal (ANZIEU,1971), a ideologia (KAËS, 1971) e a análise da transferência em grupos (BÉJARANO, 1972).

- Depois há uma defesa contra a angústia da perseguição. Trata-se de controlar, por identificação projetiva, o perseguidor (que são no caso os dois observadores, partes clivadas do monitor).
- Por fim, quando essa tentativa de controle falha, há a busca pelos participantes de uma posição de terceiro observador da cena primitiva cujos protagonistas vão ser o monitor e uma participante, Leonore.

É, portanto, a partir da questão do lugar do observador que se organizam as relações no grupo. Na verdade, essa questão só vem atualizar a fantasia de uma cena primitiva sádica, fantasia a que Leonore vai dar ocasião. Sua fantasia pessoal (ser a mãe cheia de filhos e participar do poder do pai) só encontra no grupo um eco e uma saída na medida em que se articula com a estrutura impessoal da fantasia originária. Sua fantasia é "selecionada" em função da economia psíquica que representa as transferências e as resistências de todos os membros do grupo. A partir de então tudo vai se organizar na relação dos outros membros do grupo com sua fantasia pessoal: assim se instala, como bem viu A. Béjarano (1972), a fantasia do líder em sua relação com a fantasia originária; cada um vai se estabelecer nesse cenário, inclusive o monitor e os observadores.

No decorrer da primeira sessão, com efeito, Leonore vai se apresentar como mulher-orquestra, especialista em sexualidade do casal, capaz de reunir sem perda de nenhum tipo os membros de um grupo em uma relação permanente de harmonia e de amor. A posição de Leonore se inscreve na trama de fantasia predisposta a recebê-la. Todo-poderosa, ilimitada, ela participa assim do poder do monitor (sua referência comum à psicanálise o validará), com quem compete.

Para os participantes, narcisados por ser incluídos no poder matricial (é o desejo dela e deles), ela só pode reduzir o monitor, fantasiado como pai "efêmero" (castrado) e todo-poderoso (castrador), em um lugar alternadamente vazio e cheio. Apreendido no lugar controvertido que lhe atribui a fantasia, o monitor terminará, perto da metade da sessão, por atribuir a si mesmo um lugar de simples membro do grupo, como os outros, negando seu próprio poder, engajando-se ele mesmo como prova documental na ideologia igualitarista e unitária. Por isso, são notáveis a folheação e o entrelaçamento de fantasias originárias: cena primitiva, sedução, castração, vida intrauterina. Todas essas fantasias organizam-se em relação com a fantasia de cena primitiva cujos dois polos, o pervertido e o paranoico, aparecem desde as primeiras trocas.

4.2 Cenário perverso e posição ideológica

Fantasiar Leonore como dotada do pênis que toma do monitor de fato realiza várias funções. A negação do pênis faltante à mãe, mantém, contra a angústia da castração e o reconhecimento da diferença entre os sexos, a crença de que ela o tem. Assim, pode ser negada a cena primitiva, na medida em que esta é fantasiada como relação de castração: ou o pai castra a mãe ou ela toma o pênis para si – como é o caso no grupo do Paraíso Perdido. Mas, ao mesmo tempo, como o observam G. Rosolato (1963) e J. Mac Dougall (1972), essa negação afirma que o pênis do pai não desempenha nenhum papel na vida sexual da mãe. A negação do papel do monitor na vida do grupo e na relação que poderia manter com Leonore envolve esta consequência: os homens não têm de se situar diferencialmente em comparação com o desejo da mulher; não há diferença entre os sexos.

O segredo do perverso se baseia em uma recusa que implica uma admissão, uma crença no pênis da mulher, e uma cisão do Ego que sustenta essa crença. A ideologia igualitarista desenvolve, na cultura do grupo, essa crença destinada a manter o grupo como objeto não castrado. A ideologia igualitarista como negação da diferença é uma elaboração perversa da fantasia de cena primitiva: todos os membros do grupo podem mudar alternadamente de papel fantasmático, na medida em que todos são equivalentes. Devido a essa permutabilidade circular, os lugares atribuídos permitem a cada um ao mesmo tempo executar, evitar e negar a castração: na direção de um membro do grupo, Nicolas, a quem é atribuído e que se atribui o lugar do perseguidor, o monitor de que Nicolas é o representante fútil ou as mulheres, os observadores – a roda gira...

É certo que alguma persistência dos lugares atribuídos permite localizar os objetos, os papéis instanciais e as posições fantasmáticas: talvez se possa garantir assim um controle mínimo sobre eles e se manter uma coerência nas relações de grupo. Mas a instabilidade de posições evita que se forme uma identificação estável com um dos parceiros da cena primitiva. Essa instabilidade extrema permite contornar a lei da diferença entre gerações (a criança é o pai ou a mãe, e reciprocamente) e entre os sexos.

Estabelecemos que, desde a primeira sessão, trata-se de estabelecer mutuamente um lugar fora da lei, tentando incluir os observadores no grupo. O princípio de igualdade abstrata fica evidente aqui como uma expressão da confusão necessária à manutenção da crença perversa. Essa instabilidade se alterna com a atribuição rígida e estrita a lugares bem definidos; toda evolução do grupo vai se constituir dessas oscilações entre essas duas tendências, vindo a atribuição em defesa contra a ameaça de deslocamento do Ego e da perda de marcos identificatórios.

A manutenção dos observadores em seu lugar, e depois sua inclusão no grupo durante a última sessão, *suplementar*, testemunha, entre outros fenômenos, essa oscilação entre o polo perverso e o polo paranoico da fantasia de cena primitiva e a fantasia de castração.

4.3 O lugar vazio e o lugar pleno

A cena primitiva paranoica tem como motivo central o destino do pai na relação sexual com a mãe. O apagamento (ou foraclusão) do pai entrega a criança à onipotência e onipresença da mãe. A busca do pai é o que mobiliza o paranoico em sua busca, mas no decorrer desta encontra ainda sempre a mãe em lugar do pai; ele tenta, como diz G. Rosolato (1963), uma identificação impossível ao pai segundo o modelo representado pelo investimento libidinal no seio materno. O que muitas vezes preenche esse lugar vazio são objetos ou ideias, ou então sistemas de ideias e de ideais que servem de suportes identificatórios a Egos perturbados pela fantasia de castração. A ideologia, por exemplo, circunscreve um interior ou um exterior contra o perigo de fusão incestuosa com a mãe; ou então uma lei cruel ou desvio para fora da lei assegura a eficácia de uma imagem paterna suficientemente coerciva para lutar contra as angústias paranoides.

No grupo do Paraíso Perdido, as associações livres dos participantes sobre a figura do pai "efêmero" e a ideologia igualitarista revelam o lugar fantasmático feito à mãe todo-poderosa, que penetra no monitor e nos membros do grupo com sua onipotência. Diante dessa cena impensável, que suscita o recuo e a paralisia, o lugar dos observadores, espectadores perseguidores e perseguidos, condensa-se a tentativa de distanciamento, a necessidade de autenticar um sentido que escapa ao sentido, a angústia de ser confrontado a saber algo sobre ele, notadamente quanto ao desejo de assassinato do pai.

Nesse grupo, o assassinato do pai é tomado pelo efeito de identificação da criança com a mãe castradora e todo-poderosa. Os mecanismos de defesa dos participantes contra o seu desejo de castrar o pai consistem em se considerar ele mesmos castrados (repete-se que é necessário nivelar reentrâncias e protuberâncias) ou maniacamente fálicos. A defesa também se sustenta na identificação com Leonore, que se supõe possuir o pênis do monitor. Mais de uma vez ela validará a fantasia do grupo declarando que consente em emprestá-lo a outros e que está feliz com o fato de que monitor ser "falível". Essa identificação é uma realização de seu desejo de ser a parte fálica de Leonore e castrar o monitor. Contudo, os participantes conhecem sua outra face, ameaçadora: a mãe que castra o pai também incorpora, castrando-os, seus próprios filhos. Disso vem igualmente essa busca nostálgica do pai, mas que, a cada vez, solicita o encontro com a mãe fálica.

A construção da ideologia igualitarista firma um compromisso entre a nostalgia do pai e a onipotência da mãe. Ela instaura uma racionalização da não diferença entre os sexos e as gerações. Garante contra a ameaça de castração: se ninguém tem o pênis, ninguém corre o risco de castrar-se. Além disso, substitui o pênis castrável por um fetiche. A cena primitiva é afastada a esse preço, o que impossibilita toda aproximação diferencial: "o amor é a peste", vai se dizer ao final da sessão, justo antes de abordar a Citera ou a ilha paradisíaca.

Dessa abordagem data uma ruptura na fantasia compartilhada. A evocação edênica afirma, nega e anula a cena primitiva, mas também simboliza o que se tinha até então recalcado aí: por um lado, a emergência para cada versão pessoal da fantasia de cena primitiva e de castração; por outro, a possibilidade, para cada um, de exprimir sua fantasia pessoal. A referência ao mito paradisíaco como "já dito" socializado da cena primitiva permite, pela articulação simbólica do desejo e da defesa e graças à redução da angústia paranoide-esquizoide, a manifestação diferencial da fantasia secundária de cada um. O que importa aqui, mais do que o tema, é o processo que leva a essa ruptura na fantasia inconsciente compartilhada. Essa partilha significou perder-se e fundir-se em um coito permanente, em que a fusão também é aquela que anula toda possibilidade de luta contra o objeto destrutivo e a evitação do objeto destruído. A emergência do registro mitopoético assinala uma ruptura (provisória) na isomorfia entre a fantasia e o processo grupal. Mas também revela aquilo que mobilizou e paralisou as trocas no grupo: depois da sessão, um dos observadores receberá de participantes um cartão postal que representa a observação de um coito na mãe-natureza.

4.4 Cena primitiva e processo institucional

O segundo exemplo clínico se refere à organização de alguns aspectos da vida em instituição psiquiátrica. E. Pons, A. M. Tchakrian e M. Thaon executaram essa observação sob minha direção (1972) em um trabalho de que E. Pons (1974) publicou as principais conclusões. Vou retomá-las aqui tendo em vista que põem à prova minha hipótese sobre a estrutura grupal da fantasia.

Trata-se de um pavilhão aberto de um serviço psiquiátrico (indicado aqui pela letra X) cuja população se compõe de homens que sofrem de várias perturbações psíquicas graves, e de três equipes de saúde de ambos os sexos. Três psicólogos (duas mulheres e um homem) fizeram internato de longo prazo nesse pavilhão, participando diretamente da vida diária, às vezes em tarefas das enfermeiras e enfermeiros. Outro pavilhão (Y) pertence ao mesmo serviço e funciona em regime de internato. As hipóteses de trabalho que servem de fio condutor da análise são que o espaço institucional é usado como o suporte de fantasias das equipes; a topografia serve de tópica para a instauração e o estudo da fantasia de cena primitiva.

Do ponto de vista dinâmico, a instituição em seu conjunto é "utilizada" pelos processos inconscientes de clivagem e de projeção que permitem atribuir a uma cena primitiva sádica um lugar definido. As equipes do pavilhão X obtêm disso vantagens secundárias importantes, erigindo-se em instância ideal. A cena primitiva sádica fantasmatizada e fixada em outro lugar (o pavilhão Y) reaparece, contudo, na vida fantasmática das equipes do pavilhão X na forma de um retorno persecutório do recalcado.

Mas essa clivagem é insuficiente, se se desdobra com outra partição. Sob a pressão de angústias persecutórias e exigências defensivas, as equipes recorrem a uma dupla clivagem da fantasia: uma parte dessa fantasia, o cenário sádico, é retomado, repetido e encenado em sua vertente perversa no âmbito de equipes; a outra parte, uma cena primitiva ideal, é projetada e fixada nos psicólogos estagiários. Eis uma inversão das cenas dentro-fora.

E. Pons observa que os lugares onde evoluem os doentes e a instituição em seu conjunto são investidos de significação em relação à vida fantasmática dos enfermeiros e das enfermeiras. O hospital é representado como um depósito fecal de maus objetos.[6] Uma primeira clivagem entre o interior e exterior do hospital atribui um ar geográfico à "má" cena primitiva: os enfermeiros repetem prontamente que os doentes fazem "isso" em todo lugar, com vassouras ou garrafas. Alguns lugares do hospital parecem, contudo, segundo a opinião unânime, mais atingidos que outros: o pavilhão Y, por exemplo, é "o bordel". Essa sexualidade frívola e perigosa corre o risco de colocar em perigo todo o "corpo" hospitalar. Ao contrário disso, o pavilhão X permanece limpo e sólido. A metáfora de um corpo são, dotado de razão, de força física intacta, é com frequência retomada pelos membros da equipe: o pavilhão Y é fantasiado como o lugar em que a realização do desejo não encontra mais interdito: os loucos tomaram o poder dele. Esse pavilhão representa a

---

6 Ver minha análise do grupo "mérdico" [*merdic*] (1973b).

pequena parte do corpo hospitalar que põe tudo em perigo: como se comenta no pavilhão X, "no pavilhão Y permitia-se que os enfermeiros pisassem no saco ao longo dos anos, mas agora eles foram cortados, não existem mais". O pavilhão Y sanciona a castração imaginária. Ao contrário dele, o pavilhão X, oásis da razão e da limpeza, consolida a imagem ideal que tem de si mesmo pela negação da sexualidade do doente e da loucura. Contudo, a disciplina e os cuidados camuflam os medos que os doentes inspiram, sendo reforçadas as defesas contra o retorno do recalcado: a clivagem e a divisão do pavilhão em vários lugares revelam outra topografia da fantasia, notadamente o isolamento contra o medo de ser contaminado pela loucura. Essa negação tem como correlato o fato de que cena primitiva e cena de castração reaparecem em todo lugar: qualquer tufo de grama, a capela de hospital ou os corredores da administração são suscetíveis de ocultar a "coisa".

A fantasia da cena primitiva estrutura não só as relações dos profissionais entre si e com os doentes, mas também aquelas de outras categorias hierárquicas em contato com os enfermeiros: o médico-chefe, o supervisor geral, o grupo de três psicólogos, o ergoterapeuta. A figura do médico-chefe inclui, em acréscimo, essas outras categorias; cada uma é uma parte ligada ao todo pelo conhecimento idealizado que lhe é atribuído. Desse modo, o trio de psicólogos representa as orelhas e os olhos.

Independentemente do sexo dos parceiros, as trocas obedecem à lei da agressão. Os homens são o objeto dos objetivos persecutórios das mulheres, arriscam-se à castração e à morte. O pênis do homem é cobiçado pela mulher, que tenta roubá-lo dele: os enfermeiros imaginam as enfermeiras dotadas de um terceiro olho, isto é, do órgão sexual do pai internalizado na vagina e destruidor.[7] Os chistes sobre esse tema são frequentes entre os enfermeiros. Associa-se à fantasia de cena primitiva sádica a da sedução. As investidas sedutoras das mulheres despertam nos homens a angústia em relação à imago da mãe pré-genital castradora,

---

7   Cf. M. Klein (1959, p. 256). "O pênis, órgão de penetração, se transforma, assim, para o rapaz, em órgão de percepção, que ele assimila ao olho, ao ouvido ou aos dois ao mesmo tempo; mediante esse artifício, ele explora o interior da mãe, aí descobrindo os perigos que ameaçam seu pênis e seus excrementos, por meio do pênis e dos excrementos do pai".

suscitam o medo do vampirismo, do ataque sádico oral: "As mulheres são insetos sugadores, elas aspiram nossa vida..."

Diante dessa angústia, os homens recorrem a meios de defesa e de ataque sádico-anais; lançam jatos de extintor sob as saias ou no traseiro das enfermeiras, ou as aquecem jogando nelas fósforos acesos. O recurso a esse registro, observa E. Pons, permite aos enfermeiros manter a qualquer preço a distância que suas inimigas tentam abolir pela sedução. Outra modalidade defensiva consiste em ameaças dos enfermeiros de sodomizar as mulheres: assim, o sexo da mulher não é reconhecido e o homem pode poupar-se da angústia da castração. Porém a defesa mais eficiente é a homossexualidade masculina: a relação heterossexual deve ser evitada porque a castração de um implicaria a castração de todos.

Na fantasia dos homens, atribui-se à mulher um lugar de excluído. Esse lugar manifesta-se, na realidade, pelo silêncio imposto às enfermeiras. A palavra, vivida como potência fálica, pertence apenas aos homens. Sua ideologia é fazer da mulher um objeto de consumo ("para os porcos"), de reclusão e de ataques sexuais bestiais (lembram dos campos de concentração nazistas e do acasalamento de mulheres com cães-lobos: "recuperaram sua real natureza"). Rejeitadas pelos homens, as mulheres querem do homem seu pênis e seu substituto, a criança. Se ter (algo do) homem se mostra impossível, não lhes fica mais do que o ser homem e ocupar o lugar do homem.

Essa flexibilidade das identificações com as diferentes personagens da cena é uma propriedade distributivo-permutativa de fantasias originárias. Nos componentes perversos da fantasia de cena primitiva, essa flexibilidade é extrema, e está a serviço da negação da diferença de sexos.

4.5 Cena primitiva e hipótese de base

Com referência à ideia de Bion (1955) segundo qual as hipóteses de base são formações derivadas de uma cena primitiva arcaica, E. Pons propõe a hipótese de que a cena primitiva sádica estrutura as relações do grupo em torno da hipótese básica ataque/fuga: o ataque dos irmãos unidos contra as mulheres, mães pré-genitais que destroem seus parceiros no curso da cena sádica; fuga dos homens e das mulheres quando aparecem as famílias dos doentes, famílias reduzidas muitas vezes à mãe: o pai desapareceu. A realidade valida então a fantasia de uma cena mortífera no decorrer da qual se procriou o homem doente, que se tornou louco. Os mesmos medos paranoides manifestam-se quanto à sexualidade do louco: ele não tem parceiro, e só pode ter relações sexuais com objetos artificiais (vassouras, garrafas...).

O grupo de três psicólogos estagiários é representado como formando um grupo unido e autossuficiente cujos termos são, eles também, intercambiáveis. Ele é o suporte e o lugar de uma cena primitiva ideal, representante da parte clivada e idealizada da fantasia originária.

4.6 A clivagem da cena primitiva

Uma das questões que preocupou por muito tempo os profissionais foi saber se o psicólogo dormia com uma de suas colegas; a resposta a essa questão realizou-se através de uma representação defensiva na qual o interrogatório se restringiu à relação sexual entre os psicólogos: o homem do grupo de três foi representado como unindo em si características sexuais masculinas e femininas. Depois ligou-se a imagem fálica de uma girafa a uma das psicólogas, que tinha um ar masculino; a outra não passava de uma criança. Na fantasia dos profissionais, os psicólogos tendiam ao ideal de uma completude, individualmente e em grupo.

É óbvio que esse ideal de completude, toleravelmente ridicularizado, assegurou a defesa contra a diferença e a complementaridade. O grupo de três como um todo se apresenta aos profissionais de cura como uma combinação que se aproxima da perfeição: o interdito do incesto não existe, a criança onisciente não é excluída do casal parental. A fantasia faz do trio seres andróginos e um corpo unificado comum sobre o qual a castração imaginária não tem poder.

Isso é atestado também pela idealização do saber do trio. Essa idealização exprime não só a negação da castração simbólica e da diferença; ela é ainda mais necessária porque os profissionais têm de lidar com uma multiplicidade de objetos persecutórios (os loucos, as mulheres, os homens). Fantasiar uma cena primitiva ideal permite-lhes negar a cena primitiva destrutiva, evitar o retorno dos perseguidores. No trio tal como fantasiado, a bela totalidade narcísica protege os profissionais de sua angústia de aniquilação.

Como comenta E. Pons, a cena primitiva ideal é aquela em que se nega a diferença dos sexos e a formação do casal. Eu diria que é uma estrutura protogrupal defensivamente idealizada contra o casal (*cf.* o "grupar"). Na instituição hospitalar, todas as uniões heterossexuais são vividas como tão perigosas e mortíferas, com relação aos profissionais, aos doentes e às suas famílias. A formação de um casal não apenas desperta a fantasia de castração, como ameaça o corpo grupal de dissolução. Só um trio "grupulante" [*gropulant*] e não copulante pode procriar uma criança messiânica, sã, salvadora, reparadora e onisciente. Essa criança precisa ser incluída desde a origem, ou mesmo constituída em origem. Aqui também, a unidade grupal da fantasia permite a permutação e a inversão da ordem causal real em uma relação circular. Na outra cena, clivada e simétrica, a criança louca nascida de um coito mortífero é mortificante para os pais.

Essa "observação" clínica permite pensar, como já apontei acima a propósito do grupo do Paraíso Perdido, a posição atribuída, nos grupos, ao observador, na fantasia de cena primitiva. Ao trio dos psicólogos estagiários foi "oferecido" (e de início pedido por eles) o lugar da criança observando as relações sexuais do casal. Mas esse lugar já estava ocupado na instituição: pela criança louca, pelo doente mental e pelos profissionais observadores das relações sexuais dos loucos.

O próprio trio, "observador" da fantasia da instituição, tornou-se para esta a cena da parte clivada dessa mesma fantasia, criando, nessa imagem invertida, um lugar abissal do observador no seio da fantasia. Quem observa quem, fazendo o que a quem? A existência grupal oferece uma combinação infinita dessas posições e dessas respostas. Se o grupo é a cena de uma fantasia originária, não é esta a cena de um grupo?

5. O grupo dos sete suábios e a fantasia do "enfileiramento"

O recurso à mitologia e ao folclore muitas vezes resultava frutuoso para elaborar a compreensão de algumas estruturas e processos psíquicos manifestos na clínica de cura. Conhece-se tudo que Freud pesquisou e encontrou nos contos para a análise de sonhos (FREUD, 1913), tudo o que G. Róheim entendeu de conflitos psíquicos e organizações culturais a partir do estudo de mitos. A história das descobertas psicanalíticas poderia muito bem ser a dessas referências a mitos e a lendas que inspiraram a invenção científica de um novo conceito, ou que permitiram especificar seu contorno e conteúdo. Seria possível sustentar que a eficácia da psicanálise reside em ter-se fundado nessas reversões de mitos e lendas à sua fonte prodigiosa no Inconsciente.

Tentarei neste estudo esclarecer, mediante a análise de um conto dos irmãos Grimm, *Os sete suábios*, a estrutura e o conteúdo de uma fantasmática grupal relativa ao grupo e elaborada em situação de grupo: a fantasmática do pequeno grupo "enfileirado". Correlativamente, poderíamos chegar uma compreensão mais precisa do próprio conto. A análise, por isso, terá de destacar o vínculo que organiza as relações entre um organizador psíquico grupal (uma ou várias fantasias originárias), um organizador sociocultural da representação do grupo e o próprio processo grupal.

5.1 *Os sete suábios*,[8] conto de Grimm[9]

> Era uma vez, sete habitantes da Suábia: o primeiro era o senhor Schulz, o segundo Marquinho, o terceiro Martinho, o quarto Jorginho, o quinto Miguel, o sexto Joãozinho e o sétimo Vitinho; e todos juntos decidiram, um dia, correr mundo em busca de aventuras e realizar grandes proezas. E como queriam estar armados para maior segurança, julgaram recomendável fabricar uma lança, uma só, mas bem longa e forte. Todos juntos o empunharam, indo na frente o mais corajoso e destemido, o senhor Schulz. Depois seguiam os outros, em fila, e por último vinha o Vitinho.

---
8   Tradução [para o francês] de P. Durand (1963).
9   NT: Embora exista uma tradução do conto disponível em português, foi seguida, nesta tradução, a versão em francês, visto que a análise se baseia nela. Uma edição em alemão foi consultada para verificar os nomes das personagens, alguns dos quais foram modificados em francês.

Certo dia, em pleno mês de julho, tendo eles percorrido um bom trecho de caminho, e quando lhes faltava ainda bom pedaço para chegarem à aldeia mais próxima, onde iriam passar a noite, viram, à luz do crepúsculo, esvoaçando não longe deles, um escaravelho, talvez um zangão, perto da floresta, no prado, zumbindo pacificamente. O Senhor Schulz ficou tão assustado que quase deixou cair a lança, e começou a suar por todos os poros.

– Escutem, escutem! – exclamou, voltando-se para os companheiros.

– Deus meu, estou ouvindo um rufar de tambor!

Marquinho, que segurava a lança logo atrás dele e cujas narinas foram atingidas por não sei que cheiro, gritou:

– Deve haver alguma coisa por aqui, sem dúvida! Estou sentindo cheiro de pólvora e de mecha de canhão.

Com essas palavras, o senhor Schulz deitou a correr e, como um relâmpago, saltou agilmente por cima de uma cerca. Mas, infelizmente para ele, caiu bem em cima das pontas de um ancinho, esquecido ali após a colheita do feno, e o cabo, batendo com força em seu rosto, deu-lhe um violento golpe.

– Ai de mim, ai de mim! – gritou ele – eu me rendo, podem me prender, eu me rendo!

Os outros seis, que o tinham seguido, bradaram:

– Se você se rende, nós também nos rendemos!

Por fim, como não havia inimigo algum que quisesse amarrá-los e levá-los presos, perceberam que tinham se enganado. E, para que ninguém viesse a conhecer essa história e zombasse deles, juraram que ficariam calados até que alguém, inadvertidamente, abrisse a boca.

Depois prosseguiram o caminho. O segundo perigo que os ameaçou era ainda maior do que o primeiro. Alguns dias depois, a estrada os conduziu a um brejo; lá havia uma lebre dormindo ao sol; de orelhas apontadas para o alto e com os enormes olhos vidrados, bem abertos.

Diante daquela fera assustadora e selvagem, ficaram todos amedrontados e confabularam para saber o que deveriam fazer e qual a conduta menos perigosa a adotar. Fugir nem era bom pensar, pois o monstro bem poderia persegui-los e com pele, osso e tudo os devorar. Disseram, pois:

– Somos obrigados a empenhar arriscada batalha! Quem ousa, já venceu meia peleja!

Os sete juntos empunharam fortemente a lança, Schulz na frente, Vitinho atrás. O senhor Schulz não tinha nenhuma vontade de avançar, mas Vitinho, que estava no último lugar, animou-se todo, e quis avançar, gritando:

– Em nome da Suábia, avancemos, meninos! Ou então que o Diabo nos paralise!
Joãozinho, porém, retrucou-lhe:
– Não resta dúvida que você sabe falar. Mas é sempre o último quando se trata de o dragão caçar!
Miguel exclamou:
– Sim, dúvidas não há; é o próprio diabo quem está lá!
Foi a vez de Jorginho dizer:
– Se não é ele, é sua mãe, ou, no mínimo, seu meio-irmão.
Martinho, tendo uma boa ideia, disse a Vitinho:
– Vá, Vitinho. Vá na frente. Daqui de trás, eu ajudo você a cerrar os dentes.
Vitinho nada ouviu e Marquinho disse:
– O Schulz deve ser o primeiro para, das honras, ser o herdeiro!
Então Schulz criou coragem e disse solenemente:
– Lutemos, então, corajosamente, chegou a hora de mostrar quem é valente!
E todos juntos arremeteram contra o terrível dragão. O senhor Schulz benzeu-se e invocou o auxílio de Deus; mas, vendo que nada daquilo lhe adiantava, e que se aproximava cada vez mais do inimigo, gritou, aterrorizado:
– Ai! Ai! Ai, ai, ai!
A lebre acordou, assustou-se e fugiu com toda velocidade.
Quando a viu empreendendo a fuga, Schulz falou:
– Ora, diga-me o que se passou. Pois o monstro em lebre se transformou!
A liga dos sete suábios prosseguiu em busca de outras aventuras e chegou ao Mosela, um riozinho sinuoso, calmo e profundo atravessado por raras pontes e cuja travessia é feita, em diversos lugares, por meio de barcos. Os sete suábios, não sabendo daquilo, perguntaram a um homem que estava trabalhando na outra margem como poderiam atravessar o rio. O camponês, não compreendendo, por causa da distância e do dialeto dos suábios, respondeu no dialeto do Trier:
– Que é? Que é! ["Wat? Wat!"]
O senhor Schulz, metido a sabido, pensou que ele estava a dizer: A pé, a pé, [Wate! Wate!]; e, como era sempre o primeiro, não vacilou e meteu-se pelo rio a dentro, querendo atravessá-lo a pé. Imediatamente afundou no brejo e foi coberto pelas ondas, que o carregaram. O chapéu foi levado pelo vento para a outra margem do rio. Uma rã, vendo-o, começou a coaxar:
– A pé, a pé, a pé ["Vat, vat, vat"].
Os outros seis, que estavam na margem oposta do rio, ao ouvir isso disseram:

– Nosso amigo Schulz está nos chamando. Se ele atravessou o rio andando, por que não poderíamos?

Foi dizer e fazer. Saltaram todos juntos para dentro da água e se afogaram. E, assim, nenhum dos membros da liga suábia pôs de novo os pés em casa.

5.2 Análise do conto

Depois de um breve prólogo de apresentação das sete personagens e do objetivo da viagem, a narrativa organiza-se em três sequências:[10]

- O encontro do grupo suábio, formado em um corpo unificado, com a imago da mãe arcaica.
- O conflito homossexual com a mãe fálica.
- A penetração na mãe e a fusão na morte.

Prólogo, ou a aliança homossexual dos irmãos atravessados pelo falo comum

Sete suábios, só homens: todos são semelhantes, organizados em uma série especular. Para quatro deles (Marquinho, Martinho, Jorginho, Vitinho), a desinência final do nome é idêntica: *li* = *lein* = inho (diminutivo [como Joãozinho] para João, o quinto); eles têm de enfrentar, com efeito, a castração. Os outros dois são Miguel (que triunfa sobre Lúcifer, como os sete o fariam ao combatê-lo) e senhor Schulz, um Senhor, um líder. Cada um representa uma parte do Ego que é o grupo: o outro é um outro "individual", mas juntos eles formam um só corpo e agem como uma só pessoa, por mimetismo ("Os outros seis, que o tinham seguido, bradaram..."), para cumprir o objetivo comum que os une: viajar juntos e realizar grandes proezas. Trata-se de um tema de busca,[11] da busca do objeto perdido idealizado e interdito. Os sete suábios se armam para sua conquista.

Eles se armam com uma lança: "Os sete juntos empunharam fortemente a lança". Sete homens ligam-se entre si por meio desse falo de que cada um participa. Essa lança-falo também tem uma função de

---

10 Quanto ao método de análise, ver o capítulo 1, p. 53-94.
11 Em um estudo em curso sobre a fantasmática encenada na busca de objetos ideais, a propósito das diferentes lendas do Graal, M. Pons mostra que o empreendimento da Busca tem por base a negação da castração da mãe fálica.

salvaguarda: garante o Ego em sua integridade e identidade; assegura uma função reparadora do Ego contra a agressão. De fato, sempre que o líder, senhor Schulz, larga-a, o perigo aparece.

Os sete suábios, tendo cada qual essa lança única, "longa e forte", esse falo em ereção que serve de ligação, organizam-se então à frente e atrás uns dos outros. Nessas posições homossexuais, cada um pode ser tanto passivo (ser penetrado) como ativo (penetrar) em sua relação com os outros. O primeiro tem, é verdade, bem mais lança trás do que na frente: é o mais exposto à castração; do mesmo modo, os Grimm acrescentam, como para protegê-lo de antemão, o título de senhor Schulz. O último, Vitinho, fica exposto por trás, mas garante para si a parte mais grossa da lança, que vem a sua frente.

Assim reunido por esse vínculo, garantido e protegido por esse falo, o grupo pode viajar, ir em "busca de outras aventuras", "prosseguir o caminho", "realizar grandes proezas". Prosseguir o caminho é realizar o coito com a mãe pré-genital; buscar aventuras é procurar o falo de que se supõe que ela seja dotada. Mas essa viagem, essa aventura e essas grandes proezas ameaçam de destruição e requerem que se esteja em segurança. A aliança homossexual dos irmãos permite a cada um e a todos se garantir, pelo toque do falo do outro e do falo comum que os atravessa, contra essa ameaça de destruição.

Primeira aventura: o encontro com a mãe arcaica

A figura da mãe arcaica aparece na forma de um inseto escondido atrás de um arbusto: um escaravelho[12] ou um zangão. Um e outro (sobredeterminação) são grandes insetos com asas, dotados de antenas cornudas e/ou dardos ou lâminas. O arbusto representa a pelagem que recobre o sexo feminino, atrás do qual se esconde o pênis (o inseto) atribuído à

---

12   Além do escaravelho chifrudo, cervo voador, ou lucano, existem escaravelhos dissecadores (os dermestes), sepultadores (os necróforos) e roladores (os pilulares). O escaravelho é conhecido como símbolo egípcio: a imagem do sol que renasce de si mesmo a partir de sua própria decomposição, ele é o inseto que oculta em si o princípio do eterno retorno (segundo J. Chevalier e A. Gheerbrant, 1969, verbete escaravelho). Sua figura mítica lembra a da Fênix que, tal como o besouro pilular, que rola sua bola de fezes, representa o ovo do Mundo e se autogera. Analisei em outro lugar a função deste mito na fantasmática andrógina e autodeformadora (KAËS, 1973a).

mãe.¹³ A ameaça que constitui o ataque ao grupo dos homens por esse pênis é negada: o inseto voa e zumbe (pênis em ereção) pacificamente. Mas o medo toma conta de todos porque o senhor Schulz, o primeiro a expor-se ao ataque da castração do pênis materno, "quase deixou cair a lança".

A imago da mãe armada e da armadura (a carapaça do escaravelho) é construída e amplificada pela participação de todos os outros na ressonância fantasmática. Marquinho é o seu porta-voz: "Estou sentindo cheiro de pólvora e de bucha de canhão". A amplificação também concerne à audição (o zumbido se transforma em tambor) e o olfato ("Marquinho, que segurava a lança logo atrás dele e cujas narinas foram atingidas por não sei que cheiro, gritou: 'Deve haver alguma coisa por aqui, sem dúvida! Estou sentindo cheiro de pólvora [...]'"). Trata-se efetivamente de um ataque bélico, de um combate. Esses elementos sensoriais trazem uma precisão sobre a natureza do ataque temido; a da penetração anal pelo pênis materno. Mas a amplificação se estende a todo o corpo: diferentemente da carapaça protetora e inviolável do escaravelho, a pele do senhor Schulz exsuda, por todos os seus poros (seus orifícios), a angústia de ser atacado analmente (excreções), na pele do grupo, pelo pênis materno perseguidor.

O perigo fica mais real quando o senhor Schulz, o primeiro, solta a lança, sai do contra-falo protetor, foge e cruza uma cerca. O corpo grupal fálico expõe-se agora à castração pela frente e por trás. O desejo do coito com a mãe transforma-se na ameaça de que o falo grupal se destrua, não resista, se faça em pedaços. Abandonar o grupo dos irmãos é se expor ao risco de castração peniana e anal pela mãe. Como bem indica K. Abraham (1922) em seu artigo sobre a aranha como símbolo da mãe fálica,¹⁴ o desejo latente dos irmãos é penetrar a mãe, no coito,

---

13   A análise do conto passa pela recuperação de constelações de associações vinculadas por relações de semelhança e e contiguidade; o texto está sobrecarregado disso: escaravelho-arbusto; lebre-prado-público; lança-agulha-chifre-mecha-orelhas pontudas-homem: lebre-diabo-mãe-irmão belo; tocado-ouvido-visto-feito-mal escutado etc. Também são muito frequentes as repetições na desinência final dos nomes, frente-atrás, dormindo pacificamente-tranquilo, ai de mim, ai de mim, ai de mim-a pé, a pé, a pé; as amplificações redundantes; as reversões e as inversões reiteradas.

14   Essa tese, com relação à que proponho aqui, encontra uma notável ilustração no romance de J. R. R. Tolkien, *O hobbit*: treze anões e um hobbit partem à conquista do tesouro do rei dos anões, que um dragão mau expulsou de sua monarquia debaixo da montanha. Uma das aventuras mais

e matá-la; a esse desejo corresponde o medo de ser castrado e anulado por ela no coito. A crença no pênis materno, que o desejo de ataque atesta, tem em sua base uma fantasmática caracterizada pela reversão do objeto: a mãe é e não é castrada; é penetrável e penetra; deve ser destruída (castrada no coito) e destrói (castra no coito). O que acontece ao senhor Schulz logo que ele atravessa a cerca confirma essa hipótese: o senhor Schulz cai ("caiu bem em cima das pontas de um ancinho... E o cabo, batendo com força em seu rosto, deu-lhe um violento golpe"). O falo atacado-perseguidor vira-se retorsivamente contra ele e o alcança na cabeça (deslocamento). O senhor Schulz não tem mais saída que não se tornar prisioneiro, cativo e passivo.

O tema redundante do mimetismo e do frente-trás reaparece então como evocação e repetição do vínculo homossexual entre os homens: "Os outros seis, que o tinham seguido, bradaram: 'Se você se rende, nós também nos rendemos!'". Os sete irmãos ligados especularmente não podem manter, nem entre eles nem em relação a outros, uma relação agressiva: a agressividade negada é projetada na imago materna.

Segunda aventura: o conflito homossexual com a mãe fálica

Eles logo se renderam ao fato de que o ataque não ocorrera; tinham se enganado e o assunto foi enterrado: recalcado e censurado. Assim se mantém a crença, contra a realidade da experiência. Os sete suábios não querem saber nada desta última. Do mesmo modo, o "segundo perigo que os ameaçou era ainda maior do que o primeiro".

Obviamente o cenário modificou-se: em vez de um arbusto, prados devolutos; em vez de um escaravelho, uma lebre. Mas a paisagem é basicamente a mesma (arbusto-prado selvagem-pelos do sexo feminino), e trata-se essencialmente da mesma imago materna (escaravelho-lebre--pênis da mãe). Ela está agora diante deles sob as características da lebre[15]

---

perigosas é aquela do combate contra as aranhas gigantes da Floresta das Trevas. O romance de Tolkien apresenta todos os personagens de uma gesta heroica grupal.
15   A figura da lebre (e do coelho) está sempre ligada, em muitos mitos, contos, lendas e temas folclóricos, à divindade arcaica da Terra-Mãe, aos símbolos da renovação cíclica da vida (cf. a lua, que, como eles, desaparece e reaparece continuamente, e a quem se associa a figura do coelho, tal como a do escaravelho ao sol. Chevalier e Gheerbrant observam que quando a lebre ou o coelho não são a

adormecida, com "os enormes olhos vidrados bem abertos"; a fantasia precedente, em que predominaram a audição e o olfato, é reinterpretada segundo a visão. A lebre é vista e vê.

Mais elevada que o escaravelho e o zangão na escala animal, a lebre tem o detalhe de possuir um elemento inanimado: os enormes olhos abertos, embora durma. A metonímia permanece no outro atributo, as orelhas, ele mesmo sobredeterminado: o que se vê nesse monstro, esse animal assustador, esse diabo (*cf.* o nome Miguel), ainda é a mãe fálica muda e devoradora (orelhas pontudas), suscitar essa sensação de inquietante estranheza (*Das Unheimliche*) de que fala Freud (1919) e Abraham (1922).

O perigo se acentua: não apenas ele se manifesta à frente e atrás ("Fugir nem era bom pensar, pois o monstro bem poderia persegui-los e com pele, osso e tudo os devorar") como nossos sete heróis têm de enfrentar o monstro materno que os ameaça tanto da castração devoradora por seu sadismo oral, como da penetração anal destrutiva.

Esse duplo perigo iminente faz os sete suábios a recorrer, pela primeira vez, para organizar a defesa, à palavra que lhes vai servir de segunda lança, dessa vez oral. O vínculo homossexual (o senhor Schulz à frente, Vitinho atrás "avancemos, meninos!") oferece outra modalidade sobredefensiva: aquele que está atrás (Vitinho) deve passar para a frente; Martinho sugere que ele avance: "Daqui de trás, eu ajudo você a cerrar os dentes", estimula-o. Na verdade, é uma questão não só de cerrar dentes e nádegas (contra a penetração) como de se penetrarem mutuamente em lugar da penetração do pênis materno; é uma questão

---

própria lua, são seu cúmplice: seu irmão ou seu amante. E suas relações são incestuosas. A lebre também é um herói civilizador, um demiurgo ou um ancestral mítico: tem o segredo da vida elementar, do irreconhecível e do inacessível, mas sem deixar de ser para o homem um vizinho, um conhecido (*heimlich*). A mitologia egípcia deu a Osíris a aparência de lebre, e esta, trancada em um cofre por inimigos ciumentos e por seu irmão, foi lançada nas águas do Nilo e foi objeto de uma busca, como nas Idade Média o foi o Graal. Osíris foi mutilado, rasgado e ressuscitado: seus atributos são o cetro, o bastão, o açoite, vida longa. A ambivalência de que a lebre é objeto (fausto-nefasto) manifesta-se em crenças segundo as quais uma mulher grávida que receber raios lunares trará ao no mundo uma criança com bico de lebre. O coelho significa, além disso, abundância, exuberância, multiplicação, mas também incontinência, excesso, luxúria (o coelho é estigmatizado e proibido, por ser como impuro, no Deuteronômio e no Levítico). É o companheiro de Hécate, a deusa da fertilidade e dos mortos, que preside as aparições de fantasmas monstruosos e espectros calmantes, bem como o encanto dos mágicos à noite (*Das Unheimliche*). O coelho também muitas vezes se liga à puberdade e aos jovens que recebem a solicitude de Hécate, deusa de três corpos apoiados em uma coluna.

de defesa contra a castração (oral, anal, peniana) que se seguiria à realização incestuosa.

Através dos outros, cada um pode de fato atacar e penetrar a mãe (*cf.* atravessar, conduzir através de). Essa posição assegura, pela identificação projetiva, o controle do perseguidor; no grupo, permite a permutabilidade e a identidade total de seus membros, por reversão (Vitinho, o último, aquele que tem a maior parte da lança, anseia por atacar em lugar do senhor Schulz, o primeiro, que deve tomar sua coragem – a lança – a quatro mãos); essa posição homossexual satisfaz finalmente o desejo (penetração incestuosa) e a defesa contraria a penetração retorsiva.

Então, "e todos juntos arremeteram contra o terrível dragão". Mas, em vez da batalha, ocorre o triunfo maníaco contra o perseguidor diabólico, reduzido repentinamente a um pequeno brincalhão: "Pois o monstro em lebre se transformou", um chamariz. Será possível pensar que a lebre, tendo sido reconhecida por aquilo que é, terá levado consigo o que representou, a imago fascinante e devastadora? Nada vai interromper nossos sete suábios, e o desaparecimento do animal estranho e familiar vai assegurar apenas provisoriamente, o tempo de uma antepenúltima denegação, a defesa contra a realização de seu desejo. Não basta saber que uma lebre é uma lebre: fugindo, ela mostra o traseiro, um buraco.

Terceira aventura e epílogo: a penetração na mãe e a fusão na morte

O objeto da busca aparece como o fim – destino e termo – dessa viagem cujo sentido se mostra na inelutável regressão. Penetrar, cruzar, atravessar o Mosela, o "rio calmo", tal como o escaravelho era pacífico e a lebre, adormecida; a armadilha[16] sempre está presente, profunda, majestosa (um riozinho, não um grande rio), inviolado (poucas pontes, às vezes um barco, mas, para os suábios, que procuram um, ali não havia). É um homem, e não um inseto ou uma vulgar lebre, que agora está na outra margem. O que não se ouviu, não se viu, não se soube, se amplia até o equívoco letal: o homem (o todo fálico em lugar

---

16 Os anões e o hobbit, no romance de Tolkien, têm de passar pela prova do rio encantado: quem beber de sua água ou mergulhar nele é atingido pela letargia.

da parte cobiçada) está projetivamente na origem do erro; é aquele que não entende, o pai finalmente percebido, mas distante, a quem não é possível fazer-se entender e cuja língua não se entende. O senhor Schultz, "como era sempre o primeiro, não vacilou e meteu-se pelo rio a dentro, querendo atravessá-lo a pé". Atraído pela frente e impelido por trás, o herói, mais velho, é levado pelos irmãos a realizar o coito letal com a mãe: projeta-se na água e se afoga. Todo o corpo grupal fraterno mergulha na mãe, reintegrando-a e fundindo-se com ela na morte: "E, assim, nenhum dos membros da liga suábia pôs de novo os pés em casa".

A última sequência do conto revela a natureza da fantasia originária que a organiza e estrutura as relações entre os membros da aliança suábia: o retorno à mãe, ao interior da mulher, é um retorno ao lugar último da cena primitiva. A dissolução do vínculo na fusão mortífera assinala a versão pré-genital e pré-edipiana dessa fantasia. Com efeito, o conto distribui todos os componentes da regressão pré-genital a partir da angústia da castração: o medo da devoração e do erotismo anal que condensa a própria imagem do enfileiramento. A cena final desse discurso sobre a relação sexual mostra aquilo cuja aparente ausência faz a fantasia se desenvolver em sua vertente paranoica: o pai cuja palavra não se ouve, e cuja exclusão entrega os suábios aos empreendimentos da mãe castradora, de pênis destruidor. Desse modo, não se precisa reconhecer seu sexo a não ser na morte. Compreende-se então que a sodomia é, com a imagem idealizada do pênis, a meio da defesa privilegiado aqui para evitar a castração e lutar contra o perigo da destruição do pênis.

A fantasmática do enfileiramento condensa e articula várias fantasias originárias em diferentes níveis de elaboração das pulsões e dos mecanismos de defesa. O conto nos oferece ao mesmo tempo uma elaboração dessas fantasias em uma encenação grupal e um modelo de grupalidade: a do grupo heroico à procura de grandes proezas. A análise nos revela também como a cultura do grupo dos suábios lhes permite interpretar todos os componentes da realidade segundo a fantasia que os organiza em grupo. A estrutura latente deste é a mesma da família psicótica que vive a ilusão grupal cuja coerência é sustentada pelo fechamento ideológico.

Resta apresentar como, na vida de grupos reais, algumas instaurações dessa fantasmática podem organizar os fenômenos que aí se desenrolam.

5.3 A fantasia do enfileiramento em grupos

As quatro observações de grupo que consegui reunir quanto a esse tópico apresentam, todas elas, características constantes e comuns: na situação de grande grupo (25 a 60 pessoas), um pequeno grupo é representado "enfileirado". Esse pequeno grupo não é qualquer um; é sempre uma equipe de monitores ou de animadores-interpretantes em um seminário, ou uma equipe administrativa em uma instituição. Outras características ligam-se à sensação de um perigo iminente de deslocamento e conflito com uma imago terrível, na quase totalidade dos casos a da mãe arcaica; organiza-se então um sistema de defesa com base no vínculo especular e homossexual contra essa imago devoradora, sádico-anal, fálica, sempre mortífera.

Para o pequeno grupo enfileirado, assim como para aqueles que, como espectadores e testemunhas, são tomados pela mesma fantasia, a imago materna arcaica, as angústias esquizoides-paranoides e os modos da defesa contra essas angústias são suscitadas pela situação de grande grupo. A fantasmática do grupo enfileirado é típica dessas situações grupais.

A análise do conto de Grimm permitiu pôr essas hipóteses à prova. O conto cristaliza quase todos os componentes que podemos notar na observação clínica; desenvolve os temas articulando-os em um cenário e uma narrativa consistente e estruturada.

Primeira observação: "o bloco psicológico"

Trata-se de um seminário da sensibilização em relações interpessoais e grupais organizado por uma associação de professores e destinada a seus membros. Fui encarregado por essa associação de recrutar uma equipe de profissionais composta por cinco psicólogos e uma assistente social: a maioria desses profissionais ainda não tinham tido ocasião de trabalhar juntos.

A sessão plenária inaugural começa com a apresentação do curso de formação por um dos dois representantes da associação. Cada um dos membros da equipe interpretante é convidado a se apresentar pessoalmente: sou o primeiro; digo meu nome e sobrenome; indico que aceitei participar da sessão como monitor a pedido da associação, e que sou psicólogo. Segue-se então, da parte de meus companheiros de equipe, uma apresentação estritamente idêntica à minha e bem rápida: psicólogo(a) x, y... até a assistente social, que perde ali sua identidade profissional. Um silêncio de estupor congela todos nós por alguns instantes. Sinto um movimento violento de hostilidade em relação a meus companheiros de equipe e tenho a sensação de uma catástrofe: digo a mim mesmo que, a partir daquele momento, o seminário se perdeu, assim como nossa equipe; depois dessa redução a uma só identidade, é ameaçada de luxação. Liberto-me rapidamente desses pensamentos dolorosos, porque tenho de enunciar o dispositivo e as regras de funcionamento das diferentes sessões. Provavelmente porque distingo as atividades e me distingo de outros, sinto mais uma vez uma tranquilidade que me poupa permanecer por muito tempo com o medo paralisante causado por essa apresentação especular, em massa e indiferenciada.

A sessão é pesada, fria; alguns participantes pedem que eu reformule as regras, o que faço imediatamente sem tentar ouvir o que realmente pedem. Nem meus colegas nem eu sentimos de fato o que ocorre nessa primeira sessão. Mal observarmos, no final da sessão, o surgimento de temas persecutórios (medo de ser manipulado, de desarticulação, de adoecer) e fantasias de estar nesse seminário como em um bloco cirúrgico, em um anfiteatro da dissecação ou em uma sala de parto.

Depois daquela sessão, na pausa, nenhum dos membros da equipe consegue falar dessas fantasias; contudo, um trabalho de vínculo com a nossa própria fantasia vai se esboçar através da narrativa de um sonho tido dia antes por um dos monitores: "em uma espécie de catedral decadente, o culto é perturbado por invasores, que tentam se apossar do altar; os oficiantes se refugiam na sacristia e depois se reúnem ao redor de uma árvore cujos ramos estão repletos de sacerdotes". Essa narrativa evoca uma nova versão do sonho do Homem dos Lobos, mas nada será associado a isso, nem analisado *a fortiori*. Mais tarde, estabeleceríamos o vínculo com nossa angústia anterior à organização do seminário: éramos psicólogos clínicos e a maioria de nós frequentava classes de cura psicanalítica, mas estávamos ansiosos por trabalhar com modelos de referência psicanalíticos. Em resumo, temíamos não ser suficientemente unificados e homogêneos em nossas técnicas e referências, porque, além disso, só muito raramente tínhamos tido ocasião de trabalhar juntos.

Depois da narrativa desse sonho, em que figurávamos sitiados por participantes destrutivos e reunidos em torno de um falo protetor, nossas trocas voltam-se apenas para a segurança que dá a cada um de nós a presença dos outros. Na verdade, por algumas sessões ainda ficamos afetados pela angústia paralisante que nos acometeu durante a apresentação de nosso "bloco psicológico". A insistência dos participantes em nos indicar que se sentem esmagados (pelos alunos) e perseguidos (pela administração e a máquina burocrática) nos levará, mais tarde, a analisar a primeira sessão, aquela em que nos representamos como um bloco sólido e perseguidor que ameaçava esmagá-los. Pudemos então começar a analisar nossas transferências laterais, bem como as dirigidas ao grupo grande.

Nossa elaboração mostrou claramente que, antes do começo do seminário, todos nós fomos apanhados, em várias versões, pela mesma fantasia: queríamos estar unidos, "soldar-nos" em uma equipe suficientemente solidária para enfrentar a grande ameaça que sentimos e que atribuímos à nossa diferença de formação, de estatuto, de afinidade e de experiência. No edifício em que nos alojamos, os quartos das mulheres tinham sido organizados em uma ala distante dos quartos dos homens: ao chegar, tínhamos lamentado essa segregação, embora secretamente ela servisse de defesas mútuas contra as uniões heterossexuais. Queríamos formar uma boa equipe, sólida e capaz de realizar um trabalho que nos parecia difícil e arriscado, por causa da nossa experiência ainda limitada. Temíamos que nossas intervenções pessoais fossem rejeitadas por outros, e que eles destruíssem a coesão ideal que postulávamos como condição de nosso êxito. O "bloco psicológico" encerrava na negação a angústia da divisão e das fraturas em um corpo monitoral fantasiado, unificado e comum.

Para meus companheiros de equipe, eu representava o líder em que cada um podia modelar seu comportamento. A enunciação que tinha feito das regras na primeira sessão me garantira, além da segurança do trabalho, a possibilidade de identificação momentânea com uma função monitoral específica, como se houvesse sido o autor da lei. Ocupei essa posição narcísica com a cumplicidade dos outros monitores: a manutenção de nosso vínculo grupal ideal requeria, além disso, que cada um reprimisse sua agressividade com relação a mim, tal como minha hostilidade com relação a eles tinha sido negada para preservar sua existência em benefício de minha própria posição. O acordo tácito[17] foi, assim, o regime que perdurou até perto do fim da segunda metade do tempo do seminário.

A insuficiência de nossa análise intertransferencial só nos permitia dizer que não tínhamos podido metabolizar o medo que o grande grupo nos inspirava em uma verdadeira interpretação precisa e libertadora. Mas compreendíamos bem que, quando nos falavam de seus medos de ser divididos, cortados, dissecados, os participantes exprimiam também, projetivamente, nossa própria angústia de ser divididos: nossa fantasia de ser defensivamente soldados, como um bloco, era uma reação a essa angústia. Mas naquele momento não sabíamos o que me apareceu um pouco mais tarde: que a intensidade das pulsões destrutivas dirigidas contra o grupo grande era intolerável para nós, em razão daquelas, igualmente intensas, dirigidas contra nós; que nós nos víamos como uma equipe frágil que só a garantia fantasmática de ser um grupo idealmente unificado podia proteger de ataques tão ameaçadores. O seminário em seu todo ameaçava nos dar o golpe mortal que temíamos.

Enquanto estivemos paralisados pelas angústias de desmembramento e de ataque, não pudemos interpretar corretamente as fantasias que se manifestaram de modo compacto perto da segunda parte do seminário: para os participantes, éramos totalmente indiferentes ao que se passava nele, ou incompreensíveis, ou então aquilo que dizíamos já não podia servir a ninguém; sequer éramos consumíveis como espetos apetitosos cujo segredo está com a cozinha oriental, mas antes um amontoado de

---

17 Eu falaria hoje de aliança inconsciente (KAËS, 1999).

larvas: o parto não havia ocorrido... Naquele momento, estávamos longe de compreender que a angústia dos participantes era mantida pela fantasia da fusão mortal, em termos da fusão especular dos monitores. Éramos para eles, ao mesmo tempo, onipotentes e impotentes, um corpo estranho, inassimilável, inconsumível.

Uma notável mudança na atitude dos participantes sucedeu à sessão de trabalho da equipe. As trocas se intensificaram, a agressividade e as rivalidades intergrupais se exprimiram, mas o mesmo ocorreu com as angústias de ser deformados e esmagados. Estavam em questão as críticas que os participantes nos tinham dirigido no decorrer das primeiras sessões; segundo eles, guardamos para nós o segredo do conhecimento do que se passava no seminário. Veio à nossa memória que, quanto a nós, mantínhamos em segredo nosso medo de ser diferentes uns dos outros; nossas angústias de castração eram tão fortes que parte da equipe foi paralisada pela fantasia de que nossas relações se tornassem uma espécie de cópula destrutiva. O que guardamos em nós e para nós não era o que nos impedia de interpretar, para nós e os participantes, a castração e as recusas da diferença? Desde a primeira sessão nos protegemos com essa capa de "psicólogos" enfileirados, cuja lança era o falo dirigido contra eles, mas ameaçado de ser perdido na fusão com eles e entre nós?

A fantasia do enfileiramento condensou um cenário em que os participantes e a equipe se alternaram na posição de espectadores de uma cena primitiva fusional, em que uns e outros enfrentavam ao mesmo tempo o gozo de ser, nessa falta da diferenciação, unificados e mortificados. Só ao longo do ciclo de formação, quando os participantes e os monitores só se encontraram em situação de pequeno grupo, é que o "bisturi" conseguiu realizar separações e desapegos.

Segunda observação: "os monitores enfileirados"

D. Anzieu (1972) e A. Missenard (1972) expuseram e comentaram esse caso, do qual recuperarei brevemente a trama e a interpretação proposta pelos dois colegas. No decorrer de um seminário de formação, desde a primeira tarde, instalou-se uma discordância, rapidamente deixada de lado, entre membros da equipe formadora sobre a realização das sessões plenárias. Algumas tardes depois, um dos monitores conta um de seus sonhos, no qual hesita entre duas mulheres. A narrativa desse sonho, ouvida pelos outros como uma ameaça quanto à unidade e a coesão da equipe, tem o efeito de suspender as reuniões de trabalho da equipe nos dias seguintes. Durante a última sessão plenária do seminário, a maioria dos monitores se senta ao lado dos outros. Um participante tem a fantasia de imaginá-los "enfileirados [ou espetados] no mesmo tronco". A essa representação se associam as imagens de solda e de aglutinação. A encenação e verbalização de nossos desejos de sobrevivência e de nossos medos da separação tornam então possível, retroativamente, a interpretação da ameaça que pairava sobre o grupo de monitores no primeiro dia, e mobiliza a quase totalidade deles em interpretações reparadoras em relação aos medos depressivos dos participantes, no início de seu luto terminal.

A interpretação proposta por D. Anzieu e A. Missenard enfatiza a ameaça de cisma e de clivagem que pairou sobre a equipe. Aglutinar-se era mostrar-se uns aos outros e diante dos participantes, unidos, soldados: era desmentir a discordância sobre o próprio lugar, a reunião plenária, que era seu objeto. É possível propor outra perspectiva: a discordância entre monitores em relação à condução de sessões plenárias é a consequência introjetada de sua angústia de partilhar do grande grupo, a imago materna. O enfileiramento fusional é a construção (especular) de uma representação imaginária com função unificante. Essa representação permite combater a angústia psicótica do desmembramento e da separação que atualiza a situação de grupo, notadamente o grande grupo. Observamos aqui a função narcísica e identificatória dessa representação. Ela se acompanha da encenação, executada pelo sonho da escolha entre as duas mulheres, emergência edipiana de uma fantasia de cena primitiva (no sonho, o monitor se relaciona sexualmente com uma das mulheres atrás de uma cortina, sendo a outra a casada, que se prepara para a cerimônia). O impacto desse sonho concerne ao medo de que o monitor tenha relações com o grande grupo em vez de se "casar" com a equipe, que tem atribuído a si, e se atribui, o papel de testemunha.

O enfileiramento realiza a unificação dessas duas cenas em uma única: mediante o enfileiramento, atualiza-se uma fantasia de cena primitiva combinada, protogrupal, na qual os participantes do grande grupo são colocados no lugar da testemunha.

Esse exemplo ilustra a conjunção de uma fantasia originária que organiza o processo grupal e intergrupal por meio de três estruturas de representação inconsciente: uma fantasia pessoal (a do monitor que o cristaliza), uma fantasia arcaica (de divisão) e uma representação imaginária do grupo-objeto (o protogrupo soldado, cujo enfileiramento e aglutinação assinalam o caráter fusional e agressivo).

Terceira observação: "os médicos enfileirados"

Essa fantasia aparece durante as reuniões regulares de todo o pessoal de uma instituição terapêutica; trabalham nela médicos (homens em sua maioria), assistentes sociais, professores e psicólogos (mulheres em sua maioria). Os médicos reúnem características que os mostram aos olhos de outros como uma minoria predominante: são médicos, homens, são melhor pagos; a maioria deles exerce ou exerceu funções administrativas na instituição ou em estabelecimentos semelhantes.

Na sala onde se mantêm as reuniões plenárias, os médicos desenvolveram o hábito de se agrupar uns ao lado dos outros, numa única fila, nas melhores cadeiras, encostados na parede dos fundos. Ali, eles geralmente só se comunicam entre si – algo que incomoda as mulheres – ou então, se falam, exprimem-se uns depois dos outros, sem se comunicar diretamente entre si. Alguns médicos dizem desejar partilhar com a equipe como um todo o poder que detêm "a contragosto"; mas quando são interpelados (pelas mulheres) quanto a seu papel ou funções, não respondem. Elas dizem: "Esses homens-fileira parecem homens castrados e aterrorizados em seu cantinho". Se uma mulher os chama (não sem provocação: "Precisamos de homens!"), por exemplo, para fazer um trabalho que exija força, nenhum se move, mas se divertem alegremente, estimulando uns aos outros e zombando das tendências viris de algumas "mulheres de braços grossos", do matriarcado circundante, de que às vezes têm medo. Isso ocorre quando, para conjurar seu medo, propõem a uma mulher que "tomem as rédeas das coisas", propondo-lhe por exemplo que se sente na cadeira que fica regularmente vaga a cada começo de reunião. Além disso, ninguém aceita preencher esse vazio, ocupar esse assento: quem tomar o assento e o poder "se inferioriza".

Ninguém quer esse poder apaixonadamente cobiçado, nem para ocupá-lo e exercê-lo (ele é perigoso, insustentável) nem para ser submetido a ele (ele é manipulatório, perseguidor). A agressividade dos membros do grupo se obstina contra esses "médicos em fileira" [*médecins-en-brochette*], que exercem um "poder oco, vazio e ameaçador" e que se mostram "ciosos de sua adequação, de sua autossuficiência homossexual".

Quarta observação: "a fileira dos animadores silenciosos"

Este último caso me foi contado no decorrer de sessões de trabalho que reúnem a equipe de animação de um seminário de formação de assistentes sociais. Tenho a tarefa de analisar o funcionamento dessa equipe e contribuir para a formação de seus membros.

No curso de uma dessas reuniões, os animadores relatam o que participantes disseram sobre eles, na primeira sessão do seminário que tinham acabado de realizar: "Essa fileira de animadores silenciosos em nada nos facilita a tarefa de nos jogarmos na água". A cena me é contada de modo alusivo, perturbado: um longo silêncio se segue a essa evocação; interrompo-o repetindo a frase que acabara de ser pronunciada. Então os animadores me falam de sua perplexidade diante dos questionamentos pessoais em que cada um se arrisca a cair no decorrer dessas sessões de trabalho. Esclareço que essas sessões se realizam em um clima de confiança e que o trabalho que nelas se faz seja considerado de preferência satisfatório. Eu lhes proponho então que um dos medos sentidos pelos estagiários com relação a eles é, possivelmente, o que eles sentem naquele momento: o de ter de se jogar na água e correr o risco de se afogar, se estiverem sem boia.

A evocação da fantasia e da angústia que os animadores sentem no estágio, seu silêncio depois de me relataram o que lhes foi dito, ao lado da hipótese que formulei da transferência para mim dessa mesma fantasia, os levam a procurar alguma satisfação narcísica para consolidar a equipe: eles lembram do êxito do seminário anterior e comemoram de modo triunfante.

No decorrer da sessão que reúne de novo a equipe, a evocação do antepenúltimo seminário "bem-sucedido" continua. Alguém lembra que a equipe de animadores não tinha querido vir para a sessão plenária "como um grupo compacto, formando um bloco". Sua ideia consistia em que um só animador devia ser bastante para representar a equipe e assumir a responsabilidade ("esmagador", mas "glorificante") das sessões plenárias: um só deles receberia o encargo de enfrentar a "fera indomável", "penetrar seu sentido" e triunfar sobre ela. Esse herói deveria enfrentar os estagiários, tendo seus companheiros de equipe atrás dele, apoiando-o, embora espalhados na sala. Ao contrário disso, durante o seminário mais recente, cada um tinha se reunido em torno do animador principal. Alguém comenta: "É a disposição espacial que cria a fileira; ao constituir a fileira diante deles, impedimos os participantes de falar, mais ainda do que quando estávamos espalhados... Tivemos muito medo do vazio, do furo...".

Observo que, no curso do seminário precedente, a maioria dos animadores tinha ficado incomodado com sua própria dispersão e a angústia de separação entre os participantes; que a maioria deles tinha se lamentado intensamente (e se sentido culpado) por não ser capaz de "dar" aos participantes coisa alguma para superar essa angústia, que era, então, tanto da equipe como dos participantes. Alguns animadores pensam que, desde então, a equipe se preocupou demais consigo mesma e, por isso, não deu atenção suficiente aos outros, e que deveria ter proposto ao grande grupo "uma tarefa que tivesse feito falar, quer dizer, algo de bom... de bom"; "na verdade, de bombom", disse um animador. "Recusamo-nos a alimentá-los... ou então demos coisas indigestas, sem conteúdo, vazias..."; "o conteúdo fomos nós e era venenoso... Tive a impressão, em algum momento, de que o grupo era como carne morta"; "depois nos sentimos enfileirados uns atrás dos outros, foi insuportável, não se sabia exatamente quem era quem"; "sim, mas isso nos serviu para termos menos... Queria saber quem teve mais modo do grande grupo, os estagiários ou nós!"; "e depois tivemos medo de B... (uma mulher convidada para animar duas sessões de psicodrama no grande grupo), ela veio com sua técnica e tive medo de que aquilo destruísse tudo...".

Depois dessas associações, narro e comento o conto dos sete suábios. Em seguida será possível interpretar:
- A fantasia da equipe do animadores silenciosos e enfileirados, culpabilizados por formar uma fileira/espeto mortífera;
- A posição homossexual defensiva diante da ameaça de destruição inspirada pelos participantes e pela psicodramatista;
- A transferência da equipe para mim e a intertransferência na equipe com relação ao seminário.

O efeito da narrativa do conto e da interpretação foi afastar a angústia e a culpa de exercer sua atividade formativa. Essa atividade é fantasiada como um coito oral sádico por alguns e como uma penetração homossexual por outros. A análise revela, além do sonho comum de realizar uma tarefa coletiva mantendo a posição de animadores, isto é, "doadores de vida".

5.4 Comentários conjuntos sobre o conto e as observações clínicas

As observações clínicas relatadas desenvolvem bastante uma variação particular da estrutura revelada pela análise do conto. Desenvolvem três dimensões essenciais: a primeiro é uma fantasia originária principal (a cena primitiva) em torno da qual orbitam outras fantasias originárias (castração, sedução, vida intrauterina); a segunda é uma fantasia arcaica de rompimento, perseguição e fragmentação; e a terceira é uma fantasia de objeto unificador e identificatório de que o grupo é a cena e o meio.

A fantasia de enfileiramento se forma a partir da condensação dessas fantasias e dessa representação imaginária; o conteúdo e a forma da fantasia coincidem na soldadura intrigante e terrível que o enfileiramento realiza. Disso resulta uma estrutura fechada, própria para impedir a irrupção de uma multiplicidade de fantasias pessoais, e especialmente favorável a sustentar a posição ideológica, anti-interpretativa, mediante a hiperinterpretação.

A sequência ideológica é a seguinte: uma única fantasia – um único corpo – um único grupo – uma única ideia – um único ideal. Reduzia a esse ponto, a fantasia não é mais um cenário: o grupo se organiza e se representa então como uma única personagem (ou, que é o mesmo, todos são idênticos). A cena primitiva se condensa em um protogrupo enfileirante-enfileirado: o próprio espectador da cena é incluído nessa "relação" indistinta. A soldadura, ao criar uma ligação, oculta a disjunção e a falha.

Os membros soldados do corpo grupal fálico

Esses são os vínculos de soldadura que unem o bloco de monitores enfileirados, os animadores e médicos "em fileira", tal como os sete heróis da liga suábia, membros de um mesmo corpo erigido e por isso ameaçado de destruição. A onipotência do corpo grupal fálico que eles formam com sua reunião e sua relação especular não é suficiente para garanti-los contra a ameaça mortal que representa para eles a imago da mãe arcaica má e fálica, figurada pelo grande grupo unido em reunião "plenária". Esse "corpo materno" dotado do falo invejado e perigoso suscita a busca e o medo de ser destruído por ele. Os membros da equipe soldada só vão encontrar o objeto que buscam, objeto cuja busca se funda na negação da castração materna, quando reintegrarem o falo destacado e fetichizado no corpo da mãe. Assim, a integridade andrógina e a unidade imaginária se veem reconstituídas por meio da reconstituição da imago da mãe fálica de ventre preenchido por crianças-pênis. É desse medo da colusão e da indiferenciação que têm de defender-se correlativamente os monitores e os participantes dos seminários, os médicos e os membros da instituição. O conto revela a relação entre o destino letal do grupo fascinado pela penetração destrutiva na mãe e deixa sem resposta a pergunta do ausente de todas as cenas: o Pai, princípio de diferenciação e de articulação entre os sexos e as gerações.

O uso do conto como material interpretativo, no caso da equipe de animadores silenciosos, fez aparecer o modo como o grupo soldado tenta proteger-se de uma cena primitiva sádica na qual o pai é castrado; para defender-se disso, imaginam uma cena primitiva fusional em que o pai é incorporado na fusão com a mãe e os filhos, grupo que forma uma massa indistinta na qual sempre se destaca, devido ao enfileiramento, o sadismo.

É precisamente esse poder protetor e mortal do grupo soldado que designei como o poder do Arquigrupo. O corpo fálico idealizado da mãe interdita é substituído pelo "corpo" grupal ou institucional entre cujos elementos constituintes, isto é, os "membros", estão fadados à inexistência subjetiva. Numa tal estrutura grupal, os "elementos" funcionam em permutabilidade absoluta, e a manutenção e o controle da estrutura do corpo-grupal prevalecem sobre a localização dos membros que são, desse modo "convocados a residir" em um espaço fechado: nenhum jogo permite o reconhecimento de um destino pessoal, a realização singular de um desejo ou o advento de um sujeito e de um "eu".

A colusão imaginária e a ausência de destino pessoal

Nesse tipo de aliança, não há destino pessoal nem individuação, mas bloco e indiferenciação. Todos os membros elementares são intercambiáveis: só conta a manutenção da integridade do corpo-falo, até sua integração na morte. Assim, o sacrifício de um implica o sacrifício de todos. Não pode se estabelecer nenhuma ordem simbólica que institua a diferenciação e a troca: o imaginário e o real entram em colusão. O exemplo da primeira observação, "o bloco psicológico", confirma essa interpretação: o enunciado da regra assegura e diferencia, permite um desenvolvimento individuante. Um outro exemplo traz uma verificação dessa observação: uma das principais dificuldades da equipe de "animadores silenciosos em fileira" referia-se à sua incapacidade de formular, enunciar e assumir as regras que constituem a garantia simbólica do dispositivo de formação que permitem a interpretação da transferência e do imaginário grupal.

A aliança fálica é, em todos os casos, como no conto dos suábios, aquilo que liga, não aquilo que permite, ao pé da letra, associar, isto é, deixar livre o jogo do funcionamento mental e relacional: disso vem o silêncio de morte. A aliança soldada no corpo grupal atravessado pelo falo idealizado não é um pacto simbólico. É fechada e precária, assegurando a unificação vital de um Ego bem primitivo e a defesa contra as angústias psicóticas do não ser (o silêncio), da devoração (o sadismo oral da fileira, de fragmentação, rompimento, decomposição) e da penetração do perseguidor em todos os furos (poros, boca, ânus).

A homossexualidade como defesa contra a imago materna pré-genital

Nessa aliança que quer garantir seus sujeitos contra a castração e morte, e que sem dúvida leva a elas, a homossexualidade vem como defesa contra a mãe pré-genital e o perigo de perseguição fálica com que ameaça a criança. O apoio nesse pequeno grupo de semelhantes, como no período de latência, também constitui um recurso homossexual contra a diferenciação edipiana. Para os sete aliados da aliança suábia – para os monitores, animadores e médicos em fileira – trata-se de se defender da penetração passiva por meio da penetração ativa, da angústia de castração pela fantasia do falo materno, de devoração pela mudez e silêncio, da indiferenciação pela fusão na morte. Diante desses desejos e desse perigo despertado pela figura do grande grupo como imago materna, o entrelaçamento fantasmático é tal que cada um dos termos da relação transferencial, os psicanalistas, os monitores e os participantes, tanto assusta como reassegura o outro. A fascinação e o medo da mulher, medo de ser penetrado por ela e de nela penetrar, suscitam o recurso defensivo homossexual nos médicos em fileira, ou "no espeto", como dizem as mulheres da instituição, para marcar o caráter castrado-feminino de sua relação. Correlativamente, as mulheres, ao representá-los como seres castrados na medida em que fantasiados como destituídos de pênis, mantêm a crença segundo a qual elas o possuem. A partir disso, sua tentativa será de formar por sua vez, entre si, um "espeto" de "não médicos", negando ao mesmo tempo o sexo que assusta os homens para afirmar o pênis que os homens lhes atribuem.

A iniciação derrisória

O leitor do conto terá sido sensível ao tom de bufoneria que os irmãos Grimm imprimiram à aventura dos sete suábios. O trágico aflora sem cessar sob o chiste. Referido à situação formativa que caracteriza três de nossas observações, o conto ilustra perfeitamente a fantasmática da iniciação fracassada e derrisória no projeto de "correr mundo". Em vez de a iniciação levar à diferenciação e à individuação dos membros do grupo, ela leva à fusão e à morte, diante do confronto dos heróis com o fracasso cômico de sua capacidade de lutar, compreender e saber (mal-entendido [mal-ouvido],[18] malvisto), e proteger-se com sua lança-falo.

Essa viagem iniciática é uma viagem sem retorno, sem renascimento possível. Os mesmos temas estão presentes no "bloco psicológico" (o parto não vai se realizar), na "fileira de animadores silenciosos" (o grupo é como carne morta, bloqueada e fundida no ventre materno). O conto estende e desenvolve a fantasia, frequente em grupos de formação, de uma radical regressão rumo à morte, rumo ao silêncio, em um recipiente materno mortífero: a água amniótica do Mosela (tal como a do grande grupo) engole os viajantes.

Na medida em que o projeto de formar um grupo em vez de formar por meio do grupo é o projeto dos instrutores, a única opção dele é manter "a crença na existência de um grupo como realidade que transcende os indivíduos" (PONTALIS, 1963) e levar a uma iniciação "derrisória": a menos que a fantasia que organiza o grupo nas relações de cada um com os outros seja levado, por seu esclarecimento e interpretação, ao jogo psíquico e grupal.

---

18 NT: O verbo *entendre* admite essas duas possibilidades. No caso do conto, os heróis entendem errado porque ouviram errado.

Capítulo 5

Poderes[1] da imago: o Arquigrupo

A partir do momento em que civilizações, culturas e instituições – Deus, o Homem, a Família – descobriram que são mortais, "os pequenos grupos" passam a ter uma vitalidade surpreendente.[2] O êxito dos grupos informais, dos grupos de encontro e de formação, das comunidades de base, dos "grupúsculos" e outras forças-tarefa indubitavelmente se vincula tanto com a potência, que lhes é atribuída ou que eles reconhecem a si mesmos, de ameaçar as instituições estabelecidas, como no poder fascinante de substituí-las por eles, de tomá-los como antípodas e substitutos delas, mas em uma ordem que é a de um começo, de um retorno e de um apelo à origem e ao arcaico.

A esse retorno, a esse apelo, liga-se indissociavelmente a representação de uma realização finalmente plena do desejo, da onipotência e da imortalidade de cada um e de todos, por meio desses novos corpos grupais. Também se associam a ele o projeto de instaurar modalidades de um reconhecimento mútuo que seria "desalienado", projeto de renovar o sentido das relações intersubjetivas e de relações sociais em geral. Esse retorno mítico à origem implica uma finalidade antropológica que a ideologia grupal proclama.

O pequeno grupo conserva sua potência imaginária devido à transferência, para ele, de investimentos pulsionais e de figurações de sentido que suportavam as antigas instituições e que são retirados delas, ou que as configurações antigas de grupalidade ainda apoiam, mais ou menos,

---

1 NT: Embora *"puissance"* possa ser traduzida como "potência" e "poder", todas as ocorrências de *"puissance"* foram traduzidas aqui como "potência", e todas de *"pouvoir"*, como "poder", tendo em vista que essas palavras não são usadas como sinônimos no texto.
2 Uma primeira versão deste capítulo foi publicada na *Nouvelle revue de psychanalyse*, n. 8, 1973.

apesar de sua impotência e de seus não sentidos aparentes ou reais. O poder do grupo é reunir e organizar esses investimentos e essas representações no projeto de um novo começo do sujeito e da socialidade, da história e do sentido. Ao lado da mobilização das figuras do começo e do sentido último que confere à existência, o grupo, tal como o mito, é ao mesmo tempo a origem, o lugar e o espaço de um sentido. Arcaísmos do começo e ordenações do sentido, a potência e o poder do grupo assumem coerência e corpo nas representações míticas e ideológicas, mas primeiro nas fantasias, imagos e ideais que as prefiguram e ordenam seu sentido.

O grupo, por isso, é não só um artigo de fé, o lugar prometido a novas configurações da existência, como a própria origem. O mito e a ideologia grupal são apenas tentativas segundas, e retroativamente fundadoras, de justificar a existência do grupo e significar seu modo de existência.

Dizer que o grupo é gerador de existência é dizer que é um mito, dizer aquilo de que ele é investido: da potência sagrada da "hierarquia", começo velado e ordem terrificante. É também supor que funcione e se construa segundo esse investimento e as representações que suscita.

O termo Arquigrupo ("*arché*grupo" também seria possível) indica a potência fantasmática e ideal do grupo como origem e como fim, cujo tempo, espaço e sentido são figurados através da translação, para ele, da potência iniciática e sagrada do objeto primordial ao qual se submete, na origem, o bebê, ou seja, a mãe pré-genital. O retorno e o apelo ao Arquigrupo podem ser, a partir disso, o equivalente de uma busca regressiva rumo à experiência e aos sentidos originais "perdidos", cujo encontro seria suscetível de proporcionar, de desencadear o processo de criação de um novo projeto de existência, de um futuro e de um por-vir.

O Arquigrupo, por esse motivo, supõe um "telegrupo". Este é o que podemos descrever como uma figuração do sentido da experiência grupal; o telegrupo retira sua potência dos poderes que aí se estabelecem: a liderança, o sistema de normas, a distribuição das posições e papéis, as representações mítico-ideológicas.

1. A potência do grupo

A potência do grupo, aquele do começo absoluto, indizível: "a gente" a sente. No princípio é o grupo, a massa, o círculo, a garupa e o ventre que contêm os componentes germinativos de uma existência possível. "A gente" está em sua pele, é seu continente e conteúdo, protegido por ela dos frios exteriores (primeira diferenciação, fundamental: dentro/fora), preso e nutrido-nutrindo de sua carne quente, apegado a seu seio, emblematizado com sua marca (segunda diferenciação: a pertinência/o estranho, estrangeiro). Nesse momento, ainda não existe nem o líder nem o membro, nem Deus nem mestre, mas antes de tudo um corpo parcial que vivencia a si mesmo como um todo, que ainda não supõe o corpo diferenciado, orgânica ou mecanicamente ordenado: o grupo--corpo arcaico se confunde com o sagrado, o sacro: utopia paradisíaca, terra virgem, virgem-mãe: uma feliz anarquia, aquém da ruptura e da projeção (expulsão) na história.

Essa potência do grupo é aquela de um novo possível. Ela se constitui pelos investimentos que mobiliza para a realização, não de um possível racionalizado e administrável, mas de um possível que só a potência da fantasia, a onipotência infantil confundida com a onipotência materna e o fascínio do começo tornam verossímil. O grupo detém o poder de figurar a causa primeira e o objeto da origem: "Este grupo é a minha origem, porque sou desejado por ele como seu único [objeto]". Aquém de toda diferenciação, a potência do grupo inspira o sonho de um apagamento plausível de uma origem que se tornou inaceitável, demasiado limitativa ou estéril, que já não origina nada de vital. Mas, sobretudo, ela valida o sonho de uma autogeração: "a gente vai se formar, a gente vai renascer, juntos". É sem dúvida o "a gente" da fantasia que encontramos aqui, mas também o da indecisão do sujeito que não pode mais "se assumir" como Eu sob o peso da história, o peso das gerações e da herança. A potência inebriante do Arquigrupo liga-se à fantasia da autogeração, na qual se afirma a onipotência da circularidade perfeita e da autarquia (*cf.* as figuras míticas da Fênix e da Uroboros), na recusa ou na negação da geração histórica, contingente, heterodeterminada.

As instituições podem se sentir ameaçadas por ela: já não têm história para fazer, herança a transmitir, descendência a reproduzir. Nada têm a fazer com aquilo que é urgente e oculto, sagrado e místico. Elas obscureceram a transparência da origem. O Arquigrupo dá à luz e cria a si mesmo. Sua potência vem da negação de sua origem e de suas fronteiras. Assim é Benim, no romance de Jules Romains, *Os companheiros*: "Percebo que somos poderosos. Onde estão nossos limites? Não se sabe. Mas estão com certeza bem longe; não tenho medo de nenhum evento, de nenhum instante futuro [...]". Essa declamação é um eco já atenuado da onipotência do "a gente" grupal. O inimigo externo já constituiu o grupo em "nós".

A potência do grupo é aquela que lhe proporciona um corpo imaginário, imortal, total, livre da contingência e da limitação, unido e perfeito. O grupo como totalidade é a prefiguração da completude e do preenchimento do corpo; como J. Roman escreve: "Que prazer soberbo quando um filho do homem experimenta um único dia essa plenitude; ele nada tem a dizer contra seu destino!" O corpo individual, frágil, transfigura-se no corpo grupal inalterável e triunfante. Seu poder será o de oferecer uma cabeça, membros, uma boca, um seio, um ventre infalível no gozo, mas também no terror. Puro falo, tudo se mantém, se une e se liga em uma unidade orgânica: orgásmica. O grupo é o "bando": ao mesmo tempo vínculo, estandarte, ereção. O corpo perdido de cada-um (segundo a feliz formulação de A. Missenard) em um corpo fundido pleno, tudo e nada, no auge do gozo: "Benim existia em plenitude. Todos os companheiros faziam parte de seu corpo". O corpo de um único membro figura o corpo do grupo. O grupo é o corpo invencível, o Graal inalterável. A busca do Arquigrupo é busca do corpo sagrado (hierarquia), oculto (místico), total (fálico), da mãe.

A potência do grupo é aquela que ele detém de oferecer uma realização imediata dos desejos de seus constituintes. O grupo *é e não é* um sonho. O desejo, tal como a defesa, é concedido e realizado imediatamente aí, por meio da imediaticidade do outro, que se torna plástico como objeto de sonho na figuração e na satisfação do desejo. A potência do grupo está nesse apagamento da obstinação do desejo singular do outro, desejo que tende a se abolir em um desejo "grupal", abstrato, o do "a gente" da fantasia. O grupo não é mais um sonho, uma vez que essa realização é uma *reificação da cena do desejo* segundo um cenário em que cada um deve ocupar um lugar ordenado para um fim que lhe escapa, mas com o qual ele deve satisfazer-se e satisfazer os outros. Essa satisfação ocorre ao preço de investimentos e deslocamentos regulados e alienados pelo poder destinado ao Arquigrupo. Disso resulta que essa espécie de realização do desejo, reificada por essa potência de figuração real que o grupo encontra em seus "elementos", comporta o reverso de uma impotência do sujeito quanto a se libertar das colocações requeridas pela "realização" que se faz do sonho: para essa realização, cada-um é uma peça necessária. A potência do Arquigrupo é a de sua tirania e das certezas primárias que ele traz como contrapartida ao sujeito hesitante. É nessa troca e nessas comutações que se fundam a base psicótica do vínculo grupal e a potência conferida ao Arquigrupo.

1.1 A potência do objeto idealizado

A potência do grupo é um produto de seu estatuto de objeto parcial. Ele se dá para a totalidade primordial que origina a existência, a inalterabilidade do corpo, a realização onipotente do desejo sem obstáculo nem interrupção.

O grupo é vivenciado na experiência primeiro como uma potência, bom ou má, a que se associam as qualidades do objeto materno parcial e seus poderes. Os organizadores do grupo são fantasias originárias que concernem ao corpo da mãe: fantasias intrauterinas e fantasias de cena primitiva.

Contudo, o investimento da potência do Arquigrupo o condena à idealização e à clivagem. Esse poder se forma contra a projeção de objetos maus e mortíferos. Notamos assim duas dimensões de Arquigrupo: a imago do Arquigrupo idealizado diante do Arquigrupo destruidor. O Arquigrupo idealizado legitima o ataque ao inimigo comum. Uma das funções do poder no grupo é manter e sustentar a mobilização contra o objeto-inimigo.

O romance de Jules Romains é também, neste caso, uma boa ilustração desse movimento em que a potência do Arquigrupo dos companheiros se dirige completamente ao ataque a instituições: o Exército, a Igreja e os "Corpos constituídos" civis. Basta que dois "olhos" no mapa da França desafiem os companheiros, e eis Ambert e Issoire promovidos ao papel de inimigos a abater (a ridicularizar) porque representam a ordem execrada: uma ordem repressiva, perseguidora. O olho ataca. Os companheiros se constituem em bando soldado contra esses objetos persecutórios que dotam seu grupo de onipotência e lhes permitem realizar seu sonho de unidade. O poder, no grupo, terá como objetivo pôr à sua disposição os meios dessa potência, em virtude do juramento e da regra que os ligam uns aos outros. Seus feitos alimentam-se dessa potência recriadora. Conhecemos o louvor final de Benim, que celebra e recapitula a gesta heroica do grupo:

> Quero louvar em vocês a potência criadora e a potência destruidora, que equilibram uma à outra e complementam uma à outra... Vocês se comparam aos homens mais grandiosos, com aqueles que fundaram e derrubaram impérios. [...] Vocês restauraram o Ato Puro [...]. Como a criação do mundo perde cada dia sua verossimilhança, eu me pergunto se, não satisfeitos em recuperar a tradição, não a terão vocês bruscamente inaugurado [...]. Vocês estabeleceram entre as coisas as relações que os agradam. Deram leis à natureza, e tão provisórias! [...] Mas não terminei de enumerar seus atributos. Vocês possuem ainda, a partir desta tarde, a Unidade Suprema. Ela se formou lentamente. Acompanhei-lhe a gestação. Esta tarde vocês são um deus único em sete pessoas, é inútil escondê-lo!

1.2 O antigrupo

Bom grupo, mau grupo: a clivagem hipertrofia cada um desses objetos idealizados. Mas ocorre que a insuficiência da clivagem e da projeção deixa reaparecer o recalcado, que volta apesar dessa medida defensiva. O antigrupismo é sem dúvida a forma ideológica contemporânea de que se reveste o ataque regulado ao "mau" grupo, contra a "má" instituição. Dificilmente poderia ser de outro modo quando o grupo é o objeto carregado dessa potência: sua idealização protege da perseguição a que ele está ligado na própria clivagem.

O grupo é então uma máfia, um grupúsculo, um bando, cujo poder manipula, penetra, ataca, "atravessa", e por fim priva o sujeito de sua subjetividade e de sua identidade. O grupo é um "a gente [*on*] perseguidor": "O que 'a gente' vai me fazer? O que 'a gente' vai fazer de mim?" Metáforas canibalescas são muito abundantes nos grupos, sendo especialmente ouvidas nos grupos terapêuticos e em grupos de formação: são sempre as angústias paranoicas de devoração e de penetração que constituem a base de fantasias de instituição mãe-má.[3] Os ataques ao "poder", no grupo e nas instituições, não são apenas (ou sempre) medidas defensivas contra a potência letal imaginária do grupo; ocorre que o grupo é atacado porque se constituiu efetivamente de acordo com esse imaginário. Assim são os ataques realizados pela antipsiquiatria e, mais recentemente, pela antipsicologia e pela antipedagogia: destruir a instituição transformada em ídolo assassino, aterrorizá-la pelo terror, com o risco de substituí-la por outra cuja potência será a mesma, no espelho invertido das revoluções aparentes. Na verdade, enquanto o luto da ilusão grupista não acontece, corre-se o risco que abre os olhos e a compreensão para o reconhecimento dos limites da potência atribuída ao Arquigrupo. Mas a que se dedicar em seguida?

2. Poder(es) no grupo

O processo psíquico que instaura a potência do Arquigrupo é a idealização, que leva à perfeição o objeto, suas qualidades e seus valores. Freud insiste especialmente (1914, 1921) no fato de que a identificação com o objeto idealizado constitui as instâncias ideais do aparelho psíquico. O objeto idealizado recebe a inundação da libido narcísica e da libido do Ego. Melanie Klein considerou a função defensiva da idealização contra as pulsões destrutivas. A introjeção do objeto idealizado assegura a defesa

---

3 Ocorre evidentemente quando a instituição se comporta como uma mãe perseguidora; a instituição suscita e mantém essas fantasias. A elaboração do que se sente nesse caso é afetada por essas casualidades circulares inextricáveis (KAËS, 1999)

contra as angústias da posição esquizoparanoide (ataque do objeto) e da posição depressiva (perda do objeto).

A função do poder no grupo é garantir a proteção do grupo mediante a manutenção da potência ideal de que se investe, e colocar essa potência a serviço da realização de objetivos comuns. O poder deve administrar os conflitos inevitáveis entre os desejos dos sujeitos e o suposto desejo do Arquigrupo.

2.1 O poder como diferenciação e controle da potência do grupo

A observação de grupos de formação e de psicoterapia, tal como aquela de instituições, sugere-nos que o aparelho do poder nos grupos se constitui através da diferenciação da potência do Arquigrupo e sob a influência da apropriação dessa potência pelas partes do conjunto grupal. A diferenciação da potência em poderes nos grupos permite manter e organizar a capacidade de originar (essa é a função do herói), de instaurar e instituir tarefas e meios de realizá-las; a capacidade de dar ordens e fazer que sejam executadas, a de impor restrições e sujeitar a regras, normas e leis; a de distribuir funções, papéis e lugares a seus membros para que estejam em correspondência suficiente com a estrutura psíquica (fantasmática) do grupo, mas também com as necessidades da tarefa, do desenvolvimento e da proteção (defender o grupo do ataque de inimigos internos e externos).

Uma das funções essenciais do poder é justificar o sentido (direção e inteligibilidade) de todos esses poderes parciais e justificar sua origem: esses são os poderes do mito, da ideologia e do rito. Definitivamente, todos esses poderes são implementados e organizados para manter o vínculo grupal nos termos de um contrato, sob o efeito de uma lei e um consenso que mantêm cada em um a relação de obrigação.[4] Essa lei, esse contrato e esse consenso são necessários para manter a adesão dos participantes ao poder que os liberta de sua impotência individual, mas também para definir o limite de restrições impostas pelo exercício de diferentes poderes.

---

4 Essas proposições definiram uma primeira abordagem da noção de sujeito do grupo (KAËS, 1999).

Essa obrigação é selada pelo sacrifício inaugural que constitui o vínculo grupal. Nos grupos de formação e de psicoterapia, as regras fundamentais enunciadas pelo monitor são vividas primeiro como o sacrifício, exigido por ele e pelo Arquigrupo que representa, de desejos inconscientes não satisfeitos. Com as tentativas de assassinato das imagos onipotentes (do monitor e do Arquigrupo), instaura-se o processo de apropriação de regras reconhecidas como garantia da possibilidade do trabalho de formação ou de psicoterapia e, consequentemente, o processo da individuação dos participantes.

As regras pertencem à ordem simbólica. Não vêm do poder, mas da autoridade que garante a busca e a construção do sentido. Por isso, a questão do poder do psicanalista nos grupos deve ser realizada sob três aspectos: o da potência e dos poderes de que é investido, o do modo como responde a isso ou enfrenta, e o de seu desejo como psicanalista em grupo. Essa análise mereceria uma elaboração. Vamos dizer apenas que, se o poder é o meio de realização do desejo do psicanalista no grupo, o psicanalista toma o lugar do fim em vez de usar seu poder como um meio colocado ao serviço do trabalho psicanalítico. Com efeito, o psicanalista só pode manter sua posição "tratando analiticamente o poder, isto é, renunciando a seu exercício", segundo a formulação de J.-P. Valabrega (1969). Seu único poder possível, aquele que ele interroga continuamente pelo próprio exercício, é o poder de analisar. Esse poder baseia-se na experiência à qual o próprio psicanalista se submeteu. Nessa experiência, ele terá sido capaz de sentir que o conhecimento da verdade do desejo é possível, uma vez que suas máscaras, suas telas e seus escudos são reconhecíveis. Essa experiência lhe terá ensinado que esse conhecimento é possível, não pela negação da impotência em poder-saber tudo, mas apesar dessa limitação do poder e do conhecimento – justo por causa desse limite.

A organização do poder em um grupo advém, como sugerimos, do esforço de introduzir uma diferenciação no Arquigrupo. Esta diferenciação inclui uma dimensão defensiva e uma dimensão construtiva.

A personificação do grupo é, sem dúvida, uma primeira tentativa de diferenciar no Arquigrupo aquilo que ele figura daquilo que o constitui:

quando dizem que "o grupo pensa que... quer que... decide que...", os participantes de um grupo produziram uma diferenciação dupla: grupo/não grupo e Ego/grupo. Nessa transformação, algo de cada um foi sacrificado em proveito de um objeto que, em troca, oferece uma parte das satisfações esperadas a cada um. Essa primeira diferenciação permite localizar e controlar a onipotência do Arquigrupo no poder de um "sujeito"-grupo. O grupo de que cada um é membro tornou-se o suporte da potência do ideal, transformou-se em figura tutelar e nutridora, em um "sujeito" dotado de um desejo, de um saber e de um poder com relação a cada um. O poder do grupo é unir as partes esparsas de si em uma totalidade que as contém, atribuir lugar e sentido, articular começo e fim.

Disso vem uma série de diferenciações: a adesão de cada um ao vínculo grupal se exprime nos sistemas de regras, de papéis, de obrigação e de representação. As funções desse poder são realizadas pela liderança e pelo sistema ideológico-mítico. Ao mesmo tempo em que se instaura o vínculo grupal, implementa-se a função repressiva contra tudo o que tendeu a distendê-lo.

A personificação do grupo é uma tentativa de controle da potência do Arquigrupo. Essa atribuição de uma subjetividade ao grupo é uma instrumentalização eficiente de pressões exercidas pelo ideal, para que cada um se conforme ao Arquigrupo e se integre a ele. O reverso dessa conformidade é a ameaça de retaliação e de exclusão (de morte) para todo aquele que, estando fora da norma, aparece como uma ameaça à soldadura de cada um ao ideal. A integração é total quando qualquer elemento do grupo é capaz de permutação, sem minar o ideal, com todos os outros. A intercambiabilidade bloqueia toda mudança possível das relações reais ou simbólicas.

3. Poder capital e poder ideológico

A figura do líder é uma segunda diferenciação no Arquigrupo. Para figurar, encarnar e representar o objeto idealizado personificado, para realizar o sonho de corporificação do grupo, destaca-se um cabeça: outros participantes funcionarão como membros e o conjunto formará um corpo. Essa segunda diferenciação tem o efeito de permitir identificações com um objeto encarnado, partilhável e, através desse objeto comum, identificações mútuas laterais; também tem o efeito de distribuir e de diferenciar papéis e funções grupais (nutrir, produzir, defender, proteger, saber, conhecer), e, em consequência, instaurar uma poliarquia interdependente e solidária; tem, por isso, de figurar uma organização do grupo cujos elementos sejam recuperáveis nessa figuração do grupo como corpo.

Segue-se a isso uma consolidação de diferenciações entre interior e exterior, bom e mau, o introjetável e o vantajoso.

O advento do líder marca ao mesmo tempo uma continuidade e uma ruptura com relação ao fluxo fantasmástico em que o Arquigrupo está. Por isso, nos dispositivos psicanalíticos de grupo, A. Béjarano (1972) pôde considerar o líder, com muita propriedade, como a encarnação da resistência, enquanto os psicossociólogos o reconhecem como um agente da estruturação do grupo.

Quem é o líder? Ninguém mais do que aquele ou aquela que, herdeiro do grupo ideal, assegura a encarnação e a implementação de uma história e de relações em que cada qual procura satisfazer, por meio do outro e de si, seu próprio desejo e o desejo do outro. É líder aquele que é indutor de papéis, instâncias (Id, Ego, Superego) e posições fantasmáticas correlativas, aquele que, em consequência sugere, sugestiona, se oferece à identificação mútua e à troca de ideais. O chefe introduz uma ordem, um sentido. Se herda o ideal depositado no Arquigrupo, e deve justificar sua validade quando este oscila, também garante a defesa contra o perigo fusional ao torná-lo hierarquia, e ao mesmo tempo potência sagrada de onde vem a diferenciação de poderes. Desse ponto de vista, o líder é suscitado pelo Arquigrupo como primeiro organizador, uma espécie de "não" proferido contra sua onipotência difusa. O alívio que o líder traz é justo aquele que os participantes sentem de estar seguros de evitar os perigos que ele, pessoalmente, "um por todos, todos por um", enfrentou heroicamente. Porque o líder é o herói do grupo contra os excessos do Arquigrupo, que ele combate e vence, e cujo manto veste.

Contudo, aos heróis correspondem semi-heróis ou anti-heróis. Não há grupo que não invente esse contrapapel para representar o mau, "empacotar a merda", como diz o segundo do navio que E. Jaques descreveu: contramestres, bodes expiatórios das pessoas, que sempre se arrastam na loja dos acessórios necessários do teatro grupal. Participam da liderança, formam a outra metade da função, e alianças são necessárias entre eles.

Em um terceiro momento se forma a ideologia. A ideologia é a ideia "-chave" que assume o lugar de líder. Estabelece-se para prolongá-lo, estabelecê-lo em sua generalidade, confortá-lo justificando-o, abstraí-lo de sua encarnação efêmera para dar-lhe toda a potência da Ideia. A proposição freudiana (1921) segundo a qual uma ideia pode, nas multidões (em grupos e instituições) assumir o lugar de líder, encarnação do ideal coletivo, implica a existência de uma relação dialética entre liderança e ideologia.

3.1 O caso do grupo do Paraíso Perdido

Um exemplo clínico vai nos fornecer as bases de uma análise do poder do líder e do poder ideológico, bem como de suas articulações. Trata-se de um grupo de formação, o grupo do Paraíso Perdido, cuja fantasmática já apresentei no capítulo anterior. No decorrer da primeira sessão, esses dois poderes diferenciados se apresentam, mas um e outro estão submetidos à potência do Arquigrupo. Os participantes desse grupo – em sua maioria, "psiquistas" – foram buscar no seminário um saber sobre os outros e sobre o funcionamento dos grupos, uma experiência de restauração pessoal depois de fracassos, feridas e "malformações" psíquicas. Queriam passar por uma revivificação pessoal, conhecer relações interpessoais e grupais plenamente satisfatórias, na medida em que seriam igualitárias e assegurariam a cada um o mesmo saber, poder e gozo. Sonham com esse grupo homogêneo, nivelado e unido de que se sentem privados em sua vida social e profissional. Contudo, a garantia que esse grupo-providência dará para todos os seus desejos, sejam quais forem, é bem rapidamente atingido pelo medo de ser privado desse saber que invejam. São solapados pelo medo de que a posse de tudo o que esconde o bom seja guardado e desviado, transformado em coisas más por alguém, pelo monitor e seus observadores.

O Arquigrupo é o grupo ideal sonhado por cada um, um grupo paradisíaco, o da onipotência infantil e materna, mas cuja outra face é infernal e destrutiva. Encontrar o grupo-providência perdido é prometido desde o início por uma mulher, Leonore. Mulher-orquestra devido à variedade de sua experiência de psicoterapeuta, formadora, animadora de grupos, psicanalizada, perita em todas as questões acerca da sexualidade e do nascimento, Leonore mantém a curiosidade que suscita nos participantes pelo seu silêncio enigmático. Ela promete ou permite que se espere uma experiência de preenchimento mútuo, eterno, em harmonia e amor sincero. A evocação do possível faz eco à fantasia do Arquigrupo. Leonore representa para os participantes a mãe providência desse grupo-seio inexaurível, e se propõe ela mesma como esse seio, em defesa contra seus medos de ser privados dele. Correlativamente, sua angústia paranoica é projetada no monitor, nos observadores e em um participante, Nicolas.

Leonore fornece assim um cenário grupal e um lugar, um papel, a cada um, inclusive o monitor: trata-se de renascer juntos no Jardim do Éden-grupo e ali ficar para sempre, não mutilados, sem diferenças de sexo e geração, todo-poderosos, unidos na igualdade e no amor universal.

O discurso ideológico que se instaura e dá a essas ideias uma onipotência invariável (Unidade, Igualdade, Amor Incondicional) tem como função negar as diferenças percebidas entre os participantes por alguns deles. Esta percepção não ocorre sem medo.

Alguns evocam a anterioridade de uma experiência de grupo em que este tem sua origem. Essa anterioridade, que introduz a dimensão da história no grupo, é ao mesmo tempo afirmada e negada (esse grupo é o primeiro a fazer uma experiência desse tipo). Depois os participantes se empenham em se unir na mesma pertinência, a desse grupo excepcional: buscam reunir todas as partes de um corpo unificado. Mas sentem alguma dificuldade em integrar as posições, o monitor e os observadores, e fazê-lo é para eles ao mesmo tempo intolerável e necessário para que o grupo-corpo se forme. Tentam então integrar essa parte inassimilável, controlá-la sem absorvê-la, por isso, na figura de um participante, Nicolas. Este vai representar, dentro do grupo, a parte a excluir. Esta posição é necessária para reforçar a ideia de que, diante do inimigo externo, o grupo é um, de que cada uma das partes do corpo é equivalente à outra, porque todos são essenciais ao mesmo título.

A função dessa ideologia unitária e igualitária é secretar antígenos (Nicolas), para salvaguardar o corpo (o grupo) e rejeitar os corpos estranhos (o monitor e os observadores). Todo o esforço dos participantes consistirá em manter e recuperar a unidade primitiva do Arquigrupo. Sua tentativa de absorver as diferenças de estatutos profissionais em uma unidade comum evoca precisamente o "corporativismo".

A ideologia se desenvolve a partir de uma reversão da fantasia: o grupo como corpo fragmentado, ameaçado de divisão entre os seus membros. A ideologia é uma cobertura narcísica contra o ataque fantasmático e projetado nas figuras do monitor e dos observadores. Ela assume seu lugar, adquire seus atributos: potência invejada e o ideal inacessível que cada um tenta incorporar sem ser capaz de assimilar. No mesmo movimento, a ideologia unitária e igualitária assegura a defesa dos participantes contra os aspectos duvidosos e ameaçadores do ideal. Assegura a cada um, e ao grupo como um todo, uma contrapotência, solidária e obrigatória, da posse de um espírito de corpo inalterável.

A ideologia funciona como substituto e permanência do ideal encarnado pelo líder. No grupo do Paraíso Perdido, ela substitui (e suplanta) o ideal encarnado correlativamente pelo monitor e por Leonore, permitindo aos participantes apropriar-se dele ao incorporá-lo e se manterem como membros leais dele. Tudo que Leonore tinha prometido e tudo que os participantes tinham sonhado fica então ao mesmo tempo possível e inatingível, inacessível. Por fim, a ideologia funciona como tela protetora contra o perigo inerente à fantasia de cena primitiva sádica que paralisa as relações entre os participantes. Impondo-lhe uma forte pressão igualitária e unitária, a ideologia reforça o interdito de explorar e possuir o interior do ventre grupal de que Leonore, médica e "interna", é ora metonímia, ora metáfora.

Indutora da fantasia organizadora do grupo, Leonore também é a encarnação da resistência de transferência para o monitor e os aspectos negativos do Arquigrupo. Seu poder é também o de tornar figurável a potência do Arquigrupo, de que ela procede e que ela consolida; seu poder é tornar figurável o sentido e aquilo que se faz dele ali. A posição de líder reúne diferentes aspectos do poder:

- O poder *tópico*, de representar o Ideal do Ego dos participantes e encarnar o Ego Ideal do Arquigrupo. Esse poder de representação assegura a distribuição de um significante comum, base das identificações laterais a partir das identificações centrais à figura-chave. Correlativamente, o poder define e localiza os poderes do Id e do Ego, representados no grupo pelos papéis instanciais correspondentes dos participantes.

- O poder *dinâmico* de ser ao mesmo tempo a encarnação dos desejos dos participantes, seu *porta-voz*, e o da resistência a seus desejos inconscientes. Esse poder tem a estrutura do sintoma, é uma formação de compromisso. Leonore sela a defesa contra o saber interdito e mantém o desejo de saber. Cumpre a principal função resistencial contra a interpretação do monitor, cuja palavra ela substitui pela sua própria palavra. Esta vai se realizar por meio do discurso ideológico do qual ela fornece a isca (unidade, igualdade, promessa da eternidade), e será retomada, orquestrada e amplificada pelos participantes.

- O poder *econômico* de fazer circular ou fixar os investimentos pulsionais libidinosos e letais, narcísicos e objetais; de garantir esses investimentos nos diversos objetos da transferência (o grupo, os participantes, o monitor, o exterior). Seu poder de representação também é de ordem econômica, uma vez que faz realizar pelos participantes a economia daquilo cuja ausência temem: o poder do Arquigrupo, isto é, o falo.

- O poder *distributivo* de apresentar os desejos e defesas dos participantes, ou de suscitar passagens ao ato nos cenários em que cada elemento se organiza no conjunto grupal. Ela mesma é a cabeça (o líder) do corpo grupal, assegurando a construção e a sobrevivência do grupo. Ela se representa ao mesmo tempo que outros "órgãos" lhe são correlativamente suscitados: o grupo-corpo não existe sem seus membros, um seio, um ventre, um falo, sem um invólucro que o delimita.

No curso das primeiras sessões, Leonore conterá em si todos os principais poderes: saber, representar, nutrir, produzir e reproduzir, defender e atacar. Essa concentração de poderes fundamentais reforça a onipotência do grupo unitário diante das potencialidades destrutivas do não grupo e do Arquigrupo. Mas essa concentração contém em si, em germe, o medo de ser manipulado e captado por essa imago todo-poderosa. A história desse grupo será aquela das etapas de diferenciação desses poderes e conflitos consecutivos que vão surgir a propósito dos lugares que cada um ocupará, ou vai querer ocupar, no grupo.

A análise do grupo do Paraíso Perdido mostra que a ideologia é bem a ideia-chave que o líder deve encarnar. Essa ideia deve permanecer abstrata e indestrutível, e já tem o poder de submeter todos os seus seguidores, inclusive o líder, em virtude do ideal cujo discurso justificatório é mantido pela ideologia. A ideologia justifica o ideal e o preserva. O que ameaça todo grupo, e *a fortiori* toda instituição, é que o líder passa, ou trai, e assim os membros perdem a cabeça, como o indica Freud (1921) com relação aos soldados do general Holofernes quando a cabeça deste foi cortada por Judite. Importa é que, se os líderes passarem, a hierarquia e os princípios originários permaneçam. É o que a ideologia deve justificar dotando qualquer evento de uma razão e de um objetivo regulado à Ideia e ao Ideal.

3.2 Poderes, violência e processo

A ideologia, por isso, é uma função necessária do grupo (KAËS, 1971; 1980a). Ela atravessa, mantém e controla a organização e as funções grupais e, para além da ruptura que constitui a emergência do poder do líder contra a potência do Arquigrupo, assegura a continuidade e a permanência deste. Nela, se absorvem os contrários e os antagonismos até a coesão impossível de todos os elementos contraditórios na totalidade unificadora e enclausurante.[5]

Quando não mais podem ser integradas no interior do grupo, as antinomias e as contradições são projetadas no exterior. Contudo, parte delas é fixada e controlada no interior; a função dos "expurgos" e processos é inerente a esse núcleo dogmático (seja ele maniqueísta ou sincrético) da ideologia. O dogma preserva a dúvida, que arruína o poder.

A existência grupal implica, para subsistir, regras, restrições e obrigações. Implica por isso a violência, algo que a ideologia grupista das boas relações humanas tem como função precisamente ocultar e negar, e então é exercida inevitavelmente a violência, seja no exterior do grupo ou sobre um de membros seus que, como bode expiatório, tem como função receber, assumir e expiar os pecados da tribo. Mostrei esse mecanismo quanto a Nicolas no grupo do Paraíso Perdido.

Essa violência que procede das regras necessárias para a existência grupal é irredutível. Quando emerge na consciência dos membros de um grupo, ela define a dimensão política do desejo de viver em grupo, questiona o poder e o sentido das relações humanas, o que as funda em uma potência original e em suas várias modalidades de exercício: a propriedade de bens, a economia das trocas, a legitimidade de instâncias normativas, ideais, cognitivas e defensivas. O sentido pode se alienar nessas expressões de poder necessárias à existência grupal. Isso porque o desejo é indissociável da perversão. Desse ponto de vista, a política não é nada mais do que a incessante reapropriação de sentido e dos pontos em que se articula a alienação do sentido para cada um. Quando essa função de apropriação e de reconstrução incessante falta, o grupo se arruína, ou se congela em seita, separada do grupo social e, contudo, unida pelo vínculo paranoide do Processo.

O Arquigrupo recalcado estabelece-se então como ideal onipotente. A representação trágica do Processo, como cena da vida política e religiosa, cumpre a função mítica de repetir, para a edificação dos indecisos, o

---

5   No grupo de Paraíso Perdido: "Amor é peste". Vejam-se as antinomias absorvidas pela ideologia no romance de G. Orwell, *1984*: "Guerra é paz, liberdade é escravidão, ignorância é força". A ideologia grupista absorve assim as antinomias indivíduo-grupo: "O indivíduo é o grupo, e reciprocamente".

começo do grupo, a unidade mais uma vez conquistada contra o caos, a origem do senso comum e da existência compartilhada. O processo reinventa o Arquigrupo sob a influência da necessidade de lutar contra um rompimento perigoso que ameaçaria o poder de seus guardas tutelares e de seus herdeiros. Ele ensina que um inimigo do poder é necessário para consolidar o poder.

Tomar ou exercer o poder em um grupo, exercer no grupo uma influência, pode de fato significar ou "salvar os restos" da onipotência infantil cujo luto nunca se faz (GLOOR, 1971), procurar avidamente reparações e recuperações narcísicas, ou então fundar e assumir as bases necessárias à existência comum, garantir sua possibilidade, sem tornar o futuro idêntico ao arcaico.

Comentários sobre a Segunda Parte

Baseei as análises desta Segunda Parte na seguinte proposição: o grupo só é compreensível como forma notável do vínculo intersubjetivo se o concebermos ao mesmo tempo como uma organização intrapsíquica: os "grupos internos" representam sua forma, função e processo no espaço da realidade psíquica de cada sujeito.

Permaneço amplamente de acordo com a orientação dessas propostas: os processos de construção do grupo se sustentam na função organizadora dos grupos internos; a realidade psíquica que se forma nos grupos deriva disso e nisso se modela, mas não é uma simples reprodução sua.[1] Os grupos internos são transformados no decorrer do trabalho de aparelhagem das psiques nos vínculos de grupo. É o que tentei por à prova quanto à estrutura grupal da imagem do corpo, das fantasias originárias e da imago, e de suas funções organizadoras do processo grupal.[2]

1. A grupalidade psíquica e a difração dos grupos internos

De 1975 a 1985, retomei a noção de grupo interno dando-lhe um alcance mais geral, especificado pelo conceito de grupalidade psíquica. Entendo por esse conceito mais do que o conjunto de grupos internos. A grupalidade psíquica é uma propriedade que o aparelho psíquico tem de formar um sistema de ligação e de transformação de seus elementos, a partir dos constituintes intrapsíquicos que são os grupos internos. Geralmente, são as instâncias e sistemas do aparelho psíquico que devemos conceber como grupos psíquicos no interior dos quais se

---
1 Sobre a retomada da noção de organizador, cf. KAËS, 1986b; 1987h.
2 Várias pesquisas tiveram ocasião de oferecer um conteúdo mais preciso às identificações, às imagos e complexos fraternos (1978a; 1986d e 1992c).

realizam cisões, difrações ou condensações, permutações de lugares e de sentido: é o caso das identificações múltiplas ou multifaces do Ego e as pessoas-conglomerado (KAËS, 1982g).

Essa perspectiva me levou a recuperar, no processo da difração, uma modalidade fundamental de articulação dos grupos internos, do vínculo grupal e do espaço de figuração que o grupo coloca à disposição de seus sujeitos (1987d). Freud dá uma breve indicação do processo primário da difração na análise do sonho. Mostra que o Ego do sonhador se difrata em uma configuração grupal "múltipla" de seus objetos, de si mesmo e de seus pensamentos, ao lado da dramatização de suas relações em uma encenação intrapsíquica da repetição ou da multiplicação do semelhante.

Mais tarde minhas pesquisas sobre as modalidades da transferência em situação de grupo destacaram o processo da difração, ou seja, a repartição dos encargos do investimento em vários objetos mais ou menos correlatos entre si. Freud tem a intuição dessa hipótese quando propõe, na análise de Dora, a concepção das transferências como reprodução sucessiva ou simultânea, para o psicanalista, de *conexões* entre os objetos e as pessoas do desejo infantil inconsciente. A noção de difração da transferência fornece uma figuração das conexões de objetos transferidos ou grupos internos. A difração da transferência não é só o resultado de uma repartição econômica dos encargos pulsionais; ela descreve os lugares prováveis de uma tópica intersubjetiva, na medida em que é um dos processos responsáveis por depósitos, no psiquismo do outro e pelo fato de que esse movimento é recuperável nas transferências e contratransferências habituais em situação de grupo, sendo geralmente descritas como transferências laterais (resistenciais ou diluídas) no processo da cura individual.

2. A noção de exigência de trabalho psíquico imposta pelo vínculo

O trabalho psicanalítico em situação de grupo mostra que, para estabelecer vínculos, devemos nos submeter a algumas "exigências de trabalho psíquico"[3] impostas pelo encontro com o outro, com o

---
3 A noção de exigência de trabalho psíquico foi proposta por Freud com respeito à pulsão: a pulsão

mais-de-um-outro, com um coletivo intersubjetivo (KAËS, 1995b). Essa noção de exigência de trabalho psíquico imposta pelo vínculo se inscreve em um debate central da psicanálise, por muito tempo ocultado, mas trazido à luz por trabalhos contemporâneos sobre as relações do sujeito com o conjunto plurisubjetivo do qual vem e que, em parte, o constitui como sujeito do Inconsciente. Desde suas primeiras representações teóricas do aparelho psíquico, Freud interroga a função do outro na psique do sujeito, e a inscrição deste em uma cadeia intersubjetiva e intergeracional de que ele é, a um só tempo, a cadeia, o servidor, o herdeiro e o beneficiário. Esse debate está no âmago de pesquisas contemporâneas sobre a transmissão da vida psíquica entre as gerações. Obriga a reavaliar teses clássicas sobre a relação do objeto: nem sempre acentuam bastante as consequências da introjeção do vínculo com um objeto animado com vida psíquica própria; não levam suficientemente em consideração a experiência da relação do sujeito com qualidades e relações que pertencem a esse objeto e que são introjetadas com o objeto.

As premissas da noção de subjetividade do objeto nos são oferecidas através dos conceitos de função alfa (W. R. Bion), de capacidade de devaneio (D. W. Winnicott) ou do porta-voz (P. Aulagnier). Esses conceitos permitiram destacar as deformações do aparelho psíquico quando ocorre uma falta ou falha graves da presença do outro no objeto: as psicoses, os distúrbios psicossomáticos, os estados limítrofes e as perversões são as doenças dos confrontos de subjetividades.

A experiência do grupo nos obriga a não assimilar a consistência do vínculo intersubjetivo com uma série de relações de objetos, nem com um puro sistema de interações que nos levasse a perder de vista as modalidades da presença da subjetividade do outro no objeto.

Diferenciei seis exigências principais de trabalho psíquico impostas pelo vínculo:
- A primeira deriva da correlação entre a psique o e investimento narcísico do *infans* pelos pais e pelo conjunto intersubjetivo no qual o

---

como trabalho se define mediante as operações de ligação ou de transformação exigidas da psique para realizar sua meta de satisfação ou de supressão do estado de tensão.

bebê recém-nascido vem ao mundo. Proponho considerar os contratos e pactos narcísicos como a medida desse trabalho: neles se sustentam os representantes do narcisismo primário.

- A segunda vem de sua correlação com os processos produtores do inconsciente no sentido de ser tributários do conjunto intersubjetivo do qual o *infans* é parte integrante e parte constituinte. As alianças inconscientes produzidas pelas operações de correcalque ou de negação em comum são a medida desse trabalho.
- A terceira exigência se articula com a segunda e decorre de sua correlação com os dispositivos que representam os Interditos fundamentais. A medida desse trabalho consiste nas renúncias necessárias para estabelecer a comunidade de direito.
- A quarta exigência é subefeito da correlação entre o psiquismo e a formação do sentido e da atividade representacional. Proponho considerar a interpretação como a medida desse trabalho.
- A quinta é a consequência da correlação da psique com a formação do vínculo. A medida desse trabalho é a identificação.
- Por fim, uma sexta exigência imposta pelas correlações da subjetividade com a psique é uma exigência de não trabalho psíquico: trata-se das exigências de desconhecimento, de não pensamento ou de abandono do pensamento.

Muitas vezes lembrei que a formação da pulsão oral e da introjeção do seio constituem o paradigma da maioria dessas exigências: com o "seio", o *infans* introjeta o representante do narcisismo primário, do sentido e do vínculo, do recalque e da renúncia. O "seio" é animado pela subjetividade do objeto. Cada uma dessas exigências de trabalho psíquico implica não só o outro *do* objeto (A. GREEN), mas também o outro *no* objeto. É importante diferenciar o outro e o objeto, porque definitivamente o outro, presente no objeto, é irredutível a sua interiorização como objeto.

3. Pesquisas sobre o suporte, a pulsionalidade e o grupo como situação traumática

Nessa perspectiva, um desenvolvimento que julgo importante incidiu sobre a retomada do conceito de suporte para exprimir todas as dimensões do trabalho na estruturação do psiquismo. Se a referência paradigmática do conceito de suporte permanece sendo a formação da pulsão, a extensão do conceito tal como a apresenta o texto de Freud implica algumas consequências, precisamente sobre as condições intersubjetivas que governam a formação da pulsão. Tal leitura permite compreender a articulação entre a exigência de trabalho psíquico como medida da pulsão e a exigência do vínculo como a exigência de identificação ao objeto. O posicionamento favorável do objeto, a capacidade de identificar-se com o objeto como fonte de prazer, as formas embrionárias do aparelho de interpretação e de significar, os processos da antecipação imaginária que permitem ao objeto formar-se são dimensões coativas na formação da pulsão.

O artigo que publiquei em 1984 (KAËS, 1984b) sobre o suporte me permitiu fazer uma série de pesquisas sobre as formas elementares da sexualidade nos grupos, sobre as relações entre pulsão, sexualidade e trauma. A dessexualização parcial da libido no vínculo de grupo sustenta a renúncia necessária da realização direta de metas pulsionais, orienta o Eu para os valores coletivos da civilização: tanto a sobrevivência da espécie como a sublimação implicam alguma dessexualização e uma transformação do narcisismo. Mas, em contrapartida, o vínculo de grupo reativa a sexualidade em todas as suas modalidades, notadamente as mais primitivas, na organização pulsional e nas fantasias de sedução.

Essas pesquisas sobre a pulsionalidade e sobre a excitação que a acompanha nos grupos organizam-se em torno da noção do trauma: a ideia que sustentei consiste em que a situação de encontro grupal é traumatógena, pelo fato de suscitar precisamente uma coexcitação interna e mútua da qual os sujeitos não dispõem enquanto não se põem em ação, no lugar dispositivos de contenção, de transformação e de simbolização. A construção do grupo, do invólucro grupal e da aparelhagem da psique para formar o grupo constitui um desses dispositivos.

TERCEIRA PARTE
Construções para uma teoria dos grupos

Capítulo 6

O aparelho psíquico grupal, construção transicional

> "O problema não consiste em repetir o que Freud descobriu diante da crise da época vitoriana. O problema é descobrir uma resposta psicanalítica para o mal-estar do homem em nossa civilização presente... Um trabalho do tipo psicanalítico tem de ser feito onde surge o inconsciente: deitado, sentado ou estendido; individualmente, em grupo ou em uma família... em todo lugar onde um sujeito pode deixar falar suas angústias e suas fantasias a qualquer um que se suponha entendê-las e esteja apto a dar conta delas".
>
> Didier Anzieu, La Psychanalyse encore. *Revue française de psychanalyse*, n. 1-2, p. 135-146, 1975.

A hipótese cujo esboço formulei em 1970 tem que ver com a articulação entre o grupo como objeto psíquico elaborado na cultura em modelo de grupalidade, e o processo grupal, elaborado no psiquismo na forma de organizações de sistemas de objetos internos. Essa hipótese se baseia no postulado de um personologia grupal e de uma grupalidade psíquica. Nesse sentido, pode servir de base a uma teoria psicanalítica dos grupos e da personalidade, em suas relações analógicas e recíprocas. Implica uma teoria do trabalho psicanalítico cujas modalidades tentei explorar com os grupos de formação e de psicoterapia, especialmente no jogo e na análise da transferência, da contratransferência e daquilo que denominei intertransferência (KAËS, 1976), isto é, na dimensão específica a troca de lugares e de objetos na relação de grupo.

O aparelho psíquico grupal é a construção comum dos membros de um grupo para constituir um grupo. Trata-se de uma ficção eficaz cujo caráter principal é assegurar a mediação e a troca de diferenças entre a realidade psíquica, em seus componentes grupais, e a realidade grupal em seus aspectos societais e materiais.

1. Do grupo representado à análise do funcionamento grupal

A orientação geral da hipótese do aparelho psíquico grupal consiste em considerar que não há grupo humano que se construa sem a união de duas condições psicológicas:

- As relações entre os indivíduos que o constituem devem mobilizar-se e organizar-se por ao menos uma representação-meta inconsciente do objeto-grupo: essa representação orienta as relações de cada um com cada um, e algumas dessas relações com o ambiente, por referência a esse objeto.

- Essas e relações internas e externas devem inscrever-se em uma representação sociocultural que funciona como o modelo do objeto-grupo. A dupla referência requerida, endopsíquica e cultural, torna possível o processo de criação de um grupo, do ponto de vista de energias que nele se acham centralizadas, transformadas e transmitidas; do ponto de vista do sistema de troca interna e externa; e do ponto de vista dos conflitos e diferenciações que nele ocorrem.

1.1 Os organizadores psíquicos grupais

A análise das representações do grupo como objeto levou-me a distinguir dois sistemas de organização destas: o primeiro se constitui de formações inconscientes de caráter grupal, ou seja, organizadores psíquicos grupais, definindo relações de objeto cenarizadas e articuladas entre si de modo coerente, por uma meta de satisfação pulsional. Esses organizadores são, segundo minhas pesquisas, quatro: a imagem do corpo, a fantasmática originária, os complexos familiares e *imagoicos*, e a imagem do aparelho psíquico subjetivo. O segundo sistema constitui-se de organizadores socioculturais. Sua função é codificar de modo normativo a realidade grupal (psíquica, social e cultural) através da elaboração de representações (ideológicas, utópicas, míticas ou científicas) que funcionam como modelos de grupalidade: o grupo dos doze Apóstolos, a equipe dos argonautas e dos cavaleiros da Távola Redonda, o Falanstério[1], o comando bélico – todos eles representam formas sociais idealizadas de agrupamento que funcionam segundo diferentes ordens (hierárquica, igualitária, democrática) e segundo diferente funções especializadas (religiosas, laboriosas, militares, heroicas); essas formas sociais codificam representações inconscientes relativas à imagem do corpo (doze), à busca do objeto perdido (os argonautas, os cavaleiros da Távola Redonda), ao trabalho de produção dos seres humanos (o Falanstério) etc.

O modelo sociocultural da grupalidade vem dotar de verossimilhança e de legitimidade o modelo psíquico inconsciente do objeto-grupo. Essa condição psicológica de uma dupla referência traz o problema da compatibilidade e dos conflitos entre os organizadores. Existe certa tensão nos grupos entre, de um lado, a série de organizadores psíquicos e a dos organizadores socioculturais, e, do outro, no interior de cada uma dessas séries, uma tensão entre organizadores principais e organizadores secundários. Uma congruência mínima é requerida para que o processo grupal se instale e se desenvolva.

A segunda condição requerida para que o processo grupal se desenvolva consiste em que uma forma adequada da base material do agrupamento permita o exercício das principais funções de construção e de reconstrução, de defesa, de troca, de cognição e de religião que incumbem a qualquer grupo. Para se organizar, isto é, para tomar posse do espaço e do tempo, todo grupo se localiza em um espaço de estabelecimento, um lugar de sessão, um dispositivo de comunicação e de transformação. Todos os utopistas proclamaram essa relação fundamental entre o vínculo e o lugar que representa a necessária ecologia grupal.

O problema colocado por essa condição material do agrupamento é o de uma relação entre a ecologia grupal e os sistemas de representação do objeto-grupo. A tendência geral dos grupos é procurar, para além das contingências materiais que podem determinar o agrupamento, um lugar imaginário de realização. A esperança dessa adequação é levada ao auge na utopia; ela é mobilizadora das energias necessárias para que um

---

1 NT: Ateliê de arquitetura.

novo grupo advenha de um novo mundo, contra um velho mundo, e se organize para a longa Marcha, Exílio, a Busca e a Viagem.

O enunciado principal da hipótese do aparelho psíquico grupal é que nenhum grupo é capaz de existir e funcionar se não se estabelecer uma tensão entre uma relação de isomorfia[2] relativa às formas grupais do psiquismo e as formas sociais e materiais de grupalidade, e uma relação de homomorfia entre estas. É nesse jogo, nessa distância e nessa tensão, alternadamente mantidas e reduzidas, entre a isomorfia e a homomorfia, que se instala e se transforma o processo grupal. Este é tributário das formas psíquicas de grupalidade (em outros termos, a estrutura grupal de algumas formações psíquicas) que buscam coincidir com as formas, estruturas e figurações sociais concretas da grupalidade.

A análise do processo grupal se assenta, por isso, em três elementos fundamentais cujos componentes se ligam ao tipo de construção particular que é o aparelho psíquico grupal. Esses três elementos consistem em:

---

2 A escolha de termos emprestados da teoria matemática dos grupos conjuntos assinala as relações lógicas de correspondência entre dois conjuntos estruturados por leis de composição interna, entre o aparelho psíquico subjetivo e o aparelho grupal. Diz-se que uma relação é isomórfica quando ela se caracteriza como uma correspondência biunívoca entre dois conjuntos estruturados. Trata-se do vínculo mais forte que pode existir entre esses dois grupos idênticos do ponto de vista de sua estrutura. Disso resulta que quando um deles é conhecido, ele nada ensina sobre o segundo. Uma relação de homomorfia caratteriza um vínculo menos estreito do que a isomorfia entre dois conjuntos estruturados: ela não estabelece uma relação de identidade ou de simetria entre essas duas estruturas. A aplicação de um grupo ao outro respeita estruturas sem, por isso, ser bijetiva, evidenciando apesar disso subgrupos invariantes. A isomorfia aparece então como um caso particular de homomorfia. A distinção freudiana entre a identidade das percepções e a identidade de pensamentos abrange essa diferença entre isomorfia (ou seja, a correspondência entre dois grupos parecidos pela existência de um mesmo sistema de relações) e *homomorphie* (ou seja, a correspondência de elementos no interior de conjuntos diferentes ligados por uma relação). De fato, a identidade das percepções e a identidade de pensamentos indicam aquilo para que tende, respectivamente, processo primário e processo secundário. O primeiro visa a encontrar uma percepção idêntica à imagem do objeto (resultante da experiência de satisfação); estabelece uma equivalência entre as representações ou então uma relação de identidade entre duas imagens (identificação). O segundo visa estabelecer uma identidade dos pensamentos entre si; isso implica um adiamento (ou um desvio) da satisfação. Freud realça o fato de que, no caso, o pensamento se interessa "pelos caminhos de ligação entre representações sem se deixar enganar por sua intensidade". A referência que fazemos a noções da teoria matemática dos conjuntos permite ligar o aspecto econômico dos processos primários e secundários a estruturas lógicas. Aplicada à teoria psicológica dos grupos humanos, essa distinção permite associar o processo primário, a identidade das percepções e a isomorfia ao grupo de base definido por Bion, enquanto o grupo de trabalho poderia ser caraterizado pelo processo secundário, pela identidade de pensamentos e pela homomorfia entre o aparelho psíquico subjetivo e o aparelho grupal.

- Um componente psíquico (o objeto-grupo) e social (o modelo de grupalidade), imaginário porque visa à coincidência entre o objeto e o modelo em uma unidade indivisível indivíduo-grupal.
- Uma verdadeira determinação, que é a base ecológica do grupo e o contexto social de sua emergência, dois fatores que constituem, ao mesmo tempo, uma condição de existência histórica e um entrave à realização imaginária, um obstáculo e um recurso da existência grupal singular.
- Uma referência que opera como arranjo das relações de diferença e de semelhança entre realidade construída psíquica (subjetiva e grupal) e os dados prévios ou concomitantes do ambiente histórico e social. Essa referência é fornecida pela ordem societal simbólica que garante a ruptura, a continuidade e a distinção de modos de ser subjetivos, grupais e sociais.

Para efetuar essa análise, é importante distinguir quatro acepções da palavra grupo:
- O grupo como objeto (representante de pulsão, figurado através de uma organização fantasmática e imaginária de relações, tensões, lugares, ações e instâncias). Os organizadores psíquicos grupais regem a representação do objeto-grupo.
- O grupo como estrutura social concreta ou organização relacional e expressiva, material e histórica, de uma forma social de agrupamento.
- O grupo como aparelho psíquico grupal, isto é, construção do grupo enquanto regido pela construção do grupo-objeto em uma forma intersubjetiva do agrupamento.
- O grupo como construção teórica suscetível de explicar as transformações psíquicas e sociais de que os grupos sociais são instrumentos, suportes e resultados. Minha contribuição visa a uma teoria psicanalítica do grupo fundada na análise das relações entre as formações grupais do psiquismo e o grupo como conjunto intersubjetivo, sendo essas relações que determinam o conceito de aparelho psíquico grupal. O conceito do aparelho psíquico grupal permite descobrir, na análise do processo grupal, a construção específica produzida pela

busca de uma isomorfia entre os organizadores psíquicos grupais e o grupo como forma concreta de agrupamento. O conhecimento do processo grupal resulta do conhecimento dos organizadores grupais do psiquismo, de seus efeitos. O primeiro modelo do conhecimento dos grupos nos é fornecido pelos organizadores grupais do psiquismo.

1.2 O aparelho psíquico e suas metáforas

Não há, na teoria psicanalítica, definição unívoca do aparelho psíquico. As próprias teorias se diferenciam com base na concepção proposta desse aparelho. No pensamento freudiano, de 1895 a 1923, a teoria do aparelho psíquico variou com a evolução não só de descobertas e de conceitos, mas também da fantasmática de Freud. J. Laplanche e J.-B. Pontalis (1967) selecionaram aquilo que, por esse termo, é destacado de certas características que a teoria psicanalítica atribui ao psiquismo: sua capacidade de transformar e transmitir uma energia determinada e sua diferenciação em sistemas ou instâncias. Esse termo inclui diferentes pontos de vista metapsicológicos:

- *Tópico e estrutural*, com a ideia de um arranjo, uma disposição interna das diferentes partes constitutivas do aparelho, de uma ordem dos diferentes lugares psíquicos, de uma coexistência articulada entre diferentes sistemas ou instâncias. O conceito de aparelho psíquico torna compreensível a complexidade do funcionamento psíquico ao distinguir seus componentes e atribuir cada função particular a uma parte constitutiva do aparelho.
- *Dinâmico*, com vistas a explicar a transformação e a transmissão de energia pulsional; esse conceito implica a ideia de uma tarefa, de um trabalho, e – acrescentamos – a existência de movimentos de insistência e resistência.
- *Econômico*: a função do aparelho psíquico é manter no nível mais baixo possível a energia interna de um organismo. Sua diferenciação em subestruturas ajuda a conceber as transformações da energia (de estado livre a estado ligado) e o jogo de investimentos, sobreinvestimentos, contrainvestimentos.

- *Genético*: porque implica uma ordem da geração dos lugares psíquicos, uma sucessão determinada temporal dos distintos componentes, um processo de transformação.

Para conceber e descrever o conceito de aparelho psíquico, sobre o qual Freud dirá que tem o valor de uma "ficção", diferentes modelos foram sucessivamente apresentados: neurônico (1895), óptico (1900), biológico (1920), físico (1938). Mas ao que parece, o modelo antropomorfo (1920-1921) utilizado para representar sua segunda tópica, sua teoria das identificações e da psicologia coletiva, já está presente no capítulo VII de *Traumdeutung* [*A interpretação dos sonhos*]. Desde 1899, Freud personifica os sistemas Ics, Pcs e Cs como os protagonistas de um teatro íntimo que põe uma cena três personagens, dois dos quais recebem o nome de guardião (Pcs) e dama (Cs). As instâncias também são descritas em termos do modelo do corpo ou de partes suas, ou então da casa (a antecâmara e o salão).

Essa oscilação entre um aparelho psíquico corporizado e um aparelho psíquico grupalizado certifica a força decisiva da fantasia e, como muito bem levantou E. Pons (1975), da fantasia de cena primitiva na elaboração da teoria freudiana do aparelho psíquico. Há uma estrutura analógica constante entre a representação do aparelho psíquico subjetivo, fantasia de cena primitiva, imagem do corpo[3] e cenário grupal. Quando escreve que "as tendências psíquicas se agregam como seres vivos" (1915-1917) e estabelece relações, Freud realiza na teoria uma fantasia arcaica. À sua própria descoberta se aplica a ideia sustentada em 1901, em *Psicopatologia da vida cotidiana*, segundo a qual "o conhecimento verdadeiro", a psicologia do inconsciente, é o resultado de uma tradução e de uma transformação desse "obscuro conhecimento endopsíquico dos fatos e fatores do inconsciente". Freud desenvolve até a conversão em ficção científica a ficção mítica da alma humana tal como a propõe Empédocles (o ser é a reunião dos membros queridos) ou Platão (a alma é uma cidade em miniatura): uma concepção grupal

---

3 D. Anzieu (1974b) propõe um exemplo disso a propósito do conceito de Ego-pele.

da psique. A teoria do aparelho psíquico subjetivo é uma teoria do grupo primordial internalizado que é a fantasia originária, a imagem do corpo ou seus substitutos (a intuição imagética da estrutura do aparelho psíquico).

Não é assombroso, assim, que o conhecimento "obscuro" do grupo, porém mais ainda a realidade dos processos psíquicos que nele se desenvolvem, sejam tributários do modelo grupal endopsíquico, duplamente fixado em uma representação inconsciente (uma fantasia) e num mito filosófico. A reversão que se produz na ideologia grupista (o grupo é um indivíduo) é significativa do movimento de redução metonímica que substitui um termo por outro e inverte a relação de determinação. Porque é bem o inconsciente que se estrutura como grupo. O questionamento desse "dado imediato do inconsciente" faz surgir, mediante a análise, a diferença entre o conhecimento endopsíquico do grupo do inconsciente e a construção de um saber sobre o grupo; um saber que dele se separa, depois de ser inspirado por ele. O que então aparece, pela passagem por um luto de uma fantasia fecunda, são as relações da diferença entre o objeto fantasiado, o objeto perdido e o objeto construído.

2. O conceito de aparelho psíquico grupal

Vou tentar agora descrever este conceito e precisar seu interesse teórico para a concepção psicanalítica dos grupos.

Cabe, antes de tudo, admitir que todo grupo social é o resultado de um trabalho de construção e a própria construção de uma organização relacional (sociabilidade) e expressiva (cultura) com a qual se obtêm a satisfação de necessidades e a realização de desejos específicos; que sejam garantidas diferenciações funcionais correspondentes às necessidades de sobrevivência individual e coletiva (manutenção da constância e da integridade do grupo); que seja levada em consideração a realidade interna e externa por transformação interna e/ou modificação do ambiente; que se atribuam a cada um lugar e uma função, e se produzam os instrumentos necessários para alcançar esses objetivos.

Convém, então, dar uma explicação sobre a maneira como se efetua esse trabalho de agregação, de transformação e de transmissão da energia necessária para a construção do grupo. Parece-nos que esse trabalho se realiza por meio de uma ficção eficaz, a do aparelho psíquico grupal, que torna possível a reunião e a implementação de energias individuais ligadas ao objeto-grupo representado segundo um dos organizadores grupais do psiquismo. A energia disponível é então distribuída sob quatro rubricas ou funções fundamentais; é usada, de um lado, na sustentação do aparelho psíquico grupal, e do outro, à do grupo social:

- Uma função de atribuição de posições e de lugares;
- Uma função de cognição e de representação;
- Uma função de defesa e de proteção;
- Uma função de produção e de reprodução.[4]

O conjunto dessas funções, suas relações e seu vínculo no aparelho psíquico grupal e no grupo social são regidos por essa "instância" unificadora, "guardiã" do *aparelho psíquico grupal*, que denominamos ideológico e que é, por causa de sua necessária adesão ao objeto-grupo ideal, coextensiva à própria existência de todo grupo social.

A construção narcísica comum dos membros do grupo é garantida pela instância ideológica e por seu representante, a quem foi atribuída a posição de líder. Em um grupo, um subconjunto pode assumir uma única função prescrita pelo aparelho psíquico grupal, ou várias funções podem condensar-se em um subconjunto: assim ocorre com a ideologia ou a liderança. Em casos de condensação extrema e indiferenciação, essa função é entregue à figura indivisa de Arquigrupo. Essa imago torna-se então isomorfa com o próprio grupo, sendo abolida a referência à singularidade dos psiquismos subjetivos. O Arquigrupo recapitula tudo e não remete a nada mais do que a si mesmo, é ele mesmo sua própria Lei, sua própria origem e seu próprio fim.

Esse modo do funcionamento revela uma estrutura arcaica de sociabilidade e alguns núcleos psicóticos do psiquismo. Descobrimo-los

---

4 Pode-se fazer uma aproximação entre essas três últimas funções e a tipologia realizada por G. Dumézil em 1938 com respeito a três figurações míticas que regem as funções das instituições; no caso das instituições indo-europeias, Júpiter, Marte e Quirino. Toda sociedade é um composto de três elementos fundamentais: soberania, força, fecundidade. Por exemplo, no Antigo Regime: o Clero, a Nobreza e o Terceiro Estado.

invariavelmente nos sistemas sociais totalitários que são, por exemplo, utopias e as contrautopias dos tipos inventados por Huxley ou Orwell.

A construção de um grupo ativa mecanismos psíquicos variáveis: afora aqueles que caracterizam o esforço psíquico de fazer coincidir o sistema grupal de objetos internos de cada um com a ficção do aparelho psíquico grupal e, especialmente, com o grupo social real externo, até aqueles que admitem, não sem conflitos, a realidade psíquica subjetiva singular e a relação de precessão, de lealdade e de diferença que organiza a ordem social externa (o societal). Disso resulta que o grau de diferenciação funcional e de mobilidade dos lugares reais varia consideravelmente em função da estrutura particular (psicótica ou neurótica) do aparelho psíquico grupal.

Afirmamos que, de modo geral, a construção de um grupo deve conciliar as exigências dos quatro termos a seguir: os aparelhos psíquicos individuais, o aparelho psíquico grupal, o grupo intersubjetivo e o grupo social. O grupo social é a resultante específica de determinismos sociais, sendo regido pela lógica social. A análise que proponho enfatiza, pelo contrário, as determinações e construções psíquicas da grupalidade, a partir do postulado segundo o qual o aparelho psíquico grupal se constrói segundo o modelo das formações grupais do psiquismo.

2.1 A hipótese de formações grupais do psiquismo: o sistema grupal dos objetos internos

A hipótese do aparelho psíquico grupal tem como corolário alguns elementos do aparelho psíquico individual possuírem propriedades grupais ou se formarem a partir de subestruturas grupais. Essas configurações de relações entre objetos internos são regidas por processos que regulam suas posições e suas mudanças de posição de um modo correlativo, no âmbito do conjunto solidário e definido.

As propriedades grupais do aparelho psíquico individual são particularmente representadas pela imagem do corpo e pelos sistemas e instâncias antropomorfos da tópica, de redes de identificações, de formações fantasmáticas, de imagos e de complexos familiares. Segundo essa perspectiva, a personalidade se constrói por internalização de objetos e de suas relações em formações grupais intrapsíquicas, segundo um arranjo individuante. A construção grupal interna põe em questão, desde a origem, fatores extrapsíquicos, notadamente intersubjetivos e sociais. No quadro dessa análise, é necessário atribuir um lugar de destaque à segunda tópica freudiana (1920-1921): ela se elabora expressamente de acordo com um modelo antropomorfo grupal do aparelho psíquico subjetivo. O Id, e o Ego, o Superego e o Ideal de Ego são figurados por Freud, no início, como personagens, antes de ser conceituados como sistemas ou instâncias em correlação uns com os outros. A ideia que desenvolvo retoma a de vários comentadores de Freud, que pensaram que a segunda teoria do aparelho psíquico concebia os conflitos inter- e intrassistêmicos por analogia com as tensões interindividuais em um grupo. O aparelho psíquico seria explicado pela interiorização de um modelo grupal (Anzieu, 1966, quanto a *Psicologia das massas e análise do Ego*). Laplanche e Pontalis (1967) pensam que a segunda tópica freudiana se aproxima da maneira fantasmática pela qual o sujeito concebe a si mesmo e talvez se construa a si mesmo. Essas duas abordagens abraçam o próprio movimento da busca em Freud: ao mesmo tempo que elabora sua segunda tópica, ele propõe uma grande hipótese sobre a estrutura libidinal de multidões e organizações coletivas. Ao colocar no primeiro plano o papel dos processos de identificação e de introjeção na construção da personalidade e do vínculo do grupo, ele estabelece uma dupla aproximação entre a hipnose e a multidão, e entre a ambivalência diante da imago paterna e a psicologia coletiva. Já nas primeiras linhas de *Psicologia das massas e análise do Ego*, Freud alerta que:

> O outro sempre desempenha na vida do indivíduo o papel de um modelo, de um objeto, de um aliado ou de um adversário e (que) a psicologia individual se apresenta desde o começo como sendo, ao mesmo tempo, de certo modo, psicologia social.

Outro exemplo de grupo interno é a estrutura grupal de algumas formações fantasmáticas, especialmente as fantasias originárias. As respostas que estas propõem aos mistérios infantis quanto à origem do sujeito, da diferença dos sexos e do desejo são figuradas segundo uma encenação inconsciente das relações entre personagens que representam objetos, imagos e ações de que o sujeito procede e depende. Essa organização grupal obedece à "dramaturgia interna" (PONTALIS, 1968) que a fantasia originária encena.

Ao lado de um grupalidade interna da tópica e das identificações há, portanto, lugar para considerar uma grupalidade da fantasia, a qual constitui um dos modelos da organização do grupo, posições e relações entre os membros do grupo e representações comuns que ali se desenvolvem. É legítimo falar de fantasmática grupal pela seguinte razão: a grupalidade da fantasia afeta lugares, define relações, é atribuída a [*assignée à*] posições correlativas, e rege as modalidades da realização do desejo. Tal como a tópica grupal interna, a fantasmática organiza o aparelho psíquico grupal comum aos membros de um grupo.

O que proponho se aproxima, porém difere, da noção de "ressonância fantasmática inconsciente" descrita por Ezriel. Não é só uma questão de estabelecer que o conteúdo de uma fantasia comum envolve correspondências e ressonâncias emocionais e representacionais nos diferentes indivíduos que compõem um grupo, sobre o modo como se uniriam essencialmente por uma relação de participação.

Minha concepção de fantasia e de seu princípio organizador no grupo acentua as propriedades cenáricas, distributivas, permutativas e correlativas da fantasia: essas propriedades derivam de sua grupalidade.

Cada elemento de um organizador psíquico grupal afeta, assim, posições ou colocações a assumir no grupo intersubjetivo. Essas posições ou colocações são requeridas pela construção do aparelho psíquico grupal, construção que resulta de um compromisso eficaz entre duas necessidades: de um lado, as exigências de realização de desejos individuais no grupo, do outro, exigências do agrupamento no sentido de transformar algumas formações psíquicas de seus membros, de modo a ordená-los para seus próprios fins.

Por exemplo, a predominância de tal fantasia no aparelho psíquico grupal de um grupo é definida por uma certa correspondência entre a fantasia indutora de um membro do grupo (no caso, o líder) e as fantasias dos membros do grupo, que são, por isso, ao mesmo tempo pacientes e agentes no organizador psíquico do grupo. A qualidade dessa montagem de psiques (ou desse equipamento psíquico grupal) define a capacidade do grupo de tratar a realidade psíquica que se desenvolve em seu seio, de gerir a angústia dos membros do grupo, de propor saídas para a realização de seus desejos e de suas defesas. A prevalência de tal organização fantasmática determina as posições subjetivas e intersubjetivas no grupo, aceita ou reprime uma outra fantasia.

Essas propriedades distributivas, permutativas e associativas da fantasia caracterizam, com a imagem do corpo, as imagos, a imagem do aparelho psíquico subjetivo e os complexos familiares, uma das estruturas grupais do psiquismo. É provável que as pesquisas atualmente em curso sobre a grupalidade interna levem a discutir a hipótese formulada por W. R. Bion segundo a qual os pressupostos de base têm como paradigma a fantasmática da cena primitiva.[5]

A hipótese central que proponho postula que há entre formações grupais do psiquismo individual e o grupo intersubjetivo uma relação oscilante entre isomorfia e homomorfia.[6]

A relação de isomorfia constrói o aparelho psíquico grupal segundo o modelo de uma identidade de percepção entre o grupo e as formações grupais do aparelho psíquico: trata-se, a meu ver, de uma perspectiva por assim dizer permanente e natural da aparelhagem, observável na fase inicial de todos os grupos. É reativada cada vez que falta em um grupo a capacidade a metabolizar a angústia da não atribuição,[7] sob o efeito de uma mudança social ou psíquica violenta e intensa; por exemplo, o desgaste ou a perda de uma função fundamental para a vida do grupo. Os grupos construídos segundo essa perspectiva isomórfica e fixados nessa aparelhagem, lembram os vínculos característicos de estruturas familiares regidas pela psicose. O conceito teórico do aparelho grupal permite, assim, diferenciar como os modos isomórficos e homomórficos regem a organização de grupos concretos.

---

5   Esta hipótese teve um desenvolvimento no trabalho recente de E. Pons (1974-1975).
6   Em 1974, sugeri que há também uma relação de endomorfia entre as estruturas grupais do aparelho psíquico e o próprio aparelho psíquico, mas não desenvolvi a hipótese (KAËS, 1999).
7   Literalmente: ausência de restrição, de assujeitamento. A palavra alemã *Zwang* exprime claramente a obrigação coercitiva e a violência que isso envolve.

Formulei há algum tempo (1972) a hipótese de que os grupos tendem a funcionar segundo uma dupla figuração metafórica e metonímica de indivíduo e espécie. Fundamentei minha afirmativa na observação de fenômenos engendrados pela pluralidade e descontinuidade dos elementos individuais no grupo: são obstáculos à realização narcísica de cada um e à identificação imaginária em uma figura unificante. Percebi que a pluralidade e a descontinuidade podem ser reduzidas e absorvidas na representação de um conjunto contínuo e unificado, que o próprio termo grupo designa *como* um corpo ou um "indivíduo" (uma massa indivisa), ou então como uma totalidade que recapitula (*pars pro toto*) a integralidade da espécie. Unidade e totalidade asseguram o alicerce narcísico diante do perigo da ruptura mortal.

Completo hoje essa derivação metafórica do conceito de grupo com aquilo que assegura a ancoragem metonímica: esta revela a crença inconsciente segundo a qual o indivíduo e o grupo podem se representar e se conter mutuamente. A tendência à isomorfia constrói o grupo segundo o investimento e a representação do objeto-grupo, e reciprocamente: a parte é o todo, o todo é a parte, o continente e o conteúdo são equivalentes e permutáveis.[8]

A tensão entre a tendência isomórfica (imaginária) e homomórfica (simbólica) percorre toda a dinâmica dos grupos. Como já afirmei, a clínica sugere que a derivação metonímica (isomórfica) caracteriza o grupo e a família psicóticos. Por isso, proponho a hipótese de que a construção do aparelho psíquico grupal sempre atualiza a dimensão psicótica do

---

8 O que Madeleine e seus "pares" buscam é a realização, num grupo de toxicômanos, de suas fantasias intrauterinas e de incorporação oral. A narrativa comentada que ela faz de um de seus sonhos é significativa: "Estávamos todos bem juntos, meninos e meninas, numa cama grande, uma espécie de cama familiar: não se pensava em ter relações; isso estava descartado. Estávamos lá juntos nos aquecendo mutuamente, comunicando-nos no calor. O essencial era se tocar e se sentir solidários... a droga... é como um alimento que todos juntos tínhamos ingerido, sentíamos como tivéssemos uma só boca, o que dava às vezes a impressão de estarmos encaixados uns nos outros como bonecas russas... solidários, solitários, isso é terrível, depois... A poção perde o efeito, quebrando o encanto... Uma cama em que toda a família estaria reunida sob os lençóis... lembro do verso de Éluard: "...em minha cama, recipiente vazio... isso é 'Liberdade', não?". O grupo é, sem dúvida, um sonho: mas um sonho grupal elaborado a partir de um dos organizadores grupais do psiquismo. A partir das pesquisas de D. Anzieu (1966, O grupo é um sonho) e de J.-B. Pontalis (1972, Os sonhos nos grupos), caberia realizar um estudo sobre os sonhos individuais de grupo. Nota de 1999: é isso que realizo há alguns anos nas pesquisas sobre a polifonia do sonho.

psiquismo, especialmente no decorrer da fase inicial dos grupos, sob a influência das angústias e fantasias da posição paranoide-esquizoide.

A tendência à isomorfia na construção do aparelho psíquico grupal é qualificável como psicótica porque concerne à manutenção da identidade de percepção entre objetos endopsíquicos e objetos grupais. Essa tendência oculta a lei da composição singular de cada um desses grupos. O modo de pensar dominante, a analogia, estabelece uma identidade entre objetos diferentes, principalmente para negar a perda ou a falta irremediável de um desses objetos. Trata-se, antes, de transformar a relação com o mundo nos termos da lógica da fantasia, a restringir narcisismo do sujeito (ABRAHAM, N.; TOROK, M., 1972, p. 111).

A tendência isomórfica deve ser considerada, enfim, como a manifestação de defesa contra a angústia da não atribuição (*Zwanglosigkeit*) causada pela dificuldade de construir o aparelho psíquico grupal em uma base suficientemente estruturante. A vivência caótica dos objetos internos e a carência (ou ineficiência) de sistemas de atribuição de lugares é característica da experiência da serialidade (SARTRE, 1960; LAPASSADE, 1970), isto é, de um grupo humano sem unidade interna. De mesmo modo que a fantasia produz a unificação imaginária do psiquismo, o grupo é uma superação da serialidade. A criação de um grupo supõe ou exige, ao mesmo tempo, a emergência da fantasia do objeto-grupo e a implementação do processo que vai desembocar (por introjeção e projeção) na construção de um grupo intersubjetivo dotado de uma unidade interna. O momento inaugural dessa construção passa pela fantasia isomórfica de uma correspondência biunívoca entre o objeto-grupo e o grupo como conjunto intersubjetivo. Mas para que o processo de construção do grupo fique estabelecido e se diferencie, é preciso que a fantasia não mais ocupe toda a cena.

Em outras palavras, a construção de um grupo depende não só da "crença na existência do grupo como realidade que transcende os indivíduos" (J.-B. PONTALIS, 1963), mas também das atribuições de lugar que definem cada um de seus membros como o termo de uma relação intersubjetiva no seio do grupo. A angústia de não ter atribuído a si nenhum lugar se acompanha do sentimento intenso de que a própria existência do sujeito está em perigo. São testemunhos disso a frequência e intensidade, na fase inicial dos grupos, das fantasias da destruição (muitas vezes transformadas em ataque defensivo contra o exterior – o que constitui uma atribuição) e as fantasias de união e reunião: trata-se de consequências da angústia de dessubjetivação causada pela não atribuição.

Todas essas hipóteses serão agora examinadas sob três aspectos: a predisposição a entrar no vínculo grupal, a natureza do vínculo no grupo e a construção do grupo.

2.2 A predisposição grupal

A existência de formações psíquicas grupais envolve, em graus variáveis, uma predisposição a participar da construção de um aparelho psíquico grupal, a permanecer nele e fazer com que outras pessoas tenham o lugar de um ou de vários elementos constituintes desses grupos psíquicos. Os investimentos pulsionais e as representações do objeto-grupo, em estado de espera entre seus membros, estão totalmente prontos a se mobilizar no aparelho psíquico grupal. Em outras palavras, a configuração grupal intersubjetiva funciona como o suporte de representações-meta inconscientes do objeto-grupo, que encontra então uma condição para sua figurabilidade.

Duas considerações vêm em apoio a essa proposta:
- As pesquisas que realizei sobre as representações do grupo como objeto mostram que, fora de toda situação grupal efetiva, o grupo é a figuração privilegiada de investimentos e de objetos organizados através da imagem do corpo, as fantasias originárias, os sistemas de relação de objeto e as estruturas de identificações.
- A clínica de grupos de formação e de terapia mostra que as manifestações regressivas precedem toda situação grupal efetiva. No decorrer dessa fase de *pré-elaboração*, as representações do objeto-grupo e as configurações da grupalidade psíquico são ativadas.

Essas montagens preestabelecidas funcionam como modelos de referência para desencadear o processo grupal ulterior; esses "programas" atribuem imediatamente lugares e funções, e induzem a processos de ligação intersubjetiva no grupo. A fase de confusão que predomina durante o período inicial de um grupo se atenua quando um membro do grupo induz o organizador psíquico grupal que vai permitir agregar (e depois pensar) os objetos mobilizados em cada um, disponíveis para construir o grupo. Contudo, essa mobilização não basta: para que a construção do grupo continue, é necessário um operador adequado para transformar e unir os investimentos e representações de seus membros, de modo que sejam ordenados uns com relação aos outros, segundo os lugares e funções necessários ao grupo. Os modelos socioculturais do grupo oferecem um marco identificatório e organizam o grupo como forma de relação diferente da família, do casal, do clã ou da horda. Essas predisposições sociais funcionam como modelos normativos do processo grupal.

Esta dupla condição necessária à construção do aparelho psíquico grupal chama a atenção para a participação dos conflitos e da dinâmica grupal que resulta de discordâncias entre os modelos psíquicos grupais e os modelos sociais da grupalidade.

A partir dessa dupla condição, sustentamos que o aparelho psíquico grupal se constrói:
- Como sistema de transformação da energia psíquica individual em uma energia disponível para a construção do grupo;
- Como figuração transicional da grupologia intrapsíquica para uma grupologia psíquica externalizada;
- Como esquema de orientação de comportamentos subjetivos em função dos modelos internos e dos modelos sociais.

O polo psíquico do aparelho psíquico grupal deve, por assim dizer, firmar um acordo com a realidade intrapsíquica de seus sujeitos, as exigências de vínculos grupais e modelos (formas, normas) sociais. Embora sejam irredutíveis umas às outras, essas realidades tendem a se fundir na tendência isomórfica fundamental do aparelho psíquico grupal.

2.3 O fundamento bioecológico grupal: o "corpo" do grupo

O fundamento bioecológico grupal designa a base material da organização grupal: a corporeidade de seus sujeitos, o espaço físico do grupo, seus canais e meios de troca, de produção, de defesa, e os recursos físicos do ambiente.

Diferentemente do aparelho psíquico individual, cujo substrato biológico é constante, contínuo e persistente até a morte, o aparelho psíquico grupal está em relação descontínua e heterogênea com a corporeidade de seus membros. Esta diferença radical do estatuto da corporeidade é essencial. O aparelho psíquico grupal só possui um "corpo" fantasmático, e uma das funções do aparelho psíquico grupal é precisamente oferecer a representação de um corpo-prótese, corpo-simulacro. O "corpo" grupal é precisamente o que não pode existir como unidade real, biológica, continua, parte inextricável do psiquismo singular. Esse corpo falta, só podendo ser representado como unidade imaginária.[9]

Foi com base nessa diferença que D. Napolitani (1972) articulou a oposição fundamental entre o que chama a estrutura psicológica do grupo e a estrutura psicológica individual. Ele diz que "A dinâmica intrassubjetiva se desenrola nos limites precisos da corporeidade (imagem do corpo) individual que se constitui em dado primeiro, objetivamente identificável, graças à continuidade no tempo e no espaço, e à fundamental indivisibilidade de suas partes. A dinâmica intersubjetiva se desenrola, ao contrário, em uma estrutura relacional que tende a assumir sua própria homogeneidade, no plano fantasmático da imagem do corpo individual [...] sem por isso ter dela as mesmas características de materialidade e de firme identidade".

Esse ponto de vista, de que compartilhamos, deve ser complementado com a seguinte observação: a imagem do corpo é construída inicialmente na relação intersubjetiva, como mostraram notadamente P. Guillaume,

---

9 Disso vem o sucesso das técnicas grupais do corpo, a experiência buscada de um "suplemento de corporeidade" em um corpo grupal dilatado no qual circula intensamente o "fluido animal" ou "cósmico". As doutrinas heraclitianas da reencarnação (da transmigração, em Platão) são uma elaboração filosófica da fantasia do grupo como corpo: a alma, que pode animar sucessivamente vários corpos de seres humanos, é o princípio de ligação entre os grupos humanos, para além do tempo e da limitação espacial; ela é o espírito de um corpo renovado sem cessar.

H. Wallon, R. Zazzo, J. Lacan e G. Pankow. O Ego, a realidade externa, a imagem do corpo e a construção do espaço são construídos em conjunto e correlativamente. É assim que compreendemos que a imagem do corpo mantém seu poder de organizar o aparelho psíquico grupal: a partir de sua estrutura desde o início grupalizada. O estatuto de corporeidade no aparelho psíquico grupal permite explicar várias características do modo de existência do grupo e em grupo: assim, as angústias relativas ao corpo próprio dos membros de um grupo são a consequência da ausência do corpo grupal e das projeções no objeto fantasmático que nele ocorrem.

Para se constituir, o grupo requer que a pulsão, a fantasia ou imago "tomem corpo": no "corpo" imaginário do grupo ou no corpo próprio de um participante, ao ponto de ele ser o sintoma e a marca para os outros "membros".[10] Esta perspectiva abre novos caminhos para pesquisas sobre as patologias psicossomatogrupais: a análise das famílias de estrutura psicótica, a dos fenômenos de possessão, de feitiçaria ou de estigmatizados nos fornece os primeiros elementos. As técnicas de relaxamento em grupo poderiam precisar essa hipótese.

"Fazer corpo" no grupo é também fazer, do corpo de cada um, objeto parcial, é negar o corpo próprio, contingente e limitado afirmando, pela metáfora ou metonímia, sua ilimitação e sua plenitude. O grupo toma corpo dessa negação do corpo singular, e é o que permite incorporar este último como parte de uma unidade imaginária dotada de funções isomorfas às do corpo singular. Todo grupo nasce desta alienação primeira: a da identificação narcísica. É na tendência à isomorfia do corpo singular e do corpo grupal que se exprime a pulsão narcísica: uma e outra têm por objeto o corpo. O prazer fundamental da existência grupal é a "incorporação" de cada um no corpo fantasmático materno; tal "incorporação" comporta sua face oculta de terror e de terrorismo, aquela suscitada pelo Arquigrupo. Essa face oculta deve permanecer enterrada nas fundações do grupo, para que o mesmo funcione e faça viver seus membros.

---

10 Benim, líder do grupo de *Os companheiros,* escreve Jules Romains, "existia em plenitude. Todos os companheiros faziam parte de seu corpo".

Essa identificação narcísica é alienante, mas também estruturante. O narcisismo, ao fazer com que o grupo ganhe "corpo", dota-o de uma existência "subjetiva" compartilhada, indivisa e personificado, faz dele um "sujeito" dotado da capacidade de sentir desejos, falar, decidir, pensar.

A ideologia está aqui a serviço do narcisismo,[11] ao se constituir como o espírito desse corpo ideal, mas impensável, isto é, incompleto e defeituoso. Por ser a representação denegadora de que falta e a construção de um substituto para aquilo que falta, a ideologia é uma construção necessária e fundamental do aparelho psíquico grupal. Sua função é constituir e manter o grupo com base em uma corporeidade imaginária, permanente, inalterável, para além das falhas da corporeidade singular.

2.4 O homem-grupo: a horizontalidade do aparelho psíquico grupal

Em seu ensaio sobre a fenomenologia do homem arcaico, C. Ramnoux expõe o modo como a doutrina empedocliana apresenta uma concepção mítica do homem-grupo: para Empédocles, o homem é uma coletividade de membros. O Amor é a força que reúne "os membros queridos", e a coisa divina só se dá em sua reunião. O combate fundamental entre as forças da dispersão fundamental entre força de dispersão e as forças de reunião caracteriza a estrutura do homem.

Esta estrutura do homem-grupo é a que organiza o aparelho psíquico grupal. Seguindo trabalhos de Bion, D. Napolitani (1972) mostrou como o recurso à técnica grupal de psicoterapia se justifica pela necessidade que tem o psicótico de viver, por meio do grupo, essa tensão entre a dispersão e a reunião, entre a divisão interna e a introjeção unificante das partes nos membros do grupo, isto é, nos objetos e papéis instanciais grupais.

Segundo a perspectiva que proponho, direi que a articulação da história pessoal de cada um com a história do grupo se processa através de um duplo processo: de um lado, a participação de cada um na construção projetiva do aparelho psíquico grupal, e do outro, a transformação dessa experiência pelas introjeções consecutivas a essa participação.

---

11 A ideologia como idealogia (A. Green), isto é, discurso do Ideal do Ego, é a projeção do narcisismo. Ver, sobre a ideologia, Kaës, 1980.

É nesses termos que concebemos a mudança pessoal no dispositivo grupal. A experiência psicótica tem que ver com a cristalização reificante da aparelhagem, com a ruptura das relações transicionais entre a configuração grupal das organizações grupais do psiquismo (a imagem do corpo, as fantasias originárias, complexos e imagos, redes de identificações e instâncias do aparelho psíquico) e o processo grupal que organiza as trocas interpsíquicas e sociais.

A justificação teórica da eficácia terapêutica ou formativa do grupo vincula-se com o fato de que o aparelho psíquico grupal dispõe as formações da grupalidade psíquica em sua horizontalidade e em sua sincronia: elas estão disponíveis a todos os sujeitos para uma troca aqui e agora. É sobre essa tela horizontal e sincrônica que se articulam as dimensões diacrônicas da história singular de cada um com a história do grupo, como o aponta Foulkes (1964). O líder de um grupo figura e recapitula a história das relações sincrônicas e diacrônicas, tal como se desenrolaram no processo grupal.

Esta estrutura horizontal, quando não se resolve em uma isomorfia, suporta a diferença e a autonomia relativa de elementos reconhecidos em sua singularidade de sujeitos. É comum destacar da Epístola de São Paulo aos Coríntios a parábola do corpo, que o Apóstolo emprega para exprimir a natureza das relações incorporativas de identificação dos discípulos de Cristo. A singularidade dos sujeitos se articula precisamente nessa horizontalidade da imagem do grupo-corpo. São Paulo escreveu: "Somos todos membros uns dos outros, embora tenhamos diferentes dons".[12] A reunião dos membros queridos, para retomar o mito empedocliano, não exclui aqui a diferença de dons, isto é, daquilo que singulariza o ser sem expô-lo à morte incorporativa, que é na verdade, o desmembramento.[13]

---

12 NT: Seguimos aqui o texto francês. Não encontramos em português um texto correspondente. O francês fala de Coríntios e cita Atos. 1Cor 15 traz textos análogos vinculados com a ideia de um só corpo, de resto disseminada em todo o Livro Sagrado.

13 Ver também o Pentecostes (At 2, 3) e seu contrário, Babel (Gn 11, 1-9). Nessas duas figurações míticas está em jogo a alternativa entre, de um lado, o grupo identificado a seu protótipo inconsciente (fálico-narcísico e letal: a ereção onipotente precede o desmembramento babélico) e, do outro, o grupo, que, depois de um trabalho de luto, opera a dintinção entre seu objeto imaginário e a alteridade de seus sujeitos constituintes. Essa lesão no aparelho psíquico grupal cria cada um em um espírito capaz tanto de

Para o indivíduo, submetido à divisão, a prótese grupal é, em primeiro lugar, uma resposta de negação da morte. A busca de um grupo eterno e contínuo parte dessa descontinuidade material, temporal e corporal do fundamento bioecológico grupal.

2.5 O vínculo grupal: o aparelho psíquico grupal como mediador entre o psíquico e o social

O aparelho psíquico grupal não limita sua função à transformação e transmissão de formações intrapsíquicas vindas de seus membros. Suas múltiplas determinações (físico, psíquico, social, cultural) o levam a transformar aquilo que recebe dos outros determinantes, dos outros grupos e da sociedade da qual recebe modelos de sociabilidade e de cultura; ele deve "naturalizá-los" em sua própria organização. O conceito teórico de aparelho psíquico grupal deve integrar esse sistema duplo de troca, interno e externo. Não podemos concebê-lo apenas como uma organização determinada pela psique dos indivíduos que o constituem; ele é determinado pela ordem simbólica externa, societal, do mesmo modo como o social precede o psíquico.

Essas propostas levam-me a especificar como entendo a natureza do vínculo nos grupos. Defino o vínculo grupal pela estrutura de trocas entre os aparelhos psíquicos individuais, através do operador de trocas que é o aparelho psíquico grupal. Freud estabeleceu que a estrutura libidinal de uma multidão organizada (ou de um grupo) reside nas identificações mútuas consecutivas à identificação com o líder comum (o Ideal do Ego).

Esta proposição é paradigmática: ela postula que o Ideal do Ego que o líder encama é uma função do aparelho psíquico grupal. Defino o vínculo grupal como a estrutura de trocas autorizadas pelo aparelho psíquico grupal quanto às identificações, instâncias tópicas, lugares fantasmáticos, formas da imagem do corpo.

---

unificar como de reconhecer as diferenças: desce sobre cada discípulo o Espírito que assegura a unidade do grupo, a singularidade de cada um (surgem línguas de fogo separadas para cada um dos discípulos), e a abertura do grupo aos outros (a missão), que deixam de ser representados como perseguidores. É por um retorno à prevalência da isomorfia no aparelho psíquico grupal, e por restrição ideológica, que a Igreja, como todas as instituições onipotentes ou de onipotência ameaçada, vai se encerrar em um corpo "morto", mortífero e idealizado, um recinto fechado "fora do qual não há salvação".

Nessa troca, ao mesmo tempo de semelhanças e diferenças, cada um dá a imaginar ao outro que lhe traz aquilo que falta a esse outro, desde que lhe seja possível fazê-lo, a fim de construir um corpo grupal comum, realizar uma fantasia compartilhada etc.

Se a estrutura social é fundada na troca de mulheres (C. Lévi-Strauss), supomos analogicamente que o vínculo grupal é fundado na troca de objetos psíquicos, ideais, fantasias, partes do corpo imaginário.

A adesão dos membros de um grupo a ele está na razão direta da capacidade do aparelho psíquico grupal de satisfazer, nos limites dos conflitos que é capaz de conter ou resolver, as exigências psíquicas singulares de cada um, exigências que não podem ser resolvidas em qualquer outra organização. Essa adesão é uma função do custo psíquico da entrega de uma parte de si em benefício do aparelho psíquico grupal. Essa perda é aceitável de maneiras distintas a depender da pessoa, segundo a natureza dos benefícios e compensações (narcísicas, objetais) oferecidos e obtidas. A adesão grupal é função não só das possibilidades de encontrar no grupo formas de satisfação do desejo inconsciente no modo onírico, como também da realização de desejos na realidade, através do vínculo grupal.

A adesão a um grupo é baseada na aptidão do aparelho psíquico grupal (e do objeto que o representa) de representar uma promessa de satisfação e de funcionar como instrumento da realização do desejo: os emblemas, as imagens de marca, os objetos de sedução que o grupo exibe têm como objetivo captar ou rejeitar a demanda de adesão de seus candidatos.

Para manter sua sedução e o vínculo de adesão, assegurar sua constância e sua integridade, o aparelho psíquico grupal mobiliza formações específicas: a criação de um invólucro de pele grupal, na qual se afixa a marca do grupo, o "corpo" de seus representantes, suas construções míticas e ideológicas – tudo isso constitui marcos identificatórios e princípios normativos. A coesão do grupo é função da congruência entre todos esses elementos do conjunto grupal.

O vínculo grupal se forma através de identificações e marcos identificatórios. Mas também depende da capacidade do aparelho psíquico grupal de dotar cada um de seus membros de uma identidade partilhável com um número limitado de indivíduos e diferenciadora em comparação com esses e outros conjuntos grupais. A formação dispensada pelo conjunto social aos membros de um grupo realiza essa função.[14]

O aparelho psíquico grupal funciona como um operador na constituição de identificações e na delimitação da identidade. Confirma ou recusa as identificações e identidades que se formaram no primeiro aparelho psíquico grupal, isto é, o grupo familiar. No grupo familiar, a criança só encontra seu lugar de sujeito rompendo com aquele com o qual se identificou primeiro e que lhe foi atribuído nas fantasias de seus pais. Ela só descobre o sentido de seu desejo no choque com o desejo do outro, e é somente quando pode reconhecer-se em sua filiação que pode tomar seu lugar em um conjunto intersubjetivo. Ela descobre que esse conjunto é governado pelo interdito do incesto, pela diferença dos sexos e das gerações e pela diferenciação dos papéis parentais. É a partir dessa experiência que o vínculo concluído em todo outro grupo se caracteriza pela repetição ou pelo abandono de identificações tecidas no grupo familiar.

O aparelho psíquico grupal assegura essas funções de troca e de identificação, de substituição e de continuidade necessárias à estabilidade do grupo. Quando uma relação de homomorfia caracteriza o aparelho psíquico grupal, o grupo pode sobreviver ao desaparecimento de alguns de seus membros; os que ficam se rearrumam para ajustar-se à nova situação. Do mesmo modo, nesses casos, os indivíduos sobrevivem quando se modificam ou desaparecem algumas funções asseguradas pelo aparelho psíquico grupal.

Quando prevalece, ao contrário, a relação isomórfica, os efeitos são diferentes: levam à morte ou ao assassinato do indivíduo apartado de seu grupo, ao desaparecimento do grupo quando desaparece um de seus membros. A relação de dependência vital entre os sujeitos e o grupo se

---

14 Assim, entre os Songai, da Nigéria, o possuído de quem se encarrega o mestre de cerimônias iniciáticas (o Zima) é "arrumado", isto é, canalizado, controlado, formado e integrado ao grupo. Na medida em que sua "loucura" apresenta um caráter congruente com a do grupo dos possuídos, ele pode ser conformado a ela e admitido nela. Essa ideia de uma arrumação analógica é capital para justificar a adesão ao grupo. Esta é marcada pela adjunção (adorcismo) de uma alma nova de valor grupal.

reifica nas atribuições intangíveis de cada um a lugares imaginários, características da estrutura do grupo "psicótico".

2.6 Algumas formulações metapsicológicas sobre o conceito teórico de aparelho psíquico grupal

Antes de propor alguns elementos para uma teoria psicanalítica dos grupos, vou resumir as principais proposições que apresentei quanto à hipótese do aparelho psíquico grupal.

- O aparelho psíquico "individual" inclui formações grupais: imagem do corpo, fantasias originárias, sistema dos objetos internos, estrutura de identificações, imagos e complexos, instâncias do aparelho psíquico. Essas formações são animadas pelos processos do aparelho psíquico.
- Essas formações psíquicas grupais são representadas pelo objeto-grupo.
- O grupo e o vínculo grupal organizam-se através da ficção eficaz de um aparelho psíquico grupal cuja função é transformar e ligar as formações psíquicas dos membros do grupo mediante a mobilização de um organizador estrutural inconsciente como os grupos psíquicos.
- O aparelho psíquico grupal funciona segundo duas modalidades de aparelhagem ou montagem: uma é isomórfica, e a outra, homomórfica. A modalidade isomórfica, construção narcísica de natureza psicótica, abole toda diferença entre a psique e o grupo.

O conceito teórico de aparelho psíquico grupal ocupa um lugar central no âmbito da teoria psicanalítica do grupo que proponho. Por isso, é necessário especificar suas perspectivas metapsicológicas.

3. Esboços para uma teoria psicanalítica do grupo: o aparelho grupal

A exposição que farei agora tem como objetivo enunciar algumas consequências implicadas nas proposições precedentes e precisar a coerência de uma hipótese que eu gostaria de deixar aberta. Meu objetivo é introduzir a hipótese do aparelho psíquico grupal em uma teoria psicanalítica do grupo, ou do aparelho grupal. Entendo por teoria psicanalítica do aparelho grupal a construção teórica que possa explicar as diferentes dimensões da estrutura e do processo grupal: o grupo-objeto, o aparelho psíquico grupal e o grupo como conjunto intersubjetivo.

3.1 Perspectivas genético-estruturais

A formação de um grupo requer a construção de um aparelho psíquico grupal, sendo essa construção a primeira manifestação comum da criatividade dos membros de um grupo. Ela resulta de dois movimentos antagônicos e suplementares: da luta contra a pulsão de morte e contra a angústia primária de ser desprovido da atribuição de um lugar em um grupo, e da construção da libido, que assegura o vínculo entre os objetos dos grupos psíquicos dos participantes. O aparelho psíquico grupal se torna o depositário comum deles. Durante essa fase inicial, a relação isomórfica entre um organizador inconsciente e o aparelho psíquico grupal caracteriza o vínculo entre cada indivíduo, os outros e o grupo-objeto; predominam então as relações de objeto parcial, os processos da posição paranoide-esquizoide: o grupo é uma pele, um seio, uma boca, um ventre, uma cloaca.

Durante essa cena isomórfica, as relações com esses objetos são estimulantes e violentas, acompanhando-se da experiência de despersonalização, de vazio ou de aniquilação. Contudo, no decorrer dessa fase inicial, o movimento de identificações projetivas e introjetivas traz modificações à relação das organizações psíquicas individuais e do aparelho psíquico grupal. O aparelho psíquico grupal recebe, por identificação projetiva, as partes boas dos objetos internos dos participantes, que então os põem ao abrigo de sua própria destrutividade; mas ele também recebe uma parte de deflexões letais. Ele se organiza segundo um cenário de conflitos entre os diferentes objetos, de valor oposto, que nele são depositados. Na medida em que sejam suficientemente sólidos, os elementos bons externalizados no aparelho psíquico grupal e encarnados em um papel instancial, objetal ou *imagoico* asseguram uma função análoga à capacidade alfa da mãe.¹⁵ Os participantes poderão então elaborar, mediante a reintrojeção dessas partes boas, suas próprias funções alfa: serão capazes de dar livre curso a sua capacidade de sonhar, fantasiar, pensar e desenvolver um aparelho psíquico grupal diferenciado no processo grupal.

Em contrapartida, se o aparelho psíquico grupal não se constrói em uma base libidinal sólida, e se não comportar o mínimo da organização interna fornecido por um organizador psíquico grupal suficientemente robusto, as tendências destrutivas dos participantes têm um destino bem diferente. Cada um recebe em si a carga destrutiva e a angústia correlativa às quais se acrescentam aquelas de outros participantes. A incapacidade de construir um aparelho psíquico grupal paralisa o processo de construção do grupo. Esta incapacidade liga-se às vezes à predominância patológica de um líder destrutivo, escolhido como tal pelos participantes por causa da prevalência de suas próprias pulsões sadomasoquistas.

A impossibilidade de estabelecer a função alfa leva à não construção do grupo, à sua destruição ou à sua fixação defensiva em uma posição ideológica que mantém a projeção iterativa de objetos prejudicados (os elementos beta de Bion) em um objeto externo ou em um bode expiatório dentro do grupo. Neste último caso, ocorre de o aparelho psíquico grupal poder funcionar com uma boa função alfa, capaz de conter e metabolizar nesta os elementos beta dos participantes e de encontrar para eles uma saída simbolizante: por exemplo, na criação de uma utopia.

A esses diferentes movimentos correspondem flutuações notáveis no nível narcísico dos participantes. Durante a fase inicial, o nível narcísico é comprometido momentaneamente pela construção do aparelho psíquico grupal, grande consumidor de investimentos deslocados para essa criação. O nível narcísico ótimo é restaurado quando a construção do aparelho psíquico grupal permite a cada um

---

15 Capacidade definida por Bion (1962) como a tolerância da mãe às projeções destrutivas da criança e como sua capacidade de conter, metabolizar e elaborar suas projeções dolorosas.

fazer algumas experiências decisivas: a redução da ansiedade primária da não atribuição e da não existência, a incorporação psíquica em um objeto protetor maior, mas coincidente com o ego-corporal de cada um, é o "corpo" imaginário do grupo.

Esta série de experiências restaura o narcisismo e, consequentemente, a função alfa: desta depende definitivamente a capacidade de inventar (encontrar-criar) os papéis instanciais, objetais e *imagoicos* de que os participantes necessitam para estar no grupo. A reintrojeção parcial dos objetos bons depositados no aparelho psíquico grupal e, correlativamente, a projeção de objetos persecutórios no exterior, facilita as identificações mútuas dos membros do grupo. O sentimento de ser um grupo é necessário para que se forme o espaço imaginário interno e externo do grupo, e especialmente a inclusão de um objeto bom idealizado em seu espaço interno. Esta inclusão constitui a medida mais sólida para proteger cada um contra as angústias de desmembramento, confusão e perda da identidade.

Vemos assim se estruturarem as categorias primitivas do espaço grupal: interior e exterior, limite e fronteira. A projeção de objetos investidos pelos componentes destrutivos da pulsão de morte fora do limite do grupo constitui o inimigo comum externo. Sua função será não só fixar e reduzir a angústia, mas também inaugurar relações de troca com os objetos periféricos na medida em que os objetos projetados poderão ser reintrojetados, por meio de certos membros do grupo, no interior dele, sem ameaçá-lo. Novos papéis instanciais, objetais ou *imagoicos* serão inventados, bem como novos processos de integração, de diferenciação e de rejeição.

Contudo, a manutenção permanente, no exterior do grupo, de um papel instancial ou de um objeto não tolerável no aparelho psíquico grupal é particularmente problemática: instala a permanência da base psicótica do aparelho grupal e, com ela, a reificação de objetos, imagos e papéis instanciais enquistando-os no interior do grupo. Essa situação mantém a ilusão isomórfica, entrava o funcionamento da função alfa e estabelece a posição ideológica na base paranoide-esquizoide.

3.2 Quatro momentos na construção do aparelho psíquico grupal

Distingui quatro momentos na construção do aparelho psíquico grupal. Esses momentos são caraterizados segundo a natureza dos processos psíquicos e das produções grupais correspondentes:

- *O momento fantasmático*: os futuros membros de um grupo têm de reduzir a distância entre seus objetos grupais internos e sua externalização no grupo, de modo tal que se atribua a cada um e aos outros um lugar coerente entre eles e com seus próprios cenários. Por isso, têm de lutar contra a angústia de não atribuição e contra o perigo de uma coincidência perfeita. Essas duas necessidades mobilizam uma atividade fantasmática específica, a qual se organiza segundo um cenário ajustado às propriedades grupais da fantasia de um participante. Esse organizador realiza a montagem e, portanto, o vínculo entre as fantasias dos membros do grupo.

No decorrer dessa primeira fase, o aparelho psíquico grupal funciona como um objeto transicional. É um mediador entre a realidade intrapsíquica confusa dos participantes e a alteridade inquietante, excitante e paralisante, de cada um dos participantes com relação a cada um dos outros. Graças ao efeito de organização e de atribuição, vive-se uma primeira experiência de coincidência psíquica e grupal. Obtém-se ao mesmo tempo uma primeira satisfação narcísica: ela resulta da função unificadora da fantasia transformada em um esboço do aparelho psíquico comum. É nesse sentido que o aparelho psíquico grupal é a construção narcísica comum dos membros do grupo. Essa primeira experiência de coincidência e de satisfação vai servir de matriz para lutar contra toda nova irrupção de tendências destrutivas, mas também contra toda manifestação de outro organizador fantasmático.

Com efeito, um novo organizador poria em risco várias aquisições: a atribuição de "lugares" no cenário fantasmático, a estabilidade do equilíbrio narcísico, o questionamento das defesas adquiridas, a relação isomórfica. Na medida em que essas primeiras experiências não podem perdurar indefinidamente, o processo inaugurado pela fase

criadora do aparelho psíquico grupal se cristaliza e ela se abre a um segundo momento:
- *O momento ideológico*: a tarefa que ocupa os participantes é manter em vigor as atribuições da primeira aparelhagem. É então necessário sistematizar a isomorfia, ou arriscar morrer com a destruição do aparelho psíquico grupal. O momento ideológico corresponde a uma atividade de redução da atividade fantasmática e de minimização dos lugares diferenciais atribuídos a cada um. Quando a isomorfia predomina, o que ocorre com cada um do grupo também ocorre com o grupo. Se o grupo for ameaçado, cada um é fundamentalmente ameaçado. Uma reversão metonímica (a parte pelo todo) sucede à construção metafórica do aparelho psíquico grupal.

Sendo o grupo assimilado ao espaço corporal, o "corpo" grupal e o corpo "individual" são identicamente ameaçados, e cada um vê essa ameaça como angústia de desmembramento, de desintegração ou de castração. O estatuto do corpo e da corporeidade é central na posição ideológica. O corpo ameaçado é "escamoteado" em um substituto abstrato: a ideia. Em consequência, as diferenças e desigualdades que se inscrevem nele são magicamente abolidas.

Quando a fantasia organizadora inicial é "atacada" por outra organização do aparelho psíquico grupal, os participantes sentem-se ameaçados por essa modificação e notadamente pelo retorno maciço de objetos persecutórios. Os participantes não têm mais a organização sólida e estável que garantia sua capacidade de devaneio e sua função alfa. A luta contra as representações perigosas se efetua mediante sua projeção massiva no exterior e pela vigilância rigorosa, no interior do grupo, de toda manifestação persecutória.

O momento ideológico caracteriza-se pela instalação de defesas de diferentes tipos. A projeção, a negação, a clivagem e o mecanismo de defesa paranoica que é o *undoing*[16] passam a contribuir para salvaguardar a coerência e a integridade do Ego e, correlativamente, do aparelho psíquico grupal, do corpo e do sistema de pensamento erotizado em lugar do corpo. As defesas obsessivas permitem manipular objetos abstratos,

---
16 NT: Anulação. Em inglês no original.

ideias. Tanto diante da realidade inconsciente como da percepção do exterior, o sistema Pcs é reduzido a sua função estrita de censura e vigilância. Essa tarefa é atribuída ao líder e ao ideológico, que desempenham o papel instancial de Pcs no aparelho psíquico grupal. Eles agem por meio do controle da norma oficial do grupo, o exercício de pressões conformistas[17] e, eventualmente, pelo terror. A serviço destes, a pulsão de morte encontra um emprego no ataque àquilo que viria a pôr em risco a coerência e a coesão: do grupo, a conservar como unidade conflitual, e do pensamento unificador, do objeto ideal.[18] Contudo, observemos que, no momento ideológico, as pulsões destrutivas devem sempre ser desconhecidas, ou então devem ser erradicadas, porque não são pensáveis.

Quanto mais arcaicas, tanto mais as formações psíquicas que servem de base à organização do aparelho psíquico grupal são objeto do trabalho ideológico.

Ao momento fantasmático, caraterizado pelo esboço de um primeiro objeto transicional, sucede um momento ideológico, regido pela relação com a onipotência da Ideia, do Ideal e do Ídolo (o fetiche). Essas transformações reificantes fixam o grupo nas defesas em falso eu. Esse momento é necessário para que o grupo tome forma, fortaleça suas fronteiras e afirme sua identidade; acompanha-o uma intensa queda narcísica. Esse momento é transitório, e quando uma nova confiança interna se estabelecer em cada um, virá um terceiro momento.

- *O momento figurativo transicional*: a mudança que a queda narcísica envolve e o reaparecimento de uma função alfa no aparelho psíquico grupal permitem a introjeção estável de objetos bons, a organização de um ambiente suficientemente bom, a capacidade do Ego de tolerar o retorno de representações recalcadas. Esse momento muitas vezes caracteriza-se pela construção de um sistema utópico, mas esse sistema de representação ainda está marcado pela

---

17   Acolhemos aqui a ideia de Jackson, de uma homeostase do grupo familial, que, para preservar sua unidade e equilíbrio, efetua uma regulação dos comportamentos nas relações familiares.
18   H. E. Richter descreveu a existência de uma ideologia forte na neurose de caráter familial. Seu papel é reduzir o conflito, para unificar o vínculo ameaçado entre os protagonistas. Eu diria que essa unidade reforçada é a do aparelho psíquico grupal familial.

posição ideológica. A análise da mentalidade utópica mostra que o controle onipotente exercido sobre os objetos abstratos é sempre bem estrito, mas também revela um reinvestimento de conflitos sexuais infantis mais próximos de sua figuração simbólica. A retomada da fantasmatização, mas também o recurso às obras culturais, estão presentes na formação de um espaço transicional. Essa referência encontrada, criada à imagem de uma obra da cultura (romance, conto, mito, utopia, quadro, teatro...) facilita a dupla transformação de configurações expressivas e relacionais no grupo: a transformação das representações abstratas, desvitalizadas, tidas e mantidas a distância, nas representações figurativas mais próximas da vivência corporal e psíquica, de um lado; e, do outro, a transformação das vivências infraverbais, muitas vezes caóticas, em representações partilháveis de palavras e falas. Resulta disso um desejo da diferenciação do aparelho psíquico grupal, o sonho de outro lugar, utópico, para as relações grupais e intrassubjetivas. Um novo momento se encadeia nesse momento de transição utópica.

- *O momento mitopoético*: caracteriza-se por uma tripla transformação – o espaço psíquico interno se distingue e se diferencia da tópica grupal; as representações se destacam das coisas e se diversificam, adquirindo polissemia; as relações entre Id, Superego e Ego são simbolizadas nas relações intersubjetivas. O grupo se constrói como uma implementação de relações de diferenças entre sujeitos. Uma modificação deveras notável se produz no sistema de pensamento do grupo e na estrutura do aparelho psíquico grupal. De um lado, os objetos não são mais tratados segundo modalidades onipotentes e sádicas: tornam-se objetos perdidos não odiados, isto é, têm seu próprio destino limpo e fica possível questioná-los na ambivalência. Do outro, o sentimento de ser amado e de amar a si mesmo o bastante permitiu abandonar a posição ideológica e implicou correlativamente a diminuição da ameaça interna e externa, uma atividade criadora de simbolização.[19] A passagem a esse

---

19 Esclareçamos: trata-se da simbolização secundária (a das equivalências simbólicas) e não da simbolização primária (a das equações simbólicas).

quarto momento supõe que cada um encontre no outro e no grupo uma relação equivalente à da mãe "suficientemente boa".

O luto do objeto-grupo onipotente (do Arquigrupo) abre o caminho para a construção do grupo como sistema de relações simbólicas. É nessa transformação que se funda o momento mitopoético. Não se trata de uma realização do grupo, de uma etapa última de sua elaboração, mas de um momento na estruturação do aparelho psíquico grupal e no processo de subjetivação dos membros do grupo. Esse processo corresponde a uma transformação das funções do aparelho psíquico grupal, que vão para o segundo plano e deixam lugar para a expressão singular dos sujeitos. O investimento libidinal volta aos membros do grupo e pode resultar em uma nova crise no grupo, na medida em que a retirada correlativa de investimentos no grupo pode enfraquecê-lo. Uma saída dessa crise de crescimento pode residir na idealização das personalidades criadoras – o poeta se transforma em herói grupal – ou na montagem de uma nova posição ideológica.

Esse quarto momento na evolução do processo grupal constitui uma fase de intensa criatividade.

Lembramo-nos de que o primeiro momento da construção do aparelho psíquico grupal consiste na externalização de formações psíquicas grupais numa colocação em cena (e em ordem)[20] de objetos, imagos, instâncias e conflitos internos. O auge desse momento foi uma atribuição de lugares em um cenário dramático, a criação de modalidades coletivas de controle contra as angústias arcaicas, as identificações narcísicas comuns ao objeto-grupo. Na fase mitopoética, esses primeiros movimentos retornam às pessoas ao desenvolver uma criatividade cujas condições D. Anzieu (1971) e E. Jaques (1963) precisaram.

Na perspectiva freudiana, o principal obstáculo à criatividade é a angústia de castração. A criatividade requer o afastamento dessa ameaça, a revolta contra o interdito paralisante, a transgressão e a realização simbólica de uma fantasia arcaica. No momento ideológico do processo grupal, a paralisia da criatividade liga-se às medidas de defesa contra a angústia de

---
20 NT: No original, "mise en scène (et en ordre)".

castração pela onipotência e reificação das ideias. A ameaça de ser excluído é vivida como uma mutilação do "corpo" grupal e do corpo próprio. A experiência mitopoética constitui uma reparação desse dano corporal.

A perspectiva kleiniana insiste na relação com o seio: a dificuldade de abordar o momento mitopoético decorre da inveja destrutiva diante do grupo perdido, odiado e devorador, e da angústia suscitada pela imago aterrorizante do Arquigrupo. A criatividade é retomada quando é possível introjetar representantes "do seio materno dado com generosidade e recebido com gratidão" (ANZIEU, *op. cit.*). Isso significa que a função alfa é restabelecida nos participantes.

Seguindo Winnicott, o momento mitopoético aparece no processo grupal quando o aparelho psíquico grupal se transformou em objeto transicional, objeto de cultura. A partir de então há suficiente flexibilidade na atribuição de lugares, inclusive naquele que o objeto-grupo ocupa.

3.3 Alguns pontos de vista clássicos para estabelecer uma metapsicologia do grupo

Quatro enunciados fornecem as bases de uma metapsicologia do grupo. O primeiro remete a Freud quando ele caracterizou, em 1921, a estrutura libidinal do vínculo grupal pelo jogo de identificações com uma figura central, de que derivam as identificações mútuas. O segundo foi proposto por Bion em 1955, quando estabeleceu que os grupos são regidos por esquemas inconscientes que organizam processos e o desenvolvimento do grupo, e orientam os comportamentos de seus membros. Bion distingue assim grupos regidos pelo processo primário (o grupo de base regido por um pressuposto de base) e grupos regidos pelo processo secundário (o grupo de trabalho). O terceiro enunciado concerne à importância determinante do grupo como objeto no desenvolvimento do processo grupal e do conhecimento dele: J.-B. Pontalis é o autor dessa ideia, formulada por volta de 1958-1959 e desenvolvida em 1963. O quarto enunciado deve-se a D. Anzieu (1966a), que se propôs a estabelecer um paralelo entre o grupo e o sonho.

Detenhamo-nos na tese de Anzieu: o grupo é um sonho. Podemos entender isso, ao menos, de duas maneiras: em primeiro lugar, que o grupo é, para cada um de nós, um objeto de sonho, uma figuração e um meio de realização do desejo dos sonhadores que somos – eis o essencial da tese de D. Anzieu. Mas, em segundo lugar, também entendemos que o que se entrama, se faz e se desfaz em um grupo é a conjunção dos sonhos de vários sonhadores. As coisas se complicam aqui, porque o sonho de um não é necessariamente o sonho do outro.

A questão interessante é, portanto, compreender como o processo grupal se constitui pelo trabalho de elaboração dos sonhos de vários sonhadores em um sonho comum, compartilhado, em que cada um pode encontrar seu lugar e sua função. A dinâmica de um grupo se apresenta então como a elaboração de conflitos defensivos e de oposições entre os sonhos de cada membro do grupo. Essa elaboração supõe a instituição de mecanismos estruturais de regulação e de criação de instâncias e sistemas análogos, mas não idênticos, àqueles que organizam o aparelho psíquico individual. Especificando essas instâncias, teremos condições de definir uma tópica grupal.

3.4 Proposições para estabelecer o ponto de vista tópico

O ponto de vista tópico descreve vários lugares do aparelho psíquico grupal. Descreve como e que lugares se definem e se atribuem aos atores da dramaturgia grupal. Descreve também como se formam, nesse aparelho, os equivalentes de instâncias e sistemas análogos àqueles do aparelho psíquico. A ideia que propus é que a criação de uma tópica grupal é a consequência direta da necessidade de lutar contra a angústia da não atribuição. A fantasia é o principal organizador de uma cena que define um primeiro lugar do grupo. A construção da tópica grupal corresponde à necessidade de organizar espaços do grupo, constitui-lo como continente e como limite, distribuir posicionamentos subjetivos, assegurar um dispositivo de realização de desejos e mecanismos de defesa, figurar ideais comuns e marcos identificatórios.

Lembrei (*cf.* capítulo 1) que a cena intrapsíquica foi concebida por Freud quando da primeira tópica, e ainda mais explicitamente durante a segunda, como relações intersubjetivas. J. Laplanche e J.-B. Pontalis (1967) observaram que o aperfeiçoamento da segunda tópica se fez necessário devido à descoberta do papel desempenhado pelas identificações na construção da pessoa e pelas formações que elas depositam aí: os ideais, as instâncias críticas, a imagem de si. A segunda tópica é uma grupologia, e foi na reversão fecunda dessa proposição que D. Anzieu (1966a) considerou o grupo uma tópica projetada.

De um modo mais geral, direi que o aparelho psíquico grupal é uma *aplicação* do aparelho psíquico, e principalmente das formações grupais do inconsciente, mas não é uma extrapolação. Propus o conceito do aparelho psíquico grupal para descrever a construção comum dos membros de um grupo com vistas a fazer um grupo. Mas o aparelho psíquico grupal é, antes de tudo, o que proponho como um modelo de inteligibilidade das relações entre o intrapsíquico e o intersubjetivo no grupo. Não pode haver, no aparelho psíquico grupal, nada mais do que instâncias análogas, não idênticas, àquelas que organizam a tópica do aparelho psíquico individual. Os participantes e o próprio grupo, como objeto e configuração, são as representações mais ou menos personificadas de papéis instanciais, não as instâncias elas mesmas.

O aparelho psíquico grupal só pode ser descrito pelos papéis portadores de funções análogas do Ego, do Id, do Ideal do Ego e do Superego. Esses papéis são mais ou menos coordenados e integrados ao aparelho psíquico grupal. Alguns localizam-se no grupo, outros, em sua periferia ou no exterior.

A assimilação de alguns aspectos da liderança ao "Ego grupal" é fonte de ambiguidade. Seguramente o "Ego grupal" tem alguns atributos de Ego "psíquico": mecanismos de defesa; elaboração de arbitragem e de compromisso entre o Id, o Superego e a realidade externa; cognição e desconhecimento; evitação do perigo; gestão da angústia; busca do prazer; integração de dados perceptivos etc. Mas esse "Ego grupal" diferencia-se dele radicalmente, na medida em que não está ligado a um suporte biológico corporal real, mas apenas a uma imagem do corpo.

Esta análise em termos de papéis instanciais põe em destaque a insuficiência da hipótese naturalista ou mecanista em psicologia social: como bem viu D. Napolitani (1972), essa hipótese define o grupo em termos de papéis técnicos. Ela não explica a descontinuidade inerente da experiência grupal: estar entre o intrapsíquico e o interpsíquico. Só a necessária ficção de um aparelho psíquico grupal permite superar isso. Esse modelo leva em consideração a tensão essencial que atravessa o funcionamento do aparelho grupal: entre uma isomorfia retificadora de papéis instanciais e que reproduz uma coincidência psíquica imaginária, e uma homomorfia que dá lugar para a alteridade, que deixa ao outro um estatuto não idêntico à função que ele ocupa no grupo. Definitivamente, devemos admitir que, se o grupo é uma aplicação de formações grupais do psiquismo, essas formações não sofrem o mesmo destino nem produzem as mesmas formações que as instâncias e sistemas da tópica do aparelho psíquico individual.

A noção de "inconsciente grupal" só pode designar, nessa perspectiva, o seguinte: de um lado, o modo específico de emergência e de elaboração de formações grupais do inconsciente; do outro, a implementação de mecanismos da repressão ou da censura em relação a organizadores psíquicos grupais que ameaçassem o atual organizador do aparelho psíquico grupal (por exemplo, no momento ideológico). A construção do aparelho psíquico grupal é coextensiva à do inconsciente grupal em um grupo.

O sistema Pré-consciente-Consciente grupal designa as características e funções de processos e de conteúdos grupais analogamente relacionados com processos e conteúdos do Ego e do Superego. Esse sistema também é elaborado na construção do aparelho psíquico grupal. Seu papel é assegurar as transformações necessárias para que se constituam os sistemas de representações partilhadas e simbolizáveis. A liderança, a ideologia e o mito são formações Pcs/Cs de origem e de função grupais.[21]

---

21 Nessa mesma perspectiva, o paralelo feito por K. Abraham (1909) entre o sonho e o mito só pode explicar aplicações psíquicas na formação social que é o mito. Esse paralelo nada diz da especificidade de sua construção e de sua função social.

3.5 Proposições para estabelecer o ponto de vista dinâmico

O ponto de vista dinâmico descreve a capacidade que tem o aparelho psíquico grupal de elaborar formações expressivas e relacionais, de modo a satisfazer a realização do desejo inconsciente e as exigências defensivas dos membros do grupo. A *dinâmica* de grupos é a dos conflitos e relações da força entre as tendências e os protagonistas que compõem o aparelho psíquico grupal. Também é a de formações de compromisso.

O ponto de vista dinâmico no aparelho psíquico grupal define-se por três proposições:

- A construção do aparelho psíquico grupal põe em tensão vários pares de termos: o aparelho psíquico individual em seus aspectos grupais e não grupais; as formações da grupalidade psíquica e o aparelho psíquico grupal dos membros do grupo; o aparelho psíquico grupal e o que é exterior a ele, principalmente o contexto social e material do grupo, ou o que concorre com ele, por exemplo, todo outro grupo em vias de constituição em uma base diferente. A dinâmica grupal consegue três tipos de soluções para resolver esses conflitos: a exclusão, a inclusão assimiladora ou enquistada e a formação de compromisso.

- O aparelho psíquico grupal é ele mesmo uma formação de compromisso entre as exigências da subjetividade individual, do grupo e da realidade social. Um grupo só se constitui, evolui e sobrevive se sua organização permitir que se satisfaçam, ao mesmo tempo, alguns desejos inconscientes e as exigências defensivas correspondentes de seus membros, as exigências da coesão próprias do aparelho psíquico grupal e as exigências da realidade social. A dinâmica do aparelho grupal consiste no jogo e no resultado dos conflitos que surgem entre as realidades psíquicas subjetivas, a realidade social e a realidade original do aparelho psíquico grupal. A ausência de compromisso corresponde à estrutura isomórfica do aparelho psíquico grupal: nesse caso, são negadas as outras exigências, sociais ou individuais.

- Em consequência, as produções específicas de grupos são elas mesmas formações de compromisso. O aparelho psíquico grupal é um lugar em que se elaboram formações originais, em que se integram, naturalizam e metabolizam formações provenientes das subjetividades individuais e do meio social, cultural e físico que constitui sua base ecológica. Nenhum grupo, lembremos, se constrói sem uma dupla referência (imaginária e simbólica) e em duas ordens distintas: psicológica e social. Esta perspectiva permite tratar de um ponto de vista psicanalítico os processos de desenvolvimento e de conservação dos grupos: ideologia, liderança, pressões conformistas, ritos, costumes, normas, crenças coletivas e sistemas de formação.

As produções ideológicas e mitopoéticas são ao mesmo tempo produções de origem, de estrutura e de função psíquicas e produções de origem, de estrutura e de função sociais. O grupo as naturaliza ao integrá-las às suas outras produções, e as usa para fins específicos. O grupo fornece meios de elaboração, novos ou reforçados, suplementares àqueles de que dispõem os sujeitos considerados separadamente. A cultura grupal, tal como o sistema Pcs e a função alfa, deve se fazer porosa às expressões intrapsíquicas subjetivas originais.

As formações de compromisso produzidas nos grupos formam duas categorias distintas: as primeiras se caracterizam pela prevalência do desejo inconsciente de seus membros de um objeto comum que o represente, diretamente ou em uma série substitutiva, como na substituição do grupo pelo líder e deste pela Ideia idealizada. Nas segundas prevalecem as organizações defensivas: ocorre um contrainvestimento em um elemento de força igual, mas de direção oposta, ao elemento inconsciente, por exemplo, o contralíder.

A importância das formações de compromisso em grupos organizados para um trabalho formativo ou terapêutico: por exemplo, o procedimento de auto-apresentação sucessiva dos participantes graças à "curvatura da mesa" é uma das primeiras manifestações de uma norma de grupo. Aceita e adotada pela maioria dos participantes, a apresentação de si a outras pessoas é ordenada geralmente por um cânon social. Muitas vezes é proposta por um participante que, nesse momento, funciona como líder ou, analogamente, como o "Ego" do aparelho psíquico grupal que se constrói. Analisamos e tratamos esse fenômeno como um sintoma no qual é satisfeito o desejo de se apresentar (de falar, se mostrar, ouvir e ver os outros...) e algumas exigências defensivas (dizer apenas isso, se esconder ao se apresentar, criar uma tela respeitando formalmente a norma e o estereótipo social). O aparelho psíquico grupal se constrói no conflito desenvolvido por essa dupla exigência, conflito que permanecerá latente porque será auxiliado pela racionalização social ou operatória que se ouve no discurso dos participantes: "A necessidade de se apresentar para travar conhecimento, a busca legítima de um interesse partilhado por definir um objetivo comum, para ser um grupo". Esse tipo de formação de compromisso deixa os participantes muitas vezes descontentes, porque se choca com a demanda dos sujeitos que quiseram participar desse tipo do grupo.

Contudo, podemos generalizar nossas observações: um grupo só funciona se se basear em um sistema de relação e de expressão capaz de constituir um meio de realização de fantasias de desejos de cada um dos membros do grupo. O grupo e os sujeitos no grupo são esses meios de realização: por isso, devem poder ser partilhados por eles. Mas um grupo só funciona se instalar uma organização defensiva contra a angústia suscitada pela realização desses desejos, e se conseguir levar em consideração alguns aspectos da realidade externa. O desejo, as defesas ou a consideração da realidade podem predominar enquanto não são ameaçadas a integridade e a constância dos aparelhos psíquicos, individual e grupal. O aparelho psíquico grupal funciona por meio desses equilíbrios transitórios entre os sistemas subjetivos, as instâncias grupais e a realidade externa.

Como definir a prova de realidade no aparelho psíquico grupal? Parece-me que um dos critérios decisivos é o destino reservado à alteridade, o que implica a capacidade de receber o desmentido da onipotência do desejo infligido pela existência dos outros. Um outro critério é a aptidão para perceber as exigências sociais e de integrar os interditos fundamentais.

Se o destino dos grupos depende do modo como as formações de compromisso podem realizar-se, isso supõe a existência de um dispositivo de simbolização. Nos grupos incapazes de resolver os conflitos que os atravessam, é possível propor a hipótese de que não dispõem de um sistema de simbolização; são grupos imaginários ou isomórficos: um grupo isomorfo anula a capacidade de aceder à prova de realidade, que é substituída por um delírio de grupo. Mas pode ocorrer também de a marcação dos termos do conflito e da ambivalência ainda mobilizar o essencial da energia de que dispõem: é o caso dos grupos homomórficos em fase inicial.

3.6 Proposições para estabelecer o ponto de vista econômico

A natureza e a intensidade dos investimentos no aparelho psíquico grupal definem a economia do vínculo grupal. Propus que o objeto-grupo e os primeiros organizadores captam os investimentos dos membros do grupo.

A transformação do cenário inconsciente da fantasia individual em uma fantasia partilhada, e depois sua implementação nos vínculos intersubjetivos, são passagens que possibilitam os investimentos de cada um no aparelho psíquico grupal, as colocações e deslocamentos de valores e de energia pulsionais nos diferentes objetos constituintes do grupo: tudo isso caracteriza a dimensão de trocas econômicas no grupo.

É possível dizê-lo de outra maneira: para funcionar, o aparelho psíquico grupal deve poder dispor de certa quantidade da energia pulsional investido nele pelos seus membros. Uma parte importante dessa energia é dedicada aos organizadores grupais do psiquismo. A transferência e a transformação dessas energias (ou de apenas uma parte delas) no aparelho psíquico grupal ocorrem segundo uma série de repartições, no grupo-objeto, nos membros de grupos, nos ideais, nos limites do grupo etc. Um balanço da energia grupal exprime esses movimentos de colocações e deslocamentos, os investimentos, sobreinvestimentos e desinvestimentos que acompanham os momentos de regressão e de elaboração.

A função econômica no grupo pode ser recapitulada em três propostas principais:
- A construção de um aparelho psíquico grupal mobiliza a energia psíquica de seus membros – usa-a e a transforma em suas próprias formações;

- A manutenção da energia que circula aí, no mais baixo nível possível, destina-se a manter a constância das excitações e da estabilidade do aparelho psíquico grupal;
- O aparelho psíquico grupal garante uma proteção contra tudo o que venha a ameaçar o equilíbrio das trocas econômicas entre o grupo e os membros do grupo.

Capítulo 7

Desenvolvimentos

Eu gostaria de propor, neste último capítulo, alguns desenvolvimentos sobre a posição teórica do aparelho psíquico grupal, estendendo seu campo de aplicação aos grupos reais, à família e à instituição.

Uma primeira proposição concerne ao deslocamento da subjetividade pessoal para o grupo, a equipe ou a instituição, transformados em entidade personificada. Este deslocamento sempre é o índice de uma tendência regressiva psicotizante; ele tem estreitas relações com a função atribuída ao grupo ou instituição de constituir um sistema de relações das quais cada um dos sujeitos membros depende de modo vital.

O segundo desenvolvimento relaciona-se com a clínica da família psicótica: descobriremos aí uma estreita convergência com os processos observados em grupos de formação ou grupos de terapia, e em algumas instituições terapêuticas.

Em terceiro lugar, tentarei caracterizar, nessas bases, o que me parece ser a dimensão do trabalho psicanalítico nos grupos.

1. A "personificação" do grupo

Essa denominação tão frequente do "grupo" como sujeito, dotado de uma "psique", inventiva o suficiente para ancorá-lo em um "corpo" coletivo, deve ser considerada com atenção. É nos grupos em que o processo de individualização é mais inibido que essas representações são mais frequentes e mais restritivas. Por exemplo: em um grupo de formação, o "monitor" e o "instrutor" que o dirigem atribuem eles mesmos, por razões intertransferenciais e contratransferenciais, os lugares de homem e mulher que formam "um casal". Os participantes atribuem a si lugares correlativos de filhos, e ocorre de se sentirem angustiados de destruir o "casal" assim ameaçado. Transfere-se ao grupo uma imago parental capaz de oferecer a segurança que lhes recusa o "casal" de monitores, o qual se organizou segundo a fantasia de que formavam um casal. Eles ficam angustiados pela transferência negativa dos participantes e pelas projeções que se fizeram neles. A consequência disso é que a dependência da imago do Arquigrupo fica mais marcada: protetora, é a ela que se implora, é ela que ordena, que deve pensar e agir no lugar de cada um. Nesse exemplo, a personificação do grupo só se instaura na medida em que a subjetividade de cada um é capaz de ser reconhecida pelos próprios monitores. Ela se desloca para o grupo: é sempre esse o caso quando a manutenção da fantasia originária, estrutura anônima e dessubjetivada, é colocada a serviço da defesa contra a fantasia secundária, pessoal.

A personificação do grupo ou da instituição pode se verificar em outras situações. É possível identificar suas características a partir do estudo que M. Thaon (1974), seguindo J. Durand-Dassier (1970), dedicou a Daytop. Nesse ambiente terapêutico para usuários de drogas, todos os métodos vão no mesmo sentido: o da defesa contra a fantasia. Celebra-se, contudo, o "êxito" de Daytop; mas esse êxito é pago, segundo M. Thaon, por uma reificação do indivíduo usuário de drogas, sujeito ruim que tem de se conformar à matriz "reformadora" que é a instituição Daytop, que não poderia funcionar desse modo se não representasse as características fundamentais do ideal social de repressão dos usuários de drogas. E isso é comprovado na denegação do prazer e do desejo, sendo estes precisamente o que caracteriza o empreendimento do usuário de drogas.

A instituição cria uma situação em que essa denegação sempre pode ser mobilizada: a vida sexual é inexistente, toda escapada (flertar, por exemplo) é severamente punida. Pensar de uma maneira que não a prescrita pelo grupo é inconveniente, cada um devendo cada minuto de sua vida a essa coletividade, estando cada um predisposto a vigiar cada um para a aplicação da regra. Cada um, para assegurar a salvação dos outros, funciona como seu Superego arcaico, observa M. Thaon, que destaca as características paranoides dessa situação: os mecanismos de identificação projetiva são constantemente solicitados lá. Em Daytop, todo indivíduo é intercambiável, ninguém está seguro de seu lugar, cada um está no lugar que lhe atribui a instituição hegemônica, entidade arcaica e onipotente. Cada um é o equivalente do outro, parte de um papel compartilhado em tantas partes iguais quantos são os indivíduos no grupo (DURAND-DASSIER, p. 78, *apud* Thaon). Nesse universo, o passado também é negado, a relação sexual recusada, a diferença entre os sexos "esquecida": cada um é entregue à visão de seus iguais: "então, todos eles e todos juntos, os toxicômanos se imbricam para formar um organismo coletivo que se autoproduz" (THAON, p. 13). Objeto perfeitamente fechado e autárquico, Daytop elimina durante a cura toda presença do mundo exterior. Tudo tem origem em Daytop, mas toda a agressividade permanece ali cercada e contida quanto a seus conteúdos. Só a instituição é boa, e cada um vive para incorporar-se a ela e protegê-la. Ela se erige em sujeito ideal com a condição de reduzir cada um a um objeto parcial: o que está em conformidade com a relação do usuário com a droga. Todo o aparelho psíquico grupal da instituição visa à manutenção dessa relação. Essa análise comprova o que J.-B. Pontalis escreveu em 1963: que a crença na existência de um grupo como realidade que transcende os indivíduos, com os comportamentos e as atitudes que engendra em cada um, é uma fantasia capaz de implicar, no nível do indivíduo, algo que se assemelha à despersonalização. Personalizar o grupo ou a instituição é um modo de fazer falar o objeto para fazer calar o sujeito: deslocamento, subterfúgio ou cobertura, há nessa delegação de poder ao Arquigrupo uma certa maneira de cada um não o exercer, de não poder ser, uma vez que cada um é reduzido a uma parte da equipe, do grupo ou da instituição. Parte necessária no grupo ou instituição "psicóticos", tal como na "família" interiorizada que prevalece na família psicótica analisada por R. D. Laing (1972). Nas instituições totalitárias, e em todo lugar onde funcionam a ideologia do Arquigrupo ou da Arquiequipe, sempre estamos diante de uma organização de vínculos que a família psicótica especifica.

2. A "família" segundo R. D. Laing

Laing fala da "família" como sistema interiorizado de relações e operações entre elementos (os membros da família) e o conjunto de elementos (a família). Os membros da família real podem sentir-se mais ou menos incluídos ou excluídos de cada parte ou do conjunto da "família", a depender do sentimento de trazer a "família" neles e de estar no interior do conjunto de relações que caracterizam a "família" interna dos outros membros do grupo familiar.

A "família" não é um simples objeto social, partilhado por seus membros; ela não é, para nenhum destes, um conjunto objetivo de relações; existe em cada um de seus elementos e em nenhum outro lugar (1972, p. 14-15). Referindo-se a Sartre (1960), Laing estima que o grupo familiar é unido pela internalização recíproca que cada um realiza da internalização de cada um dos outros: a pertinência ao grupo é significada por essa "família" interiorizada. Laing dá como exemplos dessa unificação por *coinerência* a experiência cristã (todos os cristãos são apenas um em Jesus Cristo) e a mística nazista da Pátria e do Partido.

O sentimento de ser um só resulta da experiência de trazer em si uma presença comum a todos os irmãos e irmãs em Jesus, dentro do Partido ou no seio da família. Tal estrutura fantasmática (a "família") implica entre os membros do grupo familiar um tipo de relações diferentes daquelas que existem entre indivíduos que não partilham dessa "família" interiorizada. Laing esclarece que o que é interiorizado não são objetos enquanto tais, mas esquemas de relação sobre os quais pode assentar-se uma estrutura de grupo encarnada (p. 19). Minha tese quanto a isso está de acordo com as concepções de Laing, que insiste no fato de que o grupo interior pode condicionar as relações de um indivíduo consigo mesmo: alguns parecem depender a tal ponto dessas operações de transformação do Ego pelo grupo interiorizado para, por exemplo, estruturar seu espaço e seu tempo, que sem elas se sentiriam incapazes de permanecer consistentes. Em indivíduos muito instáveis, escreve Laing (p. 21), descobrem-se estruturas fantasmáticas manifestamente ligadas a situações familiares. A reprojeção da "família" é então uma sobreposição de um conjunto de relações com um outro (o grupo familiar), e os dois grupos coincidem mais ou menos. É essa coincidência imaginária (que eu diria isomórfica) que considerei como formadora do núcleo psicótico da grupalidade. Laing precisa que a operação de reprojeção da "família" no grupo familiar não é considerada psicótica em si, mas só quando os dois conjuntos são suficientemente discordantes aos olhos dos outros.

2.1 Funções defensivas da "família" e do aparelho psíquico grupal

Outra originalidade da análise de Laing reside na ênfase na função defensiva da "família". Ele observa, antes de tudo, que a maioria das defesas descritas pela psicanálise tem caráter intrapsíquico, em vez de serem ações sobre o mundo exterior, outros ou o mundo dos outros. As defesas transpessoais são aquelas mediante as quais o Ego tenta agir sobre os mundos "interiores" dos outros e dirigir sua vida para proteger seu próprio mundo interior. Se, com efeito, escreve Laing, o Ego depende da integridade da família, a integridade e, portanto, a segurança do Ego, depende do sentimento de que essa integridade da estrutura "familiar" comum também é inteira em outros. Cada um dos membros da família-em-comum traz em si essa presença partilhada. Cada membro da família exige dos outros que tenham e conservem a mesma imagem da "família". Laing destaca: "a identidade de cada pessoa se apoia então em uma 'família' partilhada que os outros têm em si, atestando assim que são da mesma família. Fazer parte da mesma família é sentir a existência, em si mesmo, da mesma 'família'" (p. 25).

Essa *coinerência* caracteriza fantasias da família psicótica, mas notamos que funciona também nos grupos terapêuticos ou de formação, em equipes de trabalho ou em instituições: descrevi-a como isomorfia. Os membros de um grupo organizado por coinerência não podem destruir "o grupo" neles sem destruir ao mesmo tempo o grupo e aspectos do Ego de cada um identificado com o "grupo" do qual depende sua integridade.

Laing observa que, para a criança, a "família" pode constituir uma estrutura interior mais importante do que o "seio", o "pênis", o pai ou a mãe. Esclarece que, enquanto a "família" é concebida como uma coisa permanente, muitas outras podem não o ser. Sobrevirá uma crise se algum dos membros da família desejar libertar-se dela pela exclusão da "família" de seu sistema ou destruindo em si a "família". A destruição da "família" é pior do que um crime ou mais egoísta do que um suicídio: "seria destruir o mundo de nossos pais" (LAING, 1972, p. 26).

Formado na escola de Palo Alto, Laing é sensível aos dilemas que afastam cada um nesse tipo da família. As questões que levanta são do tipo: se eu não destruir a "família", é ela que me destruirá. Ou: não posso destruir a "família" em mim sem destruí-la neles. Ou: se se sentirem em perigo, eles me destruirão? Atos que não se pretendem destruidores são considerados como tais pelos outros porque implicam a dissolução de sua "família". Cada um deve sacrificar-se para proteger a "família" contra o colapso total, contra a desintegração, o vazio, o desespero, o sentimento de culpa e outros terrores.

As observações de O. Masson (1974) sobre crianças psicóticas confirmam essas propostas: crianças que, na conversa particular com o terapeuta, exprimiram individualmente uma demanda de tratamento e que o aceitaram negaram isso em seguida, diante da família reunida, como se sua demanda tivesse sido uma espécie de traição ao grupo familiar, ao mesmo tempo que uma fonte de angústia para si mesmas.

No grupo do Paraíso Perdido, mostrei como a *coinerência* e a participação partilhada no "grupo" definem o vínculo grupal ao modo da isomorfia. Todo o problema para esses participantes, que sem dúvida não são psicóticos, é a defensa contra as angústias de aniquilação suscitadas pela fantasia da destruição do objeto-grupo. A destruição é a versão catastrófica da perda do Arquigrupo. Nesse grupo, tal como em outros grupos constituídos por sujeitos não psicóticos, é o luto impossível que exige a preservação do "grupo".

O luto terminal com o qual se defrontam os participantes no final de um grupo terapêutico ou de formação relaciona-se com o "grupo". Esse trabalho de luto não deixa de lembrar o do adolescente que, para envolver-se em outros vínculos sociais e intersubjetivos, enfrenta a perda de suas adesões à "família" (KAËS, 1973b). Dessa dificuldade de fazer o luto, advêm várias consequências comuns à família de que fala Laing e ao grupo.

Laing escreve:

> A preservação, a transformação ou a dissolução da "família" não podem ser consideradas um assunto propriamente pessoal, uma vez que a "família" é concebida como devendo ser protegida por todos os seus membros. A perda de um membro da família pode ser menos perigosa do que o surgimento de um novo membro, se esse novo recruta introduzir uma "família" na "família". Disso resulta que a preservação da "família" é assimilada à preservação de si e do mundo, e que a dissolução da "família" no interior de outra é assimilada à morte de si e ao colapso do mundo [...]. A sombra da "família" obscurece a visão do indivíduo. Enquanto não puder ver a 'família' em si mesmo, a pessoa não poderá ver claramente a si mesma nem ver claramente uma família qualquer (*Ibid.*, p. 27).

Essas observações se aplicam exatamente ao que descrevi na fantasia do grupo enfileirado e na imago do Arquigrupo. Elas explicam a violência necessária e o ódio em relação à instituição, versões modernas do anátema gidiano contra a família: "Instituições, eu vos odeio!" Quando realiza uma incorporação vital no objeto, a identificação primária ou narcísica com a "instituição" também implica o ódio e a destruição de objetos (indivíduos, grupos, ideias) suscetíveis de solapar a integridade narcísica.

2.2 A instituição como "família": um exemplo

Trata-se de um Instituto Médico-Pedagógico (IMP) que recebe aproximadamente sessenta meninas de seis a catorze anos. Classificadas como exibindo debilidades leves, algumas delas apresentam várias perturbações do comportamento. As crianças e os adolescentes dividem-se em grupos diferentes: de pensão, de aula e de atividades organizadas. Este último tipo de grupo, chamado precisamente de *a família*, fica sob a supervisão de uma educadora. A instituição é dirigida por freiras e a equipe (diretora, educadoras, psicólogas, psiquiatra, fonoaudióloga, fisioterapeuta) majoritariamente composta por mulheres. Os únicos homens são um psicomotricista, que raramente vem, um jardineiro-motorista-faz-tudo e um velho sacerdote. As relações entre os membros da equipe são quase inexistentes ou, de qualquer maneira, pouco organizadas.

O poder de direção está nas mãos de duas freiras que se vestem de um modo estritamente idêntico. A diretora, que se considera a guardiã da instituição comum, centraliza todas as decisões a tomar. Ela as toma de modo autoritário, o que provoca em membros da equipe um medo e uma agressividade constante com relação a ela. Para evitar todo conflito, os membros são dependentes e submissos, mas sempre expostos à angústia de rompimento. A outra freira tem atribuído a si o lugar e a função de "imediato": a agressividade da equipe é exercida diretamente sobre ela. Educadora-chefe, ela supervisa o ensino e o tempo "familiares". Ela desempenha um papel de amortecedor e intermediário entre a irmã diretora e a equipe. As duas formam o casal líder da instituição: a primeira é a enunciadora e garantidora de regras, e a segunda a executora.

A análise desse IMP organiza-se com base em três funções fundamentais da instituição: a função de produção e reprodução; de proteção e defesa; e de cognição e representação.

2.3 Construção e reconstrução da instituição: o controle das saídas

A seleção do pessoal a atuar no IMP executa-se pelo casal líder. A escolha de um estagiário, por exemplo, é feita com base na partilha da mesma formação religiosa e ideológica que o casal líder: portanto, toda a equipe vem da mesma "família". A formação do pessoal é garantida pela educadora-chefe, que é apresentada como o modelo a imitar.

As crianças primeiro vêm passar um mês de teste ao longo do verão. Durante esse período, a observação vai determinar se o perfil das meninas é ou não conforme o que se espera delas na instituição: "elas são ou não são feitas para nós", dizem as freiras; a criança que não permitir ser "feita" não é admitida. Há um momento especialmente significativo daquilo que está em jogo durante o período de observação que precede o ingresso: a partida da instituição. Cada partida de uma criança ou de um membro do pessoal é sentida como uma ameaça de desintegração e um ataque à unidade do "grupo", da "instituição" e da "família". É, portanto, necessário defender-se disso negando ou neutralizando, mas também transformando seus aspectos dolorosos em seu contrário.

Há duas espécies de partidas: aquelas que são provocadas pela instituição e aquelas que são decididas por aqueles que partem. As segundas são vividas como abandonos ou ataques; significam que o grupo é "mau" e que é divisível e, nesse sentido, despertam, naqueles que permanecem, angústias de divisão e o sentimento insuportável que algo desaba ou se perde. As defesas que vêm reduzir esses danos são escalonadas; em primeiro lugar, a partida não ocorre inesperadamente, sendo antes regida por uma encenação ritual:

- A partida é sempre anunciada o mais tarde possível, no último momento, como se fosse necessário pôr a equipe diante de um fato consumado ou iminente, diante de uma fatalidade.
- A razão invocada para a partida é sempre alheia à instituição (família, saúde, formação). Desse modo, a partida do grupo é apresentada como uma necessidade externa, e o "grupo", a "família" e a "instituição" não são ameaçados.
- A partida é sempre anunciada oficialmente diante de toda a equipe reunida. Esse anúncio dá lugar a uma cerimônia na qual se brinda à saúde da pessoa que parte e da equipe; esta assegura à pessoa que parte que todos lamentam muito e, para "ajudá-la" a se separar e integrar-se a outro lugar, a equipe promete que seus pensamentos estarão voltados constantemente em favor dela, o mesmo ocorrendo com suas fervorosas preces, tudo isso acompanhado de um presente-viático.

O trabalho de luto que a partida implica é, desse modo, neutralizado. Mas, sobretudo, ele é controlado e manipulado em proveito da "equipe" todo-poderosa: sua imagem e aquela que cada um traz em si não são afetadas. A fatalidade da partida não compromete a solidez da equipe; mais do que isso, como um missionário, quem parte leva o espírito da equipe para outro lugar e, quem sabe, vai reproduzir uma equipe idêntica àquela que deixa. Por isso, se ouvem as adolescentes que deixam o estabelecimento aos catorze anos, também elas, dizer que, vendo-as, os estranhos devem poder identificar sua proveniência do IMP. A partida não é mais uma perda, mas um ganho, um novo nascimento.

2.4 Proteção e defesa da instituição: a manutenção da isomorfia

Esses são os meios implementados pela equipe para defender-se de todo ataque à integridade de seu aparelho psíquico grupal: todos os ritos estão voltados para a negação da perda; seu objetivo é assegurar a cada um de seus membros a indestrutibilidade da "instituição": ainda que se apartem, continuam a ter a atribuição de trabalhar por sua manutenção.

Outro meio de defesa, clássico, é a rejeição: todos aqueles que não se integram ao lugar que lhe é atribuído na organização fantasmática da instituição, ou que perturbam seu funcionamento, são rejeitados. Cada um deve seguir ao pé da letra não só o regimento interno, como também a regra implícita que deriva naturalmente do espírito da instituição. Todas as regras fazem referência à coesão da equipe, à unidade da instituição, à semelhança de seus membros. Qualquer inovação é proscrita, por mínima que seja, se não receber a anuência do casal gêmeo de religiosas, única autoridade instituinte. Evita-se tudo o que for diferente, toda diferença de ponto de vista, porque isso poderia implicar o que as freiras mais temem: um cisma, uma falha na instituição envolveria uma ruptura catastrófica em seu universo. Todas as leis locais, que se consideram universais, todas os regulamentos implícitos e explícitos têm como função manter, pela negação, a isomorfia perfeita entre os sujeitos, o "grupo", a "família" e "a instituição".

2.5 Representação e cognição: o vínculo religioso

A pertinência à instituição é marcada pelo vocabulário comum a todos os seus membros: por exemplo, todas as educadoras e professoras são chamadas "fessora" pelas crianças e adolescentes. Identificam-se muito rapidamente os recém-chegados por seu vocabulário: eles ainda dizem "Professora"[1], usam "você" com os membros da equipe e os chamam pelo nome.

---

1 NT: Como é impossível reproduzir "M'oiselle", forma abreviada, específica, de Mademoiselle (Senhorita), foram usadas palavras que reconstituem, em português, a relação, ainda que não mantenham os termos.

A função da representação é assegurada, essencialmente, pela referência religiosa comum. A reunião de toda a instituição ocorre quase sempre com um pretexto religioso, e mesmo quando o motivo não é religioso, a reunião do grupo sempre começa e termina com um cântico ou oração. Nessa ocasião, todos vivenciam dizer tudo em uma só voz. Os discursos que se fazem sempre se organizam de acordo com o seguinte tema: "Somos um só corpo, um só espírito, o de Jesus; nele somos um só". A referência religiosa, posta aqui a serviço da coinerência de cada um à "instituição", é a ocasião de proclamar e ritualizar a necessidade da união de todos os participantes em um só "corpo". Ela fornece os argumentos necessários para neutralizar as angústias da perda e da divisão que cada partida reaviva: "rezaremos por ela, vamos nos encontrar todos no céu", concluem as religiosas.

Os membros da instituição se reconhecem como grupo através da referência religiosa. Nesse caso, é essa referência que suporta a posição ideológica na instituição: a religião está a serviço do vínculo "sagrado" entre todos os sujeitos e "a instituição". A medalha miraculosa distribuída por uma das freiras a todos os membros da equipe e às crianças tem como função manter, de modo imperativo, o vínculo de pertinência ao grupo. Esse sinal do reconhecimento, esse emblema que marca o corpo de cada um, transforma-se em signo do corpo "grupal".[2]

A função de liderança que as duas freiras asseguram funda-se na fantasia da incorporação na qual se modela, de maneira isomórfica, a organização institucional: elas são as guardiãs. Os membros da instituição, inclusive as crianças, têm de abandonar suas identificações pessoais em proveito do ideal. Eles garantem seu nível narcísico tomando como o objeto de amor um "grupo" idêntico a eles, que os amará se eles o amarem.

Para o casal-líder, o controle "da instituição" mantém sua posição de onipotência. Uma vez que todos se engagem, em seu próprio interesse, em preservar "a instituição" de tensões e conflitos que poriam em risco a coinerência, cada um é protegido em sua integridade por todos os

---

2 Isso lembra o anel distribuído por Freud aos membros do Comitê (ver, sobre essa questão, KAËS, 1994a e 2000).

outros. Todo aquele que o atinge desencadeia um movimento de intensa pressão para que se conserve a crença na integridade do objeto e na onipotência das duas religiosas. Todo conflito, expressão mesma de uma tensão ou de uma divergência, equivale a um ataque ao casal diretivo, contra sua função instituinte.

A tensão e os conflitos são, com efeito, tentativas perigosas de diferenciação e de mudança: para retomar a pertinente oposição de N. Abraham e M. Torok, a fantasia (da unidade e da coinerência) vem aqui em defesa contra o processo (de diferenciação). Logo, é defesa contra a separação: se o grupo é um "corpo", a separação significa uma ferida, uma divisão, uma perda insustentável. A equipe protege-se desse perigo conservando a fantasia do casal e mantendo-o em sua função de guardião da instituição.

O surgimento de outra fantasmática põe em risco toda a instituição. Por isso, cada um é aqui o guardião da fantasia, tanto de seu irmão como sua própria. Na medida em que o "grupo", a "equipe", a "família" e a "instituição" são os únicos objetos do amor que asseguram sua possibilidade da existência, cada um deve imperativamente recalcar suas fantasias agressivas e suprimir suas pulsões destrutivas.

2.6 A psicotização das crianças

Essas falsas ligações são o efeito da comunicação paradoxal que se instaura em toda a instituição.

Em uma instituição como essa, cada um é apanhado nas engrenagens que o mantém em uma posição de objeto parcial. Esse estatuto é mantido pelas exigências do aparelho psíquico grupal que ele cofabrica. O "grupo" ou "a instituição" adquirem seu caráter de coinerência assegurando a defesa contra a angústia de não ter atribuído um lugar a si ou ser submetido (*Zwanglos*, sem restrição) ao desejo de outro.

No IMP, as crianças são mantidas como *infans*: sua palavra própria é intolerável e, antes de tudo, suas fantasias e afetos. Essa relação da dependência extrema vital é perigosa para eles; ela apenas as mantêm em suas dificuldades, agravando-as. Na maioria das vezes, são dificuldades que já encontraram nas suas relações familiares ou em outra instituição.

É frequente observar, especialmente em crianças psicóticas, que a expressão de uma vontade ou de um desejo de sua parte vai levar à divisão dos pais. Elas também se mantêm estritamente nas condições fixadas pelos pais (a mãe) ou por aqueles que sua "família" exige. O. Masson (1974) relatou o caso de um pré-adolescente que, por seus sintomas, colaborava na manutenção da união familiar e tomava um cuidado muito particular com o casamento dos pais. Os pais lhe atribuíram, e ele mesmo se atribuiu, papéis que lhes pareciam absolutamente necessários para afastar as ameaças de divórcio. Essa situação é bem próxima daquela que encontramos no IMP: as menininhas e adolescentes não podem exprimir nada em seu nome próprio, mas só o que está de acordo com o discurso da "instituição" que lhes serve como pais combinados.

A utilidade funcional dessa organização não está apenas a serviço da unidade narcísica mortífera da instituição. Ela deve também proteger os membros da equipe das pulsões agressivas das crianças e manter sua autoridade sobre elas. Os membros da equipe só têm o sentimento de sua existência se a incorporação das crianças ao "grupo" não for defeituosa ou desmentida. Disso vem, indubitavelmente, a importância que assumem as relações de sedução, nas quais, em alternância ou ao mesmo tempo, os membros da equipe são seduzidos pelo casal de religiosas e se tornam sedutores das crianças.

Esse processo de psicotização das crianças e da instituição reproduz algumas condições da formação da família psicótica. O. Masson descreveu as características das famílias de jovens esquizofrênicos que tratou em Lausanne: são famílias simbióticas em que, como disse Searles (1965), as crianças podem "se individuar ou emitir uma opinião divergente tanto quanto cortar a mão direita. Quando se esboçam os processos de individuação, observa-se o aparecimento de angústias de morte e de assassinato". Os membros dessas famílias simbióticas, em que os limites de Ego se confundem, negam as suas próprias necessidades individuais, mas as reconhecem em outro membro da família graças a um mecanismo de externalização mútua de partes rejeitadas pelos *Selves* respectivos. Isso se acompanha de uma incapacidade de cada um dos sujeitos de falar por si, de se posicionar como Ego.

O. Masson observa que os membros dessas famílias fazem esforços comuns para afastar todo reconhecimento das divergências que existem entre eles. Protegem-se assim contra os riscos de fragmentação do Ego e do terror que acompanha o processo da individuação. É como se o sujeito só pudesse se sentir suficientemente seguro na presença de outros membros de sua família, portadores de certas partes externalizadas que lhe pertencem, de mesmo modo que ele complementa os outros membros da família. O. Masson concorda quanto a isso com o que Laing notou quanto à família, e com o que tento destacar nos grupos e instituições, ao descrever uma organização do vínculo em que cada sujeito é o objeto parcial de outros, e em que a "família", o "grupo" e a instituição também são objetos parciais para cada um.

O. Masson observa ainda, quanto a esse tipo da família, algo que esclarece a natureza do vínculo em grupos e instituições: as pessoas da família que têm um membro esquizofrênico desenvolvem comportamentos desviantes que devem ser entendidos com relação à situação na qual têm de viver. O incesto ou comportamentos de cunho incestuoso não são raros nessas famílias, mas eles não podem ser apreendidos segundo a mesma abordagem do incesto comum. O. Masson escreveu:

> É muito mais o medo de renunciar ao apego simbiótico subjacente à pessoa com quem essa relação é vivida que condiciona esse encontro em que o sexo é só um pretexto. Isso cria evidentemente uma barreira a uma evolução genitalizada para as crianças [...] o incesto em uma família designa uma ausência de barreiras entre as gerações e de limites de Ego de todos os membros da família. O incesto, na verdade, é um pseudossegredo da fraternidade e requer a colusão do cônjuge.

Ela observa que, em todas as famílias com as quais teve contato, encontrou um problema de investimento *imagoico* das crianças pelos pais. Os pais não têm a representação das crianças como pessoas individuadas;

vivem-nas ou como continuações narcísicas de si mesmos, ou como os substitutos de seus próprios pais (o que às vezes é indicado pela escolha dos nomes).

Temos aqui outro exemplo do efeito organizador da fantasia originária na ordenação permutativa de lugares e posições entre os membros do grupo. O que está em questão nos grupos familiares desse tipo é a inversão circular das gerações. Aqui a criança é forçada a se identificar com o lugar dos pais fixando-se nele, o que não é caso em uma família "normal". A manutenção da segurança do grupo familiar depende dessa necessidade de as crianças atribuírem a si, de modo mais ou menos permanente, esse lugar pseudoparental. Nos grupos terapêuticos ou de formação, um funcionamento desse tipo é acionado quando, por exemplo, os participantes se imaginam gerados pelo "grupo" e geradores dele, quando a permuta de lugares entre as gerações é afetada por um ciclo paradoxal de autogeração recíproca, como nos mitos da Fênix e da Uroboros.

2.7 A instituição e o grupo "estourados"

As análises da família psicótica nos proporcionaram uma perspectiva interessante para a compreensão da estrutura psicotizante do IMP. Percebemos mais precisamente como a instituição não permite que seus membros se separem desse corpo grupal ao qual estão incorporados: o preço disso é a morte. Enquanto a "instituição", o "grupo" e a "equipe" não forem "assassinados" e elaborados como objetos perdidos na posição depressiva, não haverá lugar para o surgimento da fantasia pessoal do sujeito.

A chegada de um estagiário na instituição é um exemplo interessante. Essa chegada é sempre sentida como ameaçadora para a coinerência de cada um à "instituição". Na ocasião, as crianças podem fazer a experiência de outra relação e questionar a "instituição". Nessa relação com estranhos, os membros da equipe reagem violentamente, eles a vivem como o perigo de uma traição. Na realidade, a traição é aqui a expressão da angústia contra o perigo de se instaurar um processo de individuação.

Toda modificação deve então ser reduzida em termos do *status quo*, o que não deixa de acrescentar uma aflição para as crianças, especialmente se aquele ou aquela que começa esse processo for rejeitado(a).

Estas análises se inspiram no modelo teórico do aparelho psíquico grupal. Complementei-as com as de Laing, Napolitani e O. Masson. Parece-me que elas oferecem uma compreensão teórica à prática da terapia de grupo de psicóticos, e talvez à noção da instituição estourada implementada e elaborada por M. Mannoni (1973) em sua experiência da instituição de Bonneuil.[3] Bonneuil é uma instituição diametralmente oposta àquela que descrevi a propósito do IMP. Mas podemos obter da análise desta algumas proposições que esclareçam aquela.

Se a estrutura da personalidade psicótica repousa em uma relação isomórfica entre grupo e sujeito, ao ponto de qualquer dissolução do "grupo" ser equivalente a um colapso do sujeito e do mundo, é necessário transformar essa relação em condições que favoreçam remanejamentos internos desse "grupo" ou "família": um dispositivo capaz de conter, metabolizar e de transformar as projeções desse "grupo" ou essa "família" deverá respeitar certas defesas e instaurar uma boa função alfa. A instituição estourada é um dispositivo de simbolização da separação entre a "família" ou "grupo" isomórficos, o sujeito e a instituição garantidora da ordem simbólica que articula as diferenças intrapsíquicas, intersubjetivas e societais. O que D. Napolitani (1972) designa, a partir de Bion, *o homem-grupo* que habita o psicótico não é nada mais do que a internalização do "grupo-familiar" que preserva o sujeito do rompimento interno de si. Estabelecer esse rompimento na ordem simbólica equivale a reintroduzir a articulação simbólica no interior do sujeito e no mundo.

---

[3] Duas leis imperativas estruturam as relações internas em Bonneuil [escola experimental criada por Maud Mannoni para cuidar de crianças e adolescentes autistas, psicóticos ou afetados por transtornos mentais graves]: uma é a lei do "não parasitismo", que assegura a existência autônoma de cada um (cada um tem o direito de viver); esta lei nos parece exprimir desta forma a lei de não homicídio. A segunda é explícita: a da proibição do incesto: todos os membros da instituição são simbolicamente irmãos e irmãs. Essas duas leis fundam a instituição como sistema socializado (simbólico) de trocas.

3. Breves considerações finais sobre a experiência grupal

A especificidade da experiência de grupal está vinculada com as propriedades da relação entre os organizadores grupais do psiquismo e o aparelho psíquico grupal. A construção desse aparelho é necessária para a realização de algumas funções psíquicas e sociais que o grupo permite.

A existência grupal permite viver realizações do desejo inconsciente segundo as modalidades originais, inacessíveis de outra maneira. O caráter plural das subjetividades que constituem o grupo, a emergência de formações grupais do inconsciente segundo um eixo sincrônico, a possibilidade de articular uma história subjetiva segundo tempos e espaços diferentes e complementares definem as trocas, colocações e experiências no decorrer das quais se mobilizam todas as primeiras relações com outrem.

O grupo, a pluralidade e a realidade do outro constituem figurações inéditas dessas relações. Os movimentos regressivos e elaborativos que aí se produzem reativam os mecanismos fundamentais da construção do sujeito e sua identidade. A experiência grupal fornece assim a medida da separação entre o eu e sua própria imagem, o eu e o outro, os outros, a realidade externa. O aparelho psíquico grupal é o resultado e o meio de um trabalho psíquico original que cria novos sistemas de representação, de relação, de expressão e de ação.

O que distingue um grupo de outro tem que ver, desse ponto de vista, com a aptidão do aparelho psíquico grupal de elaborar suas respostas às interrogações que todos se fazem sobre a origem e o fim, a sexualidade e a morte, o desejo e o interdito, a diferença e a semelhança, as relações entre as gerações... A experiência grupal propõe não só uma resposta partilhável para essas questões, como também uma experiência delas.

A especificidade da experiência grupal reside na função transicional ou mediadora do aparelho psíquico grupal: em sua capacidade de receber e transformar, segundo suas exigências próprias e aquelas de seus membros, energias e representações provenientes do interior do grupo, do exterior e do anterior. A experiência grupal instaura modalidades particulares de troca entre realidade subjetiva e realidade social.

Distingui dois tipos principais de grupalidade. O primeiro se caracteriza por uma relação isomórfica entre o aparelho psíquico individual e o aparelho psíquico grupal. Essa relação informa o modelo imaginário do grupo-indivíduo. Nesse tipo de grupo, predominam mecanismos psicóticos, a ilusão grupal, a posição ideológica. O grupo é uma paráfrase do indivíduo, e remete apenas do mesmo ao mesmo, sendo o outro reduzido a uma contramarca de uma parte de cada um. Correlativamente, o sujeito é alienado na identificação narcísica com a imago do Arquigrupo. A diferença, a descontinuidade, a heterogeneidade, tanto do sujeito como do grupo, são negadas e desautorizadas em proveito de uma prótese ou de um fetiche. A realidade societal padece do mesmo destino: só existe no limite do grupo, figurando sua miniaturização.

O segundo tipo de grupalidade organiza-se segundo uma relação homomórfica: o luto da isomorfia e o afastamento do Arquigrupo puderam ser realizados. Nesse tipo de grupo, o afastamento e a tensão entre os aparelhos psíquicos subjetivo e grupal, a descontinuidade e a ambivalência são bem tolerados. O pensamento que se desenvolve é de natureza hipotética e mitopoética. Em vez de organizar-se como personificação imaginária, o grupo é um processo da personalização (SCHINDLER, 1971). As trocas com o coletivo social deixam transparecer sua especificidade, assim como com o próprio grupo e as pessoas que nele estão reunidas. As relações estão livres do incessante jogo especular em que o indivíduo, o grupo e a sociedade se dedicam a tentar coincidir uns com os outros e se absorver mutuamente.

3.1 Sobre o trabalho psicanalítico nos grupos

Terminarei com duas observações que se referem à pertinência da hipótese do aparelho psíquico grupal para o trabalho psicanalítico em grupos de formação ou de psicoterapia.

Como dispositivo apropriado à manifestação de formações grupais do inconsciente em um dispositivo *ad hoc*, o grupo é o suporte da externalização dessas formações e de seu remanejamento. A regra fundamental permite que essas formações se reproduzam ou sejam transferidas para o grupo, que se liguem e se transformem segundo várias modalidades, que sejam simbolizadas e interpretadas e finalmente restituídas à história subjetiva de cada um. Cada um, nessa experiência, se descobre um outro, um outro para um outro. Esta perspectiva traz o problema da mudança, tanto para o indivíduo quanto para o grupo: só há mudança se ocorrer uma ruptura na tendência repetitiva de reproduzir a isomorfia indivíduo-grupal.

O grupo é uma experiência de mudança, de terapia e de formação desde que seu dispositivo se disponha a acolher, repetir e integrar a pulsão isomórfica. O trabalho de interpretação concerne antes de tudo à identificação da repetição isomórfica. Ele articula, em seguida, a relação imaginária e reificante entre a ordem subjetiva pessoal e a ordem subjetiva grupal, identificando a que fantasias, angústias, desejos onipotentes ou efeitos da pulsão de morte essa relação pretende trazer uma resposta.

A interpretação centrada nos processos e funções do aparelho psíquico grupal analisa principalmente a tendência dos membros de um grupo a se aparelhar[4] com base em um organizador psíquico grupal.

A formação do analista para a escuta e a interpretação em grupos poderia ser desenvolvida a partir dessas proposições. Essa formação deveria permitir-lhe descobrir e aprender a tratar o funcionamento do aparelho psíquico grupal e dos organizadores grupais do psiquismo. A formação do analista pelo grupo e pela cura clássica são suplementares. A formação pelo grupo torna o analista que só trabalha com a cura-tipo sensível às condições intersubjetivas da elaboração de identificações projetivas de caráter destrutivo. Fazendo a experiência disso, ele participa direta e ativamente da transformação dos elementos beta em elementos alfa, os mesmos que, num momento ou em outro, faltaram no ambiente do sujeito, tanto na neurose como na psicose. Destaquei, seguindo Bion, a importância da função alfa nos processos de elaboração da experiência. É essa função que permite o pensamento, o devaneio, o trabalho do Pré-consciente e as transformações entre sistemas Cs e Ics, entre objetos

---

4   Ou a se *organizar*, se, por meio dessa palavra, se desejar seguir mais de perto a relação do corpo com a fantasia e com o aparelho psíquico.

internos e objetos da cultura. Essa função se constitui com o trabalho psíquico da mãe: quando esta foi insuficiente ou falha, faz-se a reconstrução com o psicanalista ou com o grupo mitopoético.

A paralisia da função alfa no analista em grupo, sua dificuldade de tolerar e metabolizar os elementos destrutivos da identificação projetiva, favorece a *acting-out*,[5] o empobrecimento do aparelho psíquico grupal, que se cristaliza na posição ideológica. Essa paralisia pode ser um efeito da intertransferência que se forma quando dois ou vários analistas colaboram em um grupo: esse foi o caso da equipe enfileirada. Contudo, podemos considerar que mesmo quando trabalha na situação de cura, o analista se liga ao lugar que ocupa em relação a outros psicanalistas, ao seu ou aos seus próprios analistas, a alguns de seus pacientes, aos grupos e instituições de que é membro.

O chiste de R. Devos, "a gente se imagina uma pessoa, e percebe que somos várias", resume muito em essa situação.

Por isso, vale a pena que o analista elabore, através da experiência de grupo e de sua participação no trabalho de uma equipe interpretante, sua posição em relação a todos os grupos de que é parte integrante e parte constituinte.

---

5 NT: "Passagem a atos". Em inglês, no original.

Comentários sobre a Terceira Parte

Descrevi nesta Terceira Parte as bases estruturais do aparelho psíquico grupal, o que foi o objetivo principal deste trabalho. Continuo aqui a subscrever as proposições essenciais antes apresentadas. A partir disso, reafirmei mais claramente a noção de trabalho psíquico a fim de especificar seus efeitos no processo de aparelhagem.

1. A aparelhagem psíquica grupal e a noção de trabalho psíquico

Entende-se esta noção por referência à concepção freudiana de um processo de elaboração realizado pelo aparelho psíquico para controlar as excitações cujo acúmulo corre o risco de ser patógeno, derivando-os, ligando-os e transformando-os. O trabalho consiste em integrar as excitações no psiquismo e em estabelecer vínculos associativos entre elas. A noção de trabalho psíquico se aplica a diversas formações psíquicas: sonho, luto e memória, por exemplo.

Para Freud, é a própria psique que é representada como um aparelho; ele a define como um dispositivo de trabalho de ligação e transformação voltado para uma meta. É nesse sentido e nessa medida que o aparelho psíquico grupal é um "aparelho". Mas ele só funciona com as contribuições de seus sujeitos, e constitui um dispositivo irredutível ao aparelho psíquico individual: ele não é uma extrapolação deste último. O aparelho psíquico grupal realiza um trabalho psíquico particular: produzir e tratar a realidade psíquica do grupo *e* no grupo. É um dispositivo de ligação e de transformação de elementos psíquicos.

Mantenho o que escrevi em grupos internos como organizadores da aparelhagem: eles asseguram sua estrutura básica por projeção, por identificação projetiva e introjetiva, por identificação adesiva ou incorporação, por deslocamento, condensação e difração. Especifiquei esse ponto a partir de pesquisas sobre o suporte (1984b): o aparelho psíquico grupal tem por suporte, em apoio múltiplo e recíproco, formações grupais indiferenciadas e diferenciadas do psiquismo de cada um dos participantes.

Mantive ainda, especificando-a, a ideia de que o aparelho psíquico grupal se desenvolve na tensão dialética entre os dois polos, o isomórfico e o homomórfico: o polo *isomórfico* é o polo imaginário, narcísico indiferenciado que reduz ou nega a separação entre o aparelho psíquico grupal e o espaço psíquico subjetivo. Sob esse regime, cada um dos participantes só pode existir como membro de um "corpo" dotado de uma indivisão permanente. Esta coincidência sujeita cada um a manter o lugar que lhe é atribuído e que cada um, além disso, se autoatribui *motu proprio*, no grupo: tudo o que vem de "fora" vem também de "dentro", e reciprocamente. Não há espaço intermediário, suporte, deriva ou passagem. Descrevi assim a família psicótica ao precisar que a descrição também se aplica ao fundamento psicótico da grupalidade. Quando se vê diante de uma situação de crise ou de risco grave, um grupo tende a se aparelhar ligando seus "membros" na unidade sem falha de um "espírito de corpo". Essa modalidade da aparelhagem é necessária à sobrevivência do grupo, para a manutenção do ideal comum, para a integridade de seu espaço psíquico, social ou territorial. Estamos aqui em uma das figuras do círculo, na qual todos os elementos convergem e coincidem com o centro único do conjunto. Ao contrário, o polo *homomórfico* se organiza com base na diferenciação do espaço do aparelho psíquico grupal e do espaço subjetivo; constitui-se no acesso ao simbólico: o jogo de atribuições é regulado pela referência à lei, e não pela onipotência ou pela aflição extrema. Com essa perspectiva, podemos imaginar o grupo como um espaço pluricêntrico, elíptico.

2. O grupo como estrutura de apelo e de lugares psíquicos impostos

Concebemos melhor hoje no que o grupo é uma estrutura de apelo, de definição e de determinação de lugares psíquicos necessários ao seu funcionamento e à sua manutenção; nesses lugares vêm se representar objetos, figuras *imagoicas*, instâncias e significantes cujas funções e cujo sentido são impostos pela organização do grupo: observamos aí especialmente as funções do Ideal comum, as figuras do Ancestral, do Infante Rei, da Morte, do Herói, do grupo originário (Arquigrupo), do líder, dos mediadores, da vítima expiatória; do porta-voz, do porta-sintoma, do porta-sonho etc.

Esses lugares se definem pela lei de composição que rege o conjunto: são correlativos, complementares ou em relações de oposição. Funcionam ao modo do objeto parcial, condição do regime de trocas, das equivalências e de permutações. Criando esses lugares, o grupo impõe aos seus sujeitos algumas restrições psíquicas: estas concernem a renúncias, abandonos ou apagamentos de uma parte da realidade psíquica: renúncia pulsional, abandono dos ideais pessoais, apagamento das fronteiras do Ego ou da singularidade de pensamentos. O grupo impõe, a seu lugar e posição, restrições de realização pulsional, prescrevendo as maneiras de realização: restrições de crença, de representação, normas perceptivas, de adesão aos ideais e aos sentimentos comuns; impõe uma inflexão à função recalcante, exige uma cooperação a serviço do grupo; prescreve as leis que governam os contratos, pactos e alianças inconscientes, pré-conscientes e conscientes. Em troca, o grupo assume alguns serviços em benefício de seus sujeitos, serviços nos quais eles colaboram, por exemplo, através da edificação de mecanismos de defesa coletivos ou da participação na função do Ideal.

De fato, todos os lugares subjetivos que a organização grupal determina, todas as restrições e todos os contratos psíquicos que impõe, todos as formações da realidade psíquica gerada e gerida segundo sua ordem, sua lógica e seu objetivo próprios, estão em relações de correspondência, de coincidência, de complementaridade ou de oposição a cada um dos sujeitos do grupo.

Os lugares e as funções inerentes à realização de formações e processos do grupo que são atribuídos a alguns de seus membros não são lugares e funções que o sujeito receba necessariamente como o que lhe seria imposto de fora contra sua vontade: mesmo se se situar passivamente e apesar de si mesmo, o sujeito ainda está presente aí no modo de desejar ausentar-se dele, de nada saber dele ou de se apagar nele; é isso que acontece quando ele renuncia a se tornar um Eu pensando em seu lugar de sujeito e quando não quer saber coisa alguma sobre seu desejo de abandoná-lo em proveito do grupo.

Se essas proposições principais do modelo do aparelho psíquico grupal foram mantidas e especificadas, devo reconhecer que não tinha analisado o bastante os processos, formações, princípios de funcionamento e funções. Também não expliquei o suficiente as condições metodológicas de minha análise. São essas questões que sustentaram meu interesse pela teoria psicanalítica do grupo no decorrer dos anos seguintes. No percurso, tornou-se clara a ideia de que essa abordagem foi uma via de acesso a uma teoria psicanalítica dos vínculos intersubjetivos e do sujeito do vínculo.

3. As condições metodológicas da pesquisa psicanalítica sobre os grupos

Os desenvolvimentos teóricos desses últimos anos ligam-se estreitamente a pesquisas sobre o método. Três conceitos advindos diretamente da prática clínica fizeram avançar a pesquisa: os conceitos de intertransferência e de análise intertransferencial, o conceito de processos associativos grupais e a análise de destinos da repetição ou da elaboração de traumas na transmissão psíquica.

Acentuei muitas vezes que minhas pesquisas sobre o grupo não poderiam ter tido sucesso se, ao mesmo tempo, eu não tivesse podido, com meus companheiros de equipe de Ceffrap, continuar identificando as dimensões da contratransferência e da transferência no trabalho que implementamos nos grupos de orientação psicanalítica. Com D. Anzieu, A. Missenard e A. Béjarano, tínhamo-nos comprometido a explicar nossas pesquisas desde 1972. Eu tinha, de minha parte, a preocupação de qualificar os critérios metodológicos próprios para o trabalho do analista em situação de grupo: os conceitos da intertransferência e da análise intertransferencial (1976) nasceram dessa elaboração.

A *intertransferência* é o estado da realidade psíquica produzido pelos psicanalistas por ser induzida pelo campo transferencial-contratransferencial em situação de grupo. Não se pode considerar e tratar a intertransferência independentemente das *diferentes modalidades de transferência* que os psicanalistas recebem em situação de grupo, e das contratransferências que vivenciam. A análise intertransferencial é a prática original e específica de elaboração, por uma dupla ou uma equipe de psicanalistas, da resistência à função psicanalítica em um dispositivo de grupo. Tem como objeto a análise dos efeitos transferenciais induzidos entre eles pela transferência dos participantes e por sua própria contratransferência. Ela incide principalmente na análise de alianças inconscientes e das formações narcísicas e ideais comuns.

O trabalho com os processos associativos em grupos foi o segundo campo de construção de pesquisas metodológicas.[1] A quase inexistência de trabalhos clínicos sobre seus processos ia de mãos dadas com a insuficiência de elaborações acerca dos princípios metodológicos da psicanálise em situação de grupo, isto é, sobre a especificidade da regra fundamental articulada com as modalidades particulares de transferências. Por isso era preciso examinar de modo crítico a adequação da situação de grupo aos requisitos do método analítico.

Em situação de grupo, tratamos de uma multiplicidade de discursos intricados uns nos outros: como ouvir esses discursos, seus princípios organizadores, e como qualificar o trabalho psíquico que se efetua em cada sujeito por meio do grupo?

---

1 Desenvolvidas a partir de 1980, essas pesquisas sobre os processos associativos nos grupos foram sintetizadas numa obra de 1994, *La Parole et le lien*.

Para responder a essas questões, é necessário, em primeiro lugar, propor que a análise de processos associativos grupais só seja possível em um dispositivo estruturado pela regra fundamental, e que essa análise tem de explicar as características morfológicas da situação de grupo (pluralidade, face a face, pluridiscursividade). Com essa base, descrevi a cadeia associativa grupal como sendo constituída por dois processos ligados entre si a partir das operações de recalque ou de negação executada pelos membros de um grupo da fase inicial de seu encontro. Essas operações são organizadas em alianças inconscientes. São essas formações reais do inconsciente que retornam nas transferências e que envolvem conteúdos recalcados da infância ou da vigília em uma dupla série associativa: a primeira é a de cada sujeito, determinada pelas características de sua estrutura e de sua história psíquica própria, por suas modalidades de estar em grupo no vínculo. A segunda série constitui-se pelas associações do conjunto de sujeitos reunidos em grupo, ligados entre si pelas alianças inconscientes que firmaram e por movimentos transferenciais que os animam no grupo. O ponto crucial é a correlação entre essas duas séries, que, para cada sujeito, formam uma tecedura e atestam sua participação na realidade psíquica do grupo. A partir dessas proposições, obtemos um novo conceito dos conteúdos e formações do inconsciente que retornam no processo associativo grupal. Os recalques singulares são levados a ultrapassar a censura e o espaço do pré-consciente apoiando-se no trabalho associativo que se desenvolve no vínculo do grupo.

Uma série de consequências teóricas e clínicas se articula estreitamente com essa pesquisa metodológica. Por um lado, a análise de processos e formações psíquicos observáveis em situação psicanalítica de grupo permite usar, de maneira bem definida, as hipóteses especulativas de Freud sobre a psique de grupo e sobre os fundamentos da segunda tópica. Por outro lado, a análise de processos associativos, os seus efeitos de recalque e de abertura de caminho[2] do retorno do recalcado nos traz informações preciosas sobre o modo de formação do sujeito do inconsciente, do sujeito da palavra e do sujeito do grupo. Essa

---

2 NT: Em francês *frayage*, equivalente ao termo alemão de Freud, *Bahnung*.

análise permite articular mais precisamente o estatuto do inconsciente no espaço intrapsíquico, no espaço intersubjetivo e no espaço grupal.

As pesquisas sobre a transmissão da vida psíquica entre gerações se iniciam na metade dos anos 1980: o trabalho sobre as formações intermediárias tinha constituído um elo decisiva. Essas pesquisas são um desenvolvimento direto do modelo do aparelho psíquico grupal e tiveram um impacto importante na metodologia de seu estudo. Eu tinha notado que o grupo fornecia a alguns de seus membros o espaço síncrono de representações e transferências que realizavam as modalidades diacrônicas de transmissão. O dispositivo de grupo tornava-se assim um instrumento de análise e de elaboração dos nós intergeracionais mantidos em sofrimento, sob o signo do mistério e do impensado. As pesquisas publicadas a partir de 1985 sobre a filiação e a afiliação descreviam alguns aspectos da reelaboração do romance familiar em famílias adotivas, grupos e instituições, objetos, fantasias e processos da transmissão. Paralelamente, esclareceu-se a noção de *sujeito do grupo*, sujeito servidor, herdeiro e beneficiário da cadeia síncrona e intergeracional de que é simultaneamente membro constituinte e sujeito constituído.[3]

4. Sobre os processos e as formações psíquicas de grupo

As pesquisas sobre os processos e as formações psíquicas do grupo foram tributárias dessas pesquisas metodológicas. Elas se distribuíram em seis campos: os sistemas de representações construídos pelos membros do grupo; a transicionalidade e a análise transicional; a questão do inconsciente nos grupos e as alianças inconscientes; as formações intermediárias e as funções fóricas; a questão do pré-consciente; e a noção de trabalho psíquico da intersubjetividade. Lembrarei brevemente alguns aspectos, remetendo o leitor a três trabalhos recentes.[4]

Eu tinha esboçado algumas proposições, a partir de 1971, sobre a formação de sistemas de representações construídos pelos membros do grupo

---

3 Ver *La Transmission de la vie psychique entre générations* (1993) e *Le Groupe et le sujet du groupe* (1993).
4 *Le Groupe et le sujet du groupe* (1999), *La Parole et le lien* (1994), *Les Théories psychanalytiques du groupe* (1999).

para dar uma autorrepresentação de seu grupo e assegurar, neles mesmos e no grupo, a permanência de funções da ideia, dos ideais e de representações totemizadas, mais ou menos fetichizadas. No momento em que D. Anzieu trabalhava com a fantasia grupal, minha atenção se voltou para as formações da ideologia nos grupos. Por isso, desenvolvi pesquisas sobre as formas de pensamento produzidas pelo vínculo de grupo: sobre a ideologia, as mentalidades do ideal e o espírito de corpo (1980, 1981), sobre a utopia (1978b) e os contos (1984c). Essas pesquisas colocavam-me regularmente diante de situações de aflição e caos às quais as formas grupais de pensamento pareciam dar uma resposta, muitas vezes rígida, de modo que as elaborações se chocavam com esse tipo de pensamentos não pensados.

O contato com as situações da crise e de despertar traumático em situação de grupo foi o motor da minha reflexão sobre a transicionalidade a partir de 1976. Na época, propus a D. Anzieu os primeiros elementos do conceito da análise transicional para explicar alguns princípios de tratamento de crises e de articulações patológicas entre o espaço intrapsíquico e o espaço intersubjetivo. A ideia lhe pareceu bastante útil e publicamos juntos, em 1979, uma obra sobre essa noção. No prolongamento dessas pesquisas, comecei a trabalhar com a categoria do intermediário no pensamento de Freud, depois no de Winnicott e de Róheim (1983, 1984e), sendo a proposta sempre especificar como se faz a implementação dessa dupla articulação entre o espaço interno e o espaço intersubjetivo.

Todas essas pesquisas preparam um novo período da pesquisa, ancorado na clínica da histeria nos grupos. Um artigo de 1985 foi a ocasião de pôr à prova mais uma vez a pertinência do modelo da aparelhagem entre os grupos internos em um vínculo particular que toma forma no espaço transferencial-contratransferencial da cura: a estrutura das identificações do histérico, a pluralidade de pessoas psíquicas solicitadas na cena da transferência, o efeito organizador das configurações edipianas. Nesse estudo, comecei a perceber mais precisamente como esses organizadores inconscientes fazem "apelo" a lugares correlativos em direção aos protagonistas do espaço analítico, e identifiquei, com a noção de "grupo Dora", as posições correlativas do Dora, de seus familiares, do Senhor e da Senhora

K, da governanta e do próprio Freud. Se o sintoma se mantém dos dois "lados" de que fala Freud – do lado somático e do lado do "revestimento psíquico" –, parecia-me distintamente que ele também se mantinha do lado de Freud e do lado do grupo, cada um "tendo" Dora, que consente apesar de si mesma, em uma aliança que permanece para cada inconsciente. Cada um dos membros do grupo "Dora", inclusive Freud, precisa dessa aliança para realizar uma certa "economia" psíquica: eles são poupados de representar o benefício do sintoma. O mesmo cenário se produzirá ainda entre Freud, Fliess e Emma Eckstein. É nesse estudo que se especifica a noção de uma aliança inconsciente entre os membros de um grupo para manter o benefício partilhável do sintoma produzido por algum deles.

5. A questão do inconsciente nos grupos e as alianças inconscientes

Essas foram as bases com as quais reexaminei a questão do inconsciente nos grupos. Freud, e depois dele Bion, Foulkes e a maioria dos psicanalistas que optaram por uma prática de grupo supunham que a hipótese do inconsciente permanecia válida nos grupos. Contudo, a noção demasiado vaga de um "inconsciente grupal" me parece não ter tido outro interesse que o de criar um ambiente para a questão do inconsciente, de seus efeitos e de suas formações na implementação dos vínculos de grupo. Todo o problema permaneceu: que metapsicologia é capaz de explicar o inconsciente nos grupos? Como qualificar o recalque e os conteúdos recalcados, como compreender as condições do retorno do recalcado e da formação de sintomas por ou sob a influência do grupo? Se a realidade psíquica passa de modo contínuo e de maneira reversível do sujeito ao grupo e do grupo ao sujeito, nessa passagem ela muda de conteúdo e de regime lógico. Tivemos de estabelecer e admitir que a lógica e os conteúdos intrapsíquicos não são idênticos à lógica e aos conteúdos psíquicos grupais, quem ainda se diferenciam dos conteúdos e da lógica da vida social.

Foi visando especificar esses tópicos e essas lógicas processuais que introduzi, em 1986, as noções da aliança inconsciente e do pacto denegativo:

desenvolvi os elementos aí envolvidos até os últimos anos. A introdução da categoria do negativo marcou uma reviravolta nessas pesquisas: o grupo não mais era pensado como o lugar da realização de desejos inconscientes, mas antes de tudo como o lugar da satisfação de "sonhos de desejos irrealizados" do grupo, como o disse Freud a propósito do suporte do narcisismo de "sua majestade, o Bebê" no negativo parental. É sobre a barragem a opor ao negativo que o grupo se implementa. O negativo não é apenas aquilo que falta e que, por isso, marca o vínculo com o selo do impossível; ele é também aquilo que deve ser rejeitado, apagado, recalcado *a minima*. Para realizar essa operação, o concurso do outro, de mais de um outro, é necessário.

O alcance desse conceito vai além da situação de grupo, aplicando-se a toda forma de vínculo. Ela permite interrogar a função do analista, como lembrei com a posição de Freud na cura de Dora e na de Emma. O que mobiliza o analista em toda situação psicanalítica é a maneira como *o outro* (*e mais de um outro*) nele mesmo faz ou não faz uma aliança com um outro ou com mais de um outro. Está envolvido aqui o fato de o inconsciente permanecer inconsciente, ou de se abrirem os caminhos para o retorno do recalcado em condições nas quais o sujeito pode se pensar como sujeito do inconsciente e, correlativamente, como sujeito do vínculo. As alianças inconscientes nos esclarecem, assim, sobre a arqueologia do grupo e a arqueologia do sujeito do inconsciente.

As alianças inconscientes estão no cerne de outros processos: encontramo-las na análise das formas e modalidades de transmissão intrapsíquica porque elas estão no princípio das passagens e vínculos entre os espaços psíquicos. Também estão implicadas na compreensão moderna da formação e do trabalho do Pré-consciente.

6. O trabalho do Pré-consciente no vínculo intersubjetivo e as funções fóricas

Meu interesse pelo Pré-consciente foi determinado por várias questões. Inúmeras psicopatologias e sofrimentos intensos da vida psíquica mostram ou falhas na atividade do pré-consciente, ou a não constituição dessa instância. Só se pode tratar e compreender essas patologias na medida em que o trabalho do Pré-consciente do outro, isto é, essencialmente sua atividade de colocar em palavras e falas dirigidas a um outro, ofereça as condições de uma revivificação da atividade de simbolização.

Ora, no processo associativo e especialmente nas modalidades grupais de seu desenvolvimento, a atividade do pré-consciente cumpre uma função maior, e em primeiro lugar a de analistas e alguns membros do grupo. Esta observação não é isolada: ela faz pensar que a formação ou o restabelecimento do Pré-consciente ocorre em parcela não negligenciável no contato com a atividade psíquica pré-consciente do outro.

O grupo é ocasião de encontro pulsional e intempestivo com mais-de-um-outro, encontro perigoso por causa da multiplicidade de solicitações entre as quais o Ego dos membros de um grupo devem fazer uma seleção: sua capacidade de ligar representações põe à prova a qualidade de sua vida fantasmática. A função paraexcitadora é uma função maior do pré-consciente; ele a cumpre usando as predisposições significantes e representações de palavras que estão disponíveis. Esta função é sustentada originalmente pela mãe quando esta se constitui em porta-voz das estimulações internas e externas da criança. É desse modo, e com base nesse modelo, que tento ligar a formação do pré-consciente ao trabalho da intersubjetividade e à função das alianças inconscientes nos grupos.

Em *La Parole et le lien* [*A palavra e o vínculo*], dou o exemplo de um grupo que funciona como um aparelho de transformação da experiência traumática. Fundamento minha posição no regime particular dos processos associativos no grupo: vimos que os significantes que cada um traz são duplamente determinados pelas representações-meta ligadas ao organizador grupal e pelas representações-meta que são próprias do sujeito: esses significantes podem tornar-se repentinamente usáveis por outro sujeito, que então encontra a abertura do caminho de suas representações inconscientes para o pré-consciente.

As pesquisas que articulam processos associativos e trabalho do Pré-consciente levaram-me a identificar o que chamo de *funções fóricas*, isto é, funções intermediárias que alguns sujeitos cumprem ou que lhes são atribuídas: por razões que lhes são próprias, esses sujeitos vêm a ocupar algum lugar no grupo, a saber, de porta-voz, porta-sintoma, porta-sonho, etc. Em *La Parole et le lien*, dou um exemplo dessa função: alguém pede a outra pessoa que seja seu "porta-voz" no grupo. O "porta-voz" sente repentinamente que a palavra que profere em nome de um outro lhe concerne no ponto mais relevante de sua história. O porta-voz fala em lugar de um outro, por um outro, mas também fala pelo outro que está nele: ele encontra na palavra do outro uma representação que não estava à sua disposição. Portar a voz[5] de outro abre o caminho ao retorno do recalcado ao "porta-voz".

As funções fóricas não se assemelham à função do paciente designado ou do portador do sintoma familiar: segundo essa concepção sistêmica, considera-se que o paciente é um elemento de um sistema, não um sujeito do inconsciente. Minha proposta tenta conjugar a parte, propriamente, do sujeito que a ele retorna em sua função fórica, sua maneira de se servir do grupo, e as vicissitudes dessa função no processo do vínculo grupal. Continua a ser uma questão de entender os fenômenos que se manifestam no campo do grupo segundo um duplo nível lógico e de privilegiar, na análise, os pontos de convergência desses níveis nas formações intermediárias.

Pesquisas recentes puseram em destaque a especificidade do jogo, do sonho e da palavra no psicodrama psicanalítico de grupo; elas permitiram qualificar melhor as modalidades da figuração requeridas pelo trabalho do Pré-consciente (1998d, 1999d).

7. A noção de trabalho psíquico da intersubjetividade

Os resultados dessas pesquisas podem ser colocados sob a noção de trabalho psíquico da intersubjetividade. Denomino dessa maneira o trabalho psíquico do Outro ou de mais-de-um-outro na psique do sujeito do inconsciente. Reencontramos aqui o corolário dessa proposição: a constituição intersubjetiva do sujeito impõe à psique certas exigências do trabalho psíquico; ela imprime à formação, aos sistemas e instâncias

---

5 NT: O uso das construções "Ser porta-voz" ou "A condição de porta-voz" tiraria o caráter ativo da construção em francês, a saber: "Porter la parole".

e ao processo do aparelho psíquico, e em consequência ao inconsciente, conteúdos e modos de funcionamento específicos.

A noção do trabalho psíquico da intersubjetividade não supõe apenas uma determinação extraindividual na formação e no funcionamento de certos conteúdos do aparelho psíquico; ela concerne a condições nas quais o sujeito do inconsciente se constitui. Admite como hipótese fundamental que cada sujeito, em sua singularidade, adquira em graus variados a aptidão de significar e interpretar, receber, conter ou rejeitar, ligar e desligar, transformar e (se) representar, jogar com ou destruir objetos e representações, emoções e pensamentos que pertencem a outro sujeito, que transitam por seu próprio aparelho psíquico ou se tornam nele, por incorporação ou introjeção, partes enquistadas ou integrantes e reutilizáveis.

8. As funções do aparelho psíquico grupal e os princípios do funcionamento psíquico nos grupos

O conjunto dessas pesquisas levou-me (1999) a descrever sete princípios fundamentais do funcionamento psíquico nos grupos, princípios organizados em pares complementares e antagônicos:
- O princípio de prazer/desprazer: o grupo se constitui e se mantém fornecendo aos seus membros a evitação do desprazer (excitação interna e mútua excessivas, feridas narcísicas, angústia do abandono ou da rejeição, não ter atribuição no espaço grupal...) e experiências de prazer, isto é a satisfação de necessidades e de pulsões por meio da interligação pulsional: o prazer de estar em grupo, formar um todo, ser protegido, receber um estímulo de pensamento regulado... Esse princípio econômico concorre para implementar todos os outros.
- O princípio de indiferenciação/diferenciação: o grupo se forma sobre um fundo de indiferenciação das psiques cuja matéria-prima se diferencia progressivamente e por meio de crises para dar lugar a diferenciações necessárias à elaboração da vida psíquica do grupo e dos indivíduos. Esse princípio pode ser descrito a partir do protomental

e dos Pressupostos de base, os polos isomórficos e homomórficos do aparelho psíquico grupal, do *coeu* [*co-soi*]. Esse princípio governa a tópica e a gênese psíquicas.

- O princípio de delimitação interior/exterior: sob a influência do princípio de prazer/desprazer, e em sinergia com o princípio de diferenciação/indiferenciação, o grupo se forma secretando uma fronteira entre o interior e o exterior, uma primeira diferenciação continente/conteúdo ou então um envelope que separa e articula de modo mais ou menos fluido, poroso e maleável os limites entre o espaço grupal e os espaços subjetivos singulares. Trata-se de um princípio concernente à tópica.

- O princípio de autossuficiência/interdependência: este par antagônico gere a formação da especificidade da realidade grupal psíquica com relação à realidade individual e social; preside a organização interna do grupo, sob a influência dos pressupostos de base, dos organizadores psíquicos inconscientes (fantasias compartilhadas, significantes comuns, metadefesas, alianças inconscientes, narcisismo comum...). O polo da autossuficiência se apoia na ilusão grupal, nas fantasias de autogeração, nos devaneios utópicos e nas ideologias autárquicas. O polo da interdependência é organizado pelos efeitos de distinção sexual e geracional do complexo de Édipo. Este princípio cumpre uma função de diferenciação entre realidade imaginária e realidade simbólica.

- O princípio de constância/transformação: este princípio organiza um antagonismo e uma complementaridade entre a tendência do grupo a manter uma tensão mínima (ótima) nas excitações e conflitos intragrupo e a tendência de promover a realização dos componentes dinâmicos dos outros princípios, notadamente a capacidade transformadora do grupo e no grupo. Esse princípio econômico e dinâmico está em sinergia com todos os outros.

O princípio de repetição/sublimação liga-se estreitamente à hipótese da pulsão de morte: por isso, gere a dimensão econômica dos automatismos instaurados nos grupos para superar experiências traumáticas que atravessam a experiência coletiva. *Totem e Tabu* propõe um modelo para ele: a passagem da Horda submetida à repetição do assassinato ao Grupo que encontra para si as modalidades de afastamento mediante o interdito do assassinato do Pai, pela renúncia à realização direta de objetivos pulsionais que ele instaura, mas também pelos caminhos de realização simbólica que abre à sublimação.

- O princípio de realidade opõe-se ao par prazer/desprazer: no grupo, é definido por aquilo que Bion chama de grupo de trabalho; mas esse princípio tem uma característica relativa ao fato de que o princípio de realidade comporta precisamente a dimensão de ser construído pela crença, pelo discurso e pelas formações do Ego do grupo. O princípio de realidade em sua forma mais radical só pode se construir nas relações intergrupos, nas quais a dimensão da lei social é um princípio organizador. Nos grupos organizados pelo método psicanalítico, a regra fundamental participa da implementação do princípio de realidade.

A esses princípios, correspondem seis funções principais do aparelho psíquico grupal:

- A função de *ligação* de formações e processos dos aparelhos psíquicos individuais, especialmente entre os grupos internos que são seus organizadores estruturais. Essa ligação intersubjetiva mantém os efeitos do inconsciente em uma lógica de implicação recíproca (não há um sem o outro).
- A função de *transmissão* e troca entre as diferentes instâncias, estruturas e processos que o compõem, entre os sujeitos do grupo.
- A função de *diferenciação* de lugares, instâncias e funções psíquicas no espaço do sujeito singular e no espaço grupal.
- A função de *transformação* das formações e processos psíquicos de seus sujeitos, de seus próprios complexos psíquicos.
- A função de *contenção* da realidade psíquica de seus sujeitos e daquela que seu agrupamento gera.
- A função de *representação* do grupo como objeto e como conjunto (a representação de sua origem, de sua identidade e de sua finalidade)

dos sujeitos como sujeitos do grupo (de sua origem, sua identidade, de seu lugar no grupo, de suas relações com o que não é o grupo).

9. O conceito de sujeito do grupo

Introduzi o conceito de sujeito do grupo para especificar como o sujeito do inconsciente se forma na intersubjetividade. O sujeito do inconsciente se submete inelutavelmente a um conjunto intersubjetivo de sujeitos do inconsciente: essa situação impõe à psique *uma exigência de trabalho psíquico, pelo próprio fato de ter ligação com o grupo*. Essa exigência de trabalho duplo em paralelo ou em interferência impõe à psique sua necessária ligação com o corporal.

O conceito do sujeito do grupo aparece, assim, como a retomada da questão do grupo no espaço intrapsíquico. A ideia central é que o sujeito do inconsciente se acha submetido às formações e a processos inconscientes intrapsíquicos, mas também, e de modo decisivo, aos processos inconscientes que são preexistentes a ele no grupo e que contribuem para dividi-lo no eixo de sua dupla "existência": na medida em que é "para si mesmo seu próprio fim", e também é "o elo dessa cadeia da qual procede", herdeiro de desejos que anteciparam sua existência e organizaram seu próprio desejo, servidor do conjunto e beneficiário de investimentos, representações e lugares que recebe do grupo. É assim que as formações do inconsciente se transmitem pela cadeia das gerações e pela cadeia dos contemporâneos.

As noções de contrato narcísico, de pacto denegativo e de aliança inconsciente permitiram dar a esse conceito uma nova pertinência no modelo da aparelhagem psíquica grupal, à articulação dos espaços intrapsíquico e intersubjetivo. Parece-me que esse modo de entender o sujeito em seu assujeitamento ao grupo se inscreve no fio do pensamento de Freud quando ele esboça a dinâmica epigenética própria ao sujeito: o herdeiro é um ator.

O conceito de sujeito do grupo define uma atmosfera, uma dinâmica e uma economia da conflitualidade psíquica em que se inscrevem todos os componentes da divisão própria ao sujeito do inconsciente.

10. Desenvolvimentos e aplicações do modelo do aparelho psíquico grupal

O modelo do aparelho psíquico grupal foi desenvolvido se generalizando e se especificando. Vários pesquisadores usaram seu princípio: A. Ruffiot em 1979 descreveu um aparelho psíquico familiar, D. Mellier analisou em 1995 equipes de saúde e equipes de acolhimento com esse modelo. R. Jaitin apresentou em 1996 a ideia de um aparelho psíquico da fraternidade. Outros pesquisadores o puseram à prova quanto à análise de instituições, de casal, de processos de transmissão da vida psíquica entre gerações. Essa extensão permite qualificar esse modelo como o de um aparelho psíquico do vínculo intersubjetivo (1998a), mais amplo do que aquele de que o aparelho psíquico grupal forneceu o paradigma.

Minhas próprias pesquisas põem o modelo à prova na análise de grupos reais: analisei algumas modalidades de aparelhagem no funcionamento de equipes de saúde (1987b, 1987b, 1996e). Exploro a importância dos organizadores da representação da origem nesses grupos, a natureza das alianças, pactos e contratos que ligam os membros de equipes em suas relações mútuas, com os doentes e com a instituição. Essas pesquisas permitiram especificar a noção de sofrimento e de psicopatologia dos vínculos instituídos. Elas suscitam novas pesquisas sobre a emergência do político no cerne dos processos arcaicos de institucionalização. Todas essas pesquisas têm uma base clínica constituída pelo trabalho de escuta de equipes de saúde em diferentes tipos de instituição.

O que adquiri nessas análises serviu de base a uma abordagem dos grupos cuja observação não pode ser feita diretamente, mas só mediante relatos e documentos de arquivo. Um dos campos privilegiados por essa pesquisa foi o grupo dos primeiros psicanalistas reunidos por Freud ao seu redor, a matriz das sociedades de psicanálise e da invenção da psicanálise, lugar de uma ação muitas vezes dramática dos efeitos de grupo ao mesmo tempo conhecidos e desconhecidos, ou paradoxalmente rejeitados para fora do campo do trabalho analítico pelos próprios analistas (KAËS, 1982f, 1994a, 2000).

Essas pesquisas trazem, por sua vez, um problema metodológico e um problema epistemológico. O conceito de aparelho psíquico grupal é uma tentativa de tratamento metapsicológico dos funcionamentos e formações psíquicas observados em uma situação metodológica precisa, regrada por dispositivos que têm por objetivo considerar apenas as formações psíquicas, bem como conhecê-las e transformá-las como tais. O aparelho psíquico grupal liga, transforma, contém e organiza a realidade psíquica especificamente produzida nas aparelhagens intersubjetivas.

O problema é saber se ele se aplica a todo processo de agrupamento, mais geralmente a todo processo de vínculo, e segundo quais modalidades metodológicas de acesso. É possível passar sem transformação do modelo teórico do aparelho psíquico grupal à análise de grupos reais: família, equipes de trabalho, instituições? Essas formações são determinadas por várias ordens de lógicas: econômica, política, social, cultural e, naturalmente, psicológica. Como distingui-las e organizá-las?

Eu gostaria de lembrar, para encerrar, que todas essas pesquisas foram suscitadas por uma tríplice necessidade: compreender a natureza dos processos e formações psíquicos que se formam entre o sujeito e o grupo; explicar o sofrimento psíquico e a patologia desses agregados; e assegurar a melhor conduta clínica do trabalho psicanalítico em situação de grupo. Na medida em que dei prosseguimento a minha pesquisa, pareceu-me possível atribuir um objetivo a esse trabalho: em vez de evacuar a questão que concerne a esses agregados, a análise se realiza quando permite refazer, ao contrário, o trajeto que levou a tais desordens produzidas pelo inconsciente e que permaneceram inconscientes: ela se torna então capaz de desatar os nós intersubjetivos e intrapsíquicos nos quais o sujeito se constituiu.

A análise deve permitir fazer a experiência desses agregados e, mediante o trabalho da transferência, do processo associativo e da interpretação, separar aquilo que, nesses agregados, remete à estrutura e à história de cada um e aquilo que se refere à estrutura do vínculo, à lógica de seu funcionamento.

Essa perspectiva prática não é sem consequência para uma crítica epistemológica da psicanálise. Escrevi mais de uma vez, e volto a acentuar, que a questão do grupo, como prática e como lugar de uma realidade psíquica inacessível de outro modo, como paradigma metodológico da análise dos vínculos intersubjetivas, não pode mais ser pensada como uma aplicação da psicanálise. Ela pode se apresentar como um problema consistente na psicanálise, em todas as dimensões em que esta se constituiu: como método de pesquisa, procedimento de tratamento de problemas psíquicos, conhecimento teorizável e comunicável do inconsciente e de seus efeitos de subjetividade. A questão do grupo interroga os saberes da psicanálise, sua maneira de construí-los e os limites de sua validade.

Referências

ABRAHAM, K. Rêve et mythe. *In*: _____. *Oeuvres complètes*. Paris: Payot, 1965. Tomo I. (1909).

_____. L'araignée, symbole onirique. *In*: _____. *Oeuvres Completes*. Paris: Payot, 1966. Tomo II. (1922).

ABRAHAM, N.; TOROK. M. Introjecter-Incorporer. Deuil ou mélancolie. *Nouvelle Revue de psychanalyse*, Paris, n. 6, p. 111-122, 1972.

AFAP (Association Française pour L'Accroissement de la Productivité). *Évaluation des résultats de la formation*, III: les représentations sociales du groupe,1961. Fotocópia.

ANZIEU, D. Éléments d'une théorie de l'interprétation. *Revue française de psychanalyse*, Paris, v. 34, n. 5-6, p. 3-67, 1970.

ANZIEU D. Étude psychanalytique des groupes réels. *Les Temps modernes*, Paris, n. 242, p. 56-73, 1966a.

_____. Introduction à la dynamique des groupes. *Bulletin de la Faculté des Lettres de Strasbourg*, Estrasburgo, n. 7, p. 393-426, 1964.

_____.La fantasmatique orale dans le groupe. *Nouvelle Revue de psychanalyse*, Paris, n. 6, p. 203- 213, 1972.

_____. La psychanalyse encore. *Revue française de psychanalyse*, Paris, v. 39, n.1-2, p. 135-146, 1975b.

_____. *Le Groupe et l'inconscient*. Paris: Dunod, reedição, 1999. (1975a).

_____. Le moi-peau. *Nouvelle Revue de psychanalyse*, Paris, n. 9, p. 195-208, 1974.

ANZIEU D. Le système des règles du groupe de diagnostique: structure, dynamique interne, fondement. *Perspectives psychiatriques*, Paris, n. 41, p. 7-24, 1973.

_____.L'illusion groupale. *Nouvelle Revue de psychanalyse*, Paris, v. 4, p. 73-93, 1971.

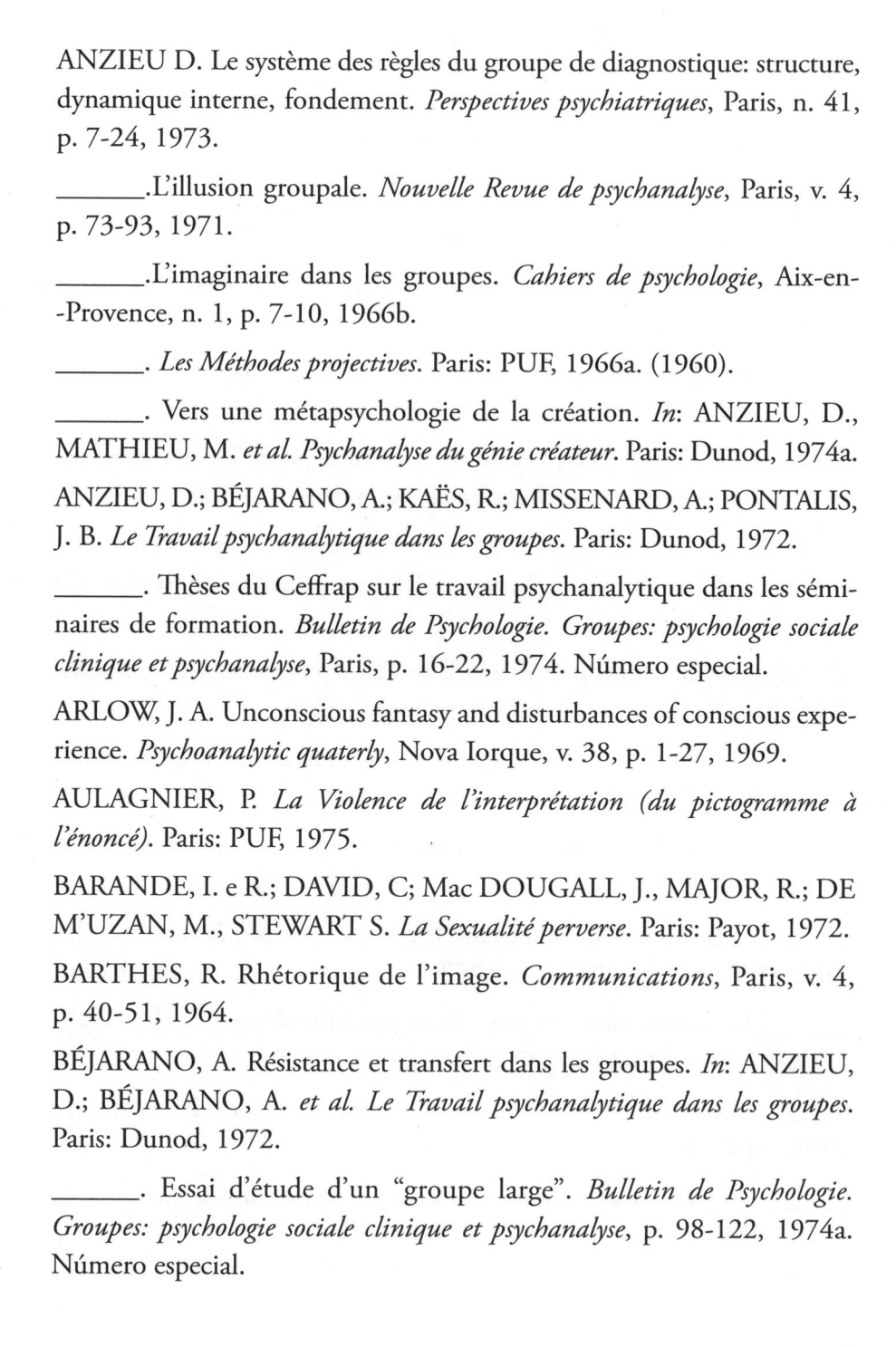

_____.L'imaginaire dans les groupes. *Cahiers de psychologie*, Aix-en--Provence, n. 1, p. 7-10, 1966b.

_____. *Les Méthodes projectives*. Paris: PUF, 1966a. (1960).

_____. Vers une métapsychologie de la création. *In*: ANZIEU, D., MATHIEU, M. et al. *Psychanalyse du génie créateur*. Paris: Dunod, 1974a.

ANZIEU, D.; BÉJARANO, A.; KAËS, R.; MISSENARD, A.; PONTALIS, J. B. *Le Travail psychanalytique dans les groupes*. Paris: Dunod, 1972.

_____. Thèses du Ceffrap sur le travail psychanalytique dans les séminaires de formation. *Bulletin de Psychologie. Groupes: psychologie sociale clinique et psychanalyse*, Paris, p. 16-22, 1974. Número especial.

ARLOW, J. A. Unconscious fantasy and disturbances of conscious experience. *Psychoanalytic quaterly*, Nova Iorque, v. 38, p. 1-27, 1969.

AULAGNIER, P. *La Violence de l'interprétation (du pictogramme à l'énoncé)*. Paris: PUF, 1975.

BARANDE, I. e R.; DAVID, C; Mac DOUGALL, J., MAJOR, R.; DE M'UZAN, M., STEWART S. *La Sexualité perverse*. Paris: Payot, 1972.

BARTHES, R. Rhétorique de l'image. *Communications*, Paris, v. 4, p. 40-51, 1964.

BÉJARANO, A. Résistance et transfert dans les groupes. *In*: ANZIEU, D.; BÉJARANO, A. et al. *Le Travail psychanalytique dans les groupes*. Paris: Dunod, 1972.

_____. Essai d'étude d'un "groupe large". *Bulletin de Psychologie. Groupes: psychologie sociale clinique et psychanalyse*, p. 98-122, 1974a. Número especial.

BÉJARANO, A. Le contre-transfert dans les groupes de formation. *In*: KAËS, R.; ANZIEU, D. *et al. Désir de former et formation du savoir.* Paris: Dunod, 1976. (1974b).

BENVENISTE, E. Remarques sur la fonction du langage dans la découverte freudienne. *Psychanalyse*, Paris, v. 1, p. 3-16, 1956.

BION, W. R. Group dynamics: a review. *In*: KLEIN, M.; HEIMANN, P.; MONEY-KYRLE, R. E. *New directions in Psychoanalysis.* Londres: Tavistock Publications, 1955.

_____. *Learning from Expérience.* Londres: P. Heineman, 1962.

_____. *Recherches sur les petits groupes.* Paris: PUF, 1965. (1961).

BULLETIN de psychologie. Groupes: psychologie sociale clinique et psychanalyse, 1974. Número especial.

CHEVALIER, J.; GHEERBRANI, A. *Dictionnaire des symboles.* Paris: Robert Laffont, 1969.

CODOL, J. P. La représentation du groupe: son impact sur les comportements des membres d'un groupe et leurs représentations de la tâche, d'autrui et de soi-même. *Bulletin de psychologie*, n. 288, p. 111-122, 1970.

COÏN, J.; GOMILA, J. Le dessin de la famille chez l'enfant. Critères de classification. *Annales médico-psychologiques*, Paris, p. 502-506, 1953.

CORMAN, L. *Le test du dessin de famille dans la pratique médico-pédagogique.* Paris: PUF, 1964.

DEMANGEAT M.; BARGUES J. F. *Les Conditions familiares du développement de la schizophrénie.* Paris: Masson, 1972.

DOREY, R. La question du fantasme dans les groupes. *Perspectives psychiatriques*, Paris, n. 33, p. 23-26, 1971.

DUMEZIL, G. La préhistoire des flamines majeurs. *In*: _____. *Idées romaines.* Paris: Gallimard, 1963. (1938).

DURAND-DASSIER., J. *Psychothérapies sans psychothérapeutes.* Paris: Épi, 1970.

ECO, U. *L'oeuvre ouverte*. Paris: Seuil, 1965.

EZRIEL. H. A psychoanalytic approach to group treatment. *British Journal of Medical Psychology*, Londres, v. 23, p. 59-75, 1950.

FLAMENT, C. Image des relations amicales dans les groupes hiérarchisés. *L'Année psychologique*, Paris, v. 71, p. 117-125, 1971.

_____. *Réseaux de communication et structures de groupe*. Paris: Dunod, 1965.

FONAGY, I. Les bases pulsionnelles de la phonation. *Revue française de psychanalyse*, Paris, v. 34, n. 1, p. 101-136; n. 4, p. 542-591, 1970.

FORNARI, F. *Psychanalyse de la situation atomique*. Paris: Gallimard, 1969. (1964).

FOULKES, S. H. *Psychothérapie et analyse de groupe*. Paris: Payot, 1970. (1964).

FREUD, S. *Abrégé de Psychanalyse*. Paris: PUF, 1951. (1938).

_____. Complément métapsychologique de la doctrine des rêves. *In*: _____. *Métapsychologie*. Paris: Gallimard, 1952. (1917).

_____. *Introduction à la psychanalyse*. Paris: Payot, 1962. (1916).

_____. L'inconscient. *In*: _____. *Métapsychologie*. Paris: Gallimard, 1952. (1915).

_____. L'inquiétante étrangeté. *In*: _____. *Essais de psychanalyse appliquée*. Paris: Gallimard, 1933. (1919).

_____. *L'Interprétation des rêves*. Paris: PUF, 1967. (1900).

_____. *Märchenstoffe in Traümen*. Frankfurt am Main: S. Fischer Verlag, 1913. *GW*, X, 2-9.

_____. Pour introduire le narcissisme. *In*: _____. *La Vie sexuelle*. Paris: PUF. 1969. (1914).

_____. Psychologie des masses et analyse du moi. *In*: _____. *Essais de psychanalyse*. Paris: Payot, 1964. (1921).

_____. *Totem et tabou*. Paris: Payot, 1923-1971. (1912).

GEAR, M. C.; LIENDO, E. C. *Psychanalyse, sémiologie et communication familiare*, 1973. Não publicado.

GLOOR, P. A. Réflexions sur le pouvoir politique. *Médecine et hygiène*, Antuérpia, n. 975, p. 1-7, 1971.

GORI, R. L'objet-parole dans les groupes de formation. *Bulletin de psychologie*, Paris, v. 26, p. 634- 648, 1972-1973.

_____. Parler dans tes groupes. *Bulletin de psychologie, Groupes: psychologie sociale clinique et psychanalyse*, Paris, p. 204-226, 1974. Número especial.

GUIRAUD, P. *L'Étymologie*. Paris: PUF, 1964.

HALL, E. T. *La Dimension cachée*. Paris: Le Seuil, 1971. (1966).

HARE, A. R.; HARE, R. T. The draw a group test. *Journal of genetic psychology*, Princeton, n. 89, p. 51-59, 1956.

ISAACS, S. Nature et fonction du phantasme. *In*: KLEIN, M.; HEIMANN, P. *et al. Développements de la psychanalyse*. Paris: PUF, 1966. (1952).

JAQUES E. Mort et crise du milieu de la vie. *In*: ANZIEU, D.; MATHIEU, M. *et al. Psychanalyse du génie créateur*. Paris: Dunod, 1974. (1963).

_____. Social system as a defense against persecutory and depressive anxiety. *In*: *New direction in Psychoanalysis*. Londres: Tavistock, p. 478-498, 1955. [Tradução francesa *in* LÉVY, A. *Psychologie sociale*. Paris: Dunod, 2010].

KAËS, R. Groupes: psychologie sociale clinique et psychanalyse. *Bulletin de psychologie*, Paris, 1974. Número especial.

_____. *Les Ouvriers français et la Culture*. Paris: Cujas, 1968.

_____. ANZIEU, D. *et al. Chronique d'un groupe. Le groupe du Paradis Perdu*. Paris: Dunod, 1976.

_____. *Fantasme et formation*. Paris: Dunod, 1973.

KAËS, R.; ANZIEU, D.; BÉJARANO, A.; GORI, R.; SCAGLIA, H. *Désir de former et formation du savoir.* Paris: Dunod, 1976.

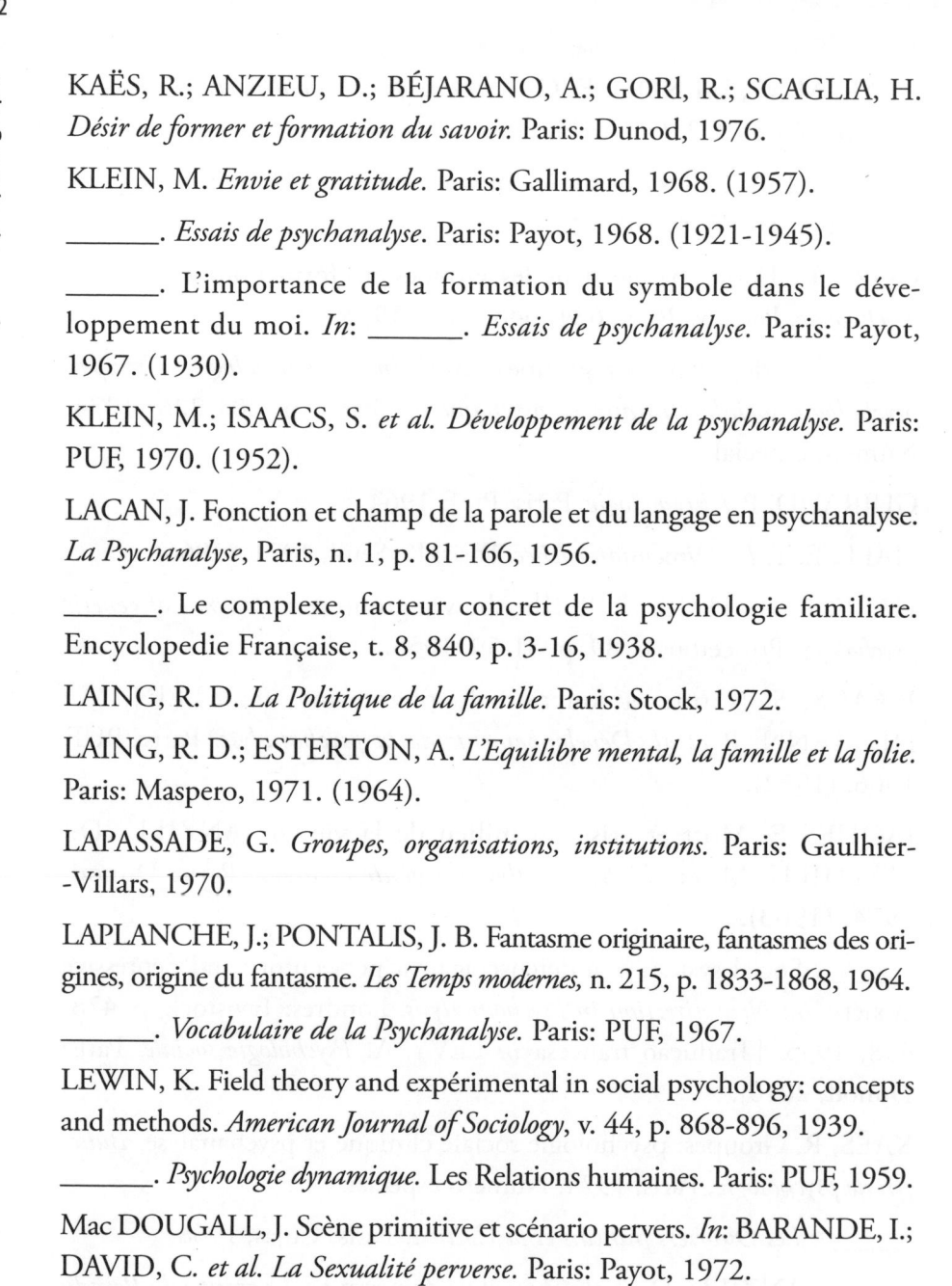

KLEIN, M. *Envie et gratitude.* Paris: Gallimard, 1968. (1957).

_____. *Essais de psychanalyse.* Paris: Payot, 1968. (1921-1945).

_____. L'importance de la formation du symbole dans le développement du moi. In: _____. *Essais de psychanalyse.* Paris: Payot, 1967. (1930).

KLEIN, M.; ISAACS, S. et al. *Développement de la psychanalyse.* Paris: PUF, 1970. (1952).

LACAN, J. Fonction et champ de la parole et du langage en psychanalyse. *La Psychanalyse*, Paris, n. 1, p. 81-166, 1956.

_____. Le complexe, facteur concret de la psychologie familiare. Encyclopedie Française, t. 8, 840, p. 3-16, 1938.

LAING, R. D. *La Politique de la famille.* Paris: Stock, 1972.

LAING, R. D.; ESTERTON, A. *L'Equilibre mental, la famille et la folie.* Paris: Maspero, 1971. (1964).

LAPASSADE, G. *Groupes, organisations, institutions.* Paris: Gaulhier-Villars, 1970.

LAPLANCHE, J.; PONTALIS, J. B. Fantasme originaire, fantasmes des origines, origine du fantasme. *Les Temps modernes,* n. 215, p. 1833-1868, 1964.

_____. *Vocabulaire de la Psychanalyse.* Paris: PUF, 1967.

LEWIN, K. Field theory and expérimental in social psychology: concepts and methods. *American Journal of Sociology*, v. 44, p. 868-896, 1939.

_____. *Psychologie dynamique.* Les Relations humaines. Paris: PUF, 1959.

Mac DOUGALL, J. Scène primitive et scénario pervers. In: BARANDE, I.; DAVID, C. et al. *La Sexualité perverse.* Paris: Payot, 1972.

MAGNY, C. Quelques éléments théoriques et techniques pour l'analyse de groupe. *L'Évolution psychiatrique*, Nova Iorque, v. 36, n. 2, p. 399-411, 1971.

MAJOR, R. L'économie de la représentation. *Revue française de psychanalyse*, Paris, v. 33, p. 79-102, 1969.

MANNONI, M. *Éducation impossible*. Paris: Le Seuil, 1973.

MASSON, O. Réflexions sur les possibilités d'approches thérapeutiques et préventives chez les enfants de mères schizophrènes, 1974. 17 p. Comunicação não publicada.

MATHIEU, P. Essai d'interprétation de quelques pages du rêve celtique. *Interprétation*, Paris, n. 2, p. 32-59, 1967.

MEILLET, A. *Linguistique historique et linguistique générale*. Paris: Klincksieck, 1938.

MERLEAU-PONTY, M. *Phénoménologie de la perception*, Paris. Gallimard, 1945.

MISSENARD, A. Note sur le fantasme dans les groupes, 1970. Texto não publicado.

_____. Dépression et petit groupe, dépression en petit groupe, groupe déprimé? *Perspectives psychiatriques*, Paris, n. 33, p. 59-68, 1971.

_____. Identification et processus groupal. In: ANZIEU, D.; BÉJARANO, A. et al. *Le Travail psychanalytique clans les groupes*. Paris: Dunod, 1972.

MORENO, J. L. *Psychothérapie de groupe et psychodrame*. Introduction théorique et clinique de la socio-analyse. Paris: PUF, 1965.

MORGENSTERN, S. *Psychanalyse infantile, symbolisme et valeur clinique des creations imaginatives chez l'enfant*. Paris: Denoël, 1937.

MOSCOVICI, S. *La Psychanalyse, son image et son public*. Paris: PUF, 1961.

MOSCOVICI, C.; PLON, M. Les situations-colloques: observations théoriques et expérimentales. *Bulletin de psychologie*, Paris, v. 19, n. 247, p. 702-722, 1966.

MOUNIN, G. *Clefs pour la linguistique*. Paris: Seghers, 1971.

NAPOLITANI, D. Signification, fonctions et organisation des groupes dans les institutions psychiatriques. *Mouvement psychiatrique*, Marselha, n. 12, p. 16-32, 1972.

OSGOOD, C. E.; SUCI, G. J.; TANNEBAUM, P. H. *The Measurement of Meaning*. Urbana: University of Illinois Press, 1957.

PAGÈS, M. *La Vie affective des groupes*. Esquisse d'une théorie de la relation humaine. Paris: Dunod, 1968.

PANKOW, G. *L'Homme et sa psychose*. Paris: Aubier-Montaigne, 1969.

_____. La dynamique de l'espace et le temps vécu. *Critique*, Paris, n. 297, p. 163-182, 1972.

PONS, H. L'effet organisateur du fantasme de scène primitive dans les groupes institutionnels. *Bulletin de psychologie. Groupes: psychologie sociale clinique et psychanalyse*, Paris, p. 314-323, 1974. Número especial: PONS, F.; TCHAKRIAN, A. M; THAON, M. Scène primitive et loi d'organisation des échanges. L'effet organisateur du fantasme de scène primitive dans les groupes. Mémoire pour le diplôme de psycho-pathologie. Université de Provence, Aix-Marseille, 68 p., 1972.

PONTALIS, J. B. Des techniques de groupe: de l'idéologie aux phénomènes. *In*: _____. *Après Freud*. Paris: Gallimard, 1968. (1958-1959).

_____. Le petit groupe comme objet. *Les Temps modernes*, Paris, n. 211, p. 1057-1069, 1963.

_____. L'illusion maintenue. *Nouvelle revue de psychanalyse*, Paris, n. 4, p. 3-11, 1971.

_____. Rêves dans un groupe. *In* ANZIEU, D., BÉJARANO, A. *et al*. *Le Travail psychanalytique dans les groupes*. Paris: Dunod, 1972.

RICHTER, H. F. *Psychanalyse de la famille*. Paris: Mercure de France, 1971.

_____. *Le Groupe*. Paris: Mercure de France, 1974.

RIVIÈRE, J. Sur la genèse du conflit psychique dans la toute première enfance. *In*: KLEIN, M.; HEIMANN, P.; ISAACS, S.; RIVIÈRE, J. *Développements de la psychanalyse*. Paris: PUF, 1966. (1952).

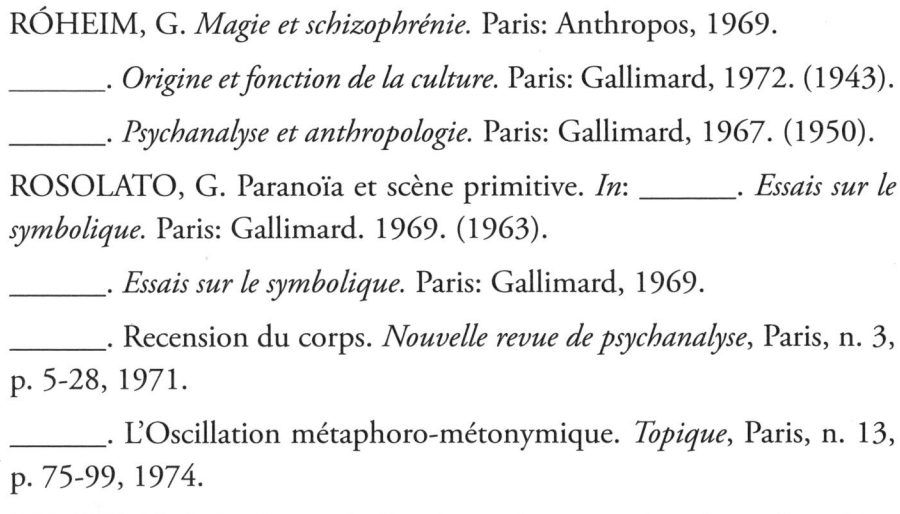

RÓHEIM, G. *Magie et schizophrénie*. Paris: Anthropos, 1969.

_____. *Origine et fonction de la culture*. Paris: Gallimard, 1972. (1943).

_____. *Psychanalyse et anthropologie*. Paris: Gallimard, 1967. (1950).

ROSOLATO, G. Paranoïa et scène primitive. *In*: _____. *Essais sur le symbolique*. Paris: Gallimard. 1969. (1963).

_____. *Essais sur le symbolique*. Paris: Gallimard, 1969.

_____. Recension du corps. *Nouvelle revue de psychanalyse*, Paris, n. 3, p. 5-28, 1971.

_____. L'Oscillation métaphoro-métonymique. *Topique*, Paris, n. 13, p. 75-99, 1974.

SALAMON, A. Le dessin de l'intérieur du corps, chez des enfants bien portants et des enfants atteints de maladies rénales. *Bulletin de psychologie*, Paris, v. 30, n. 301, p. 897-909, 1971-1972.

SAMI-ALI, M. *De la projection*. Une étude psychanalytique. Paris: Payot, 1970.

SARTRE, J. P. *Critique de la raison dialectique I*: Théorie des ensembles pratiques. Paris: Gallimard, 1960.

SCAGLIA, H. La période initiale. *Bulletin de psychologie. Groupes: psychologie sociale clinique et psychanalyse*, Paris, p. 227-244, 1974. Número especial.

SCAGLIA, H. La position fantasmatique de l'observateur d'un groupe. *In*: KAËS, R.; ANZIEU, D. *et al. Désir de former et formation du savoir*. Paris: Dunod, 1976.

SCHEIDLINGER, S. Identification, the sense of belonging and of identity in small group. *International journal of group psychotherapy*, Nova Iorque, p. 291-306, 1964.

SCHINDLER, R. Personnalisation du groupe. *In*: EDELWEISS, L.; TANCO-DUQUE, R. *Personnalisation*. Études sur la psychologie d'Igor Caruso. Paris-Bruxelles: Desclée de Brouwer, p. 91-107, 1971.

SCHINDLER, W. Family pattern in group formation and therapy. *International journal of group psychotherapy*, Nova Iorque, v. 1, p. 101-105, 1951.

SCHLANGER, J. F. *Les Métaphores de l'organisme*. Paris: Vrin, 1971.

SCHNEIDER, P. B. Contribution à l'étude du transfert et du contretransfert en psychanalyse de groupe. *Revue française de psychanalyse*, Paris, 27, p. 641-674, 1963.

SCHNEIDER, P. B. (Org.). *Pratique de la psychothérapie de groupe*. Paris: PUF, 1965.

_____. *Pratique de la psychothérapie de groupe II. Les techniques*. Paris: PUF, 1968.

_____. *Pratique de la psychothérapie de groupe. Problèmes actuels de la psychothérapie de groupe analytique et de groupes de formation*. Paris: PUF, 1973.

SEARLES, H. F. *Collected papers on schizophrénie and related subjects*. Londres: The Hogarth Press, 1965.

SEGAL, H. Notes sur la formation du Symbole. *Revue française de psychanalyse*, Paris, n. 4, p. 685-696, 1970.

SERRAF, G. Dépouillement, analyse et interprétation des tests projectifs de phrases à compléter. *Bulletin de psychologie*, Paris, n. 225, p. 370-377, 1965.

SLAVSON, S. R. *Psychothérapie analytique de groupe*. Paris: PUF, 1953.

SLOCHOVER, H. L'Approche psychanalytique de la littérature: quelques pièges et promesses. *Revue française de psychanalyse*, Paris, v. 36, n. 4, p. 629-635, 1972.

_____. Psychoanalytic distinction between myth and mythopoesis. *Journal of american psychoanalytic* association, Thousand Oaks, v. 18, 1970.

SPITZ, R. *Le Non et te oui*. Paris: PUF, 1967.

THAON, M. Philip K. Dick, écrivain de science-fiction et la toxicomanie. *Mouvement psychiatrique*, Marselha, v. 26, p. 5-15, 1974.

TURQUET, P. M. Menaces à l'identité personnelle dans le grand groupe. Étude phénoménologique de l'expérience individuelle dans les groupes. *Bulletin de psychologie, Groupes: psychologie sociale clinique et psychanalyse*, Paris, p. 133-158, 1974. Número especial. (1965).

VALABREGA, J. P. Les voies de la formation psychanalytique. *Topique*, Paris, n. 1, p. 47-70, 1969.

VENDRYES, J. *Le Langage*. Introduction linguistique à l'histoire. Paris: Albin Michel, 1950.

WIDLÖCHER, D. *L'Interprétation des dessins d'enfants*. Bruxelas: Dessart, 1965.

_____. *Jeu et réalité*. L'espace potentiel. Paris: Gallimard, 1975. (1971).

_____. La crainte de l'effondrement. *Nouvelle revue de psychanalyse*, Paris, v. 2, p. 35-44, 1975. (1974).

_____. La localisation de l'expérience culturelle. *Nouvelle revue de psychanalyse*, Paris, n. 4, p. 15-23, 1971. (1967).

_____. Objets transitionnels et phénomènes transitionnels. *In*: _____. *De la pédiatrie à la psychanalyse*. Paris: Payot, 1969. (1951).

ZAZZO R. *et al.* Genèse de la connaissance de soi chez l'enfant. Communication à la XVe session d'etude de l'Association de psychologie scientifique de langue française. Paris, set. 1973.

Índice onomástico e remissivo

A

Abraham, K., 53, 82, 210, 212, 291
Abraham, N., 269, 308
adesão dos membros do grupo, 277
afastamento do grupo, 134, 331
afiliação, 159, 323
Aldrich, R., 131
aliança
 - fálica, 227
 - homossexual dos irmãos, 208, 209
 - inconsciente, 218, 325, 332
análise
 - intertransferencial, 23, 45, 111, 218, 320, 321
 - transicional, 323, 324
angústia
 - de não atribuição, 283
Antigrupo, 124, 234
Anzieu, D., 12, 14, 15, 28, 32, 35, 36, 41, 44, 48, 58, 81, 82, 91, 95, 108, 121, 135, 138, 150, 193, 194, 219, 220, 255, 261, 265, 268, 287-290, 321, 324
aparelho psíquico grupal, 11, 12, 13, 14, 16, 18, 19, 21, 22, 25, 28, 29, 32, 34, 36, 42, 43, 44, 46, 55, 57, 129, 255, 256, 258, 259, 262, 263, 264, 266-297, 299, 301, 306, 308, 312-318, 320, 323, 329, 330, 331, 333, 334
argonautas, 131, 140, 256, 257
Arlow, J., 82, 187
Arquigrupo, 23, 141, 164, 226, 229-246, 263, 273, 287, 288, 298, 299, 302, 303, 314, 319
atividade cognitiva do Ego, 63
Aulagnier, P., 154, 249

B

Ballard, J.-G., 111
Barthes, R., 75
Béjarano, A., 194, 195, 239, 321
Benveniste, É., 87, 89
Bettelheim, B., 108

Bion, W. R., 14, 21, 26, 29, 34, 41, 107, 113, 114, 177, 189, 190, 202, 249, 258, 267, 274, 281, 288, 312, 315, 325, 331
Bleger, J., 30, 32, 183
Blyton, E., 131
Borman, J., 131
Bray, J. de, 79
Buñuel, L., 105, 112, 134

C

Cabet, 141
cadeia associativa grupal, 322
Calder, 109
Campanella, T., 112, 141
campo
   - da psicanálise, 31, 35
   - semântico, 68, 96, 108
cavaleiros da Távola Redonda, 119, 131, 138, 140, 257
cena
   - primitiva paranoica, 197
   - primitiva sádica, 195, 200, 201, 202, 226, 242
cenário perverso, 196
Chabot, J., 120
Charles, C., 68
Chevalier, J., 209, 211
clivagem da cena primitiva, 203
coesão, 67, 72, 96, 100, 101, 102, 106, 107, 133, 217, 220, 245, 277, 285, 292, 306
Coïn, J., 66
coinerência, 300, 301, 302, 307, 308, 311
complexo de Édipo, 17, 117, 119, 120, 121, 138, 143, 158, 159, 330
complexos familiares, 43, 118, 121, 256, 264, 267
conceito teórico de aparelho psíquico grupal, 276, 279
construção transicional, 255
continuidade narcísica, 154, 156
contrato narcísico, 18, 154, 155, 332
Copérnico, N., 27, 153
Coquery, C., 68
Corman, L., 66
corpo
   - grupal, 44, 103, 155, 156, 174, 176, 179, 204, 210, 214, 225, 226, 227, 232, 244, 272, 273, 277, 284, 288, 311
   - imaginário do grupo, 273, 282
   - materno, 95, 96, 104, 105, 108, 110, 127, 137, 151, 167, 225
   - vivido, 167, 168, 175, 176, 181

cultura, 14, 22, 27, 31, 33, 62, 70, 71, 77, 83, 90, 95, 146, 149, 150, 196, 214, 255, 262, 276, 286, 288, 293, 316

D

Darwin, C., 153
Daumezon, G., 30
Daumier, H., 81
Daytop, 298, 299
De Keyser, 79
descentração, 31, 156
desenho, 36, 63-66, 78, 98, 102, 114, 116-119, 122, 123, 126, 128, 147, 176
Devos, R., 316
Dick, P. K., 169
diferenciador semântico, 68, 143
difração, 152, 154, 157, 247, 248, 318
discurso, 39, 66, 68, 76, 82, 89, 102, 135, 147, 150, 152, 166, 183, 214, 241, 243, 244, 274, 294, 309, 331
Dorey, R., 188, 189, 191
doze Apóstolos, 138, 256
Dubuffet, J., 79
Duhamel, G., 101, 110, 112, 134, 135, 136, 180
Dumézil, G., 263
Durand, P., 205
Durand-Dassier, J., 298, 299
Duvivier, J., 131

E

Eco, U., 76
Ego
  - grupal, 290
efeito organizador da fantasia originária, 311
elaboração
  - da fantasia, 85
  - de traumas na transmissão psíquica, 320
Éluard, P., 268
Empédocles, 261, 274
empreendimento etimológico, 88
energia pulsional, 190, 260, 295
entrevista não diretiva, 69
espaço
  - grupal, 14, 15, 164, 165, 170, 174, 176-181, 282, 323, 329-331
  - intrapsíquico, 13, 26, 33, 323, 324, 332
  - psíquico compartilhado, 180
  - transicional, 181, 286

espelho, 61, 100, 102, 167, 169, 171-174, 178, 235
Esterson, A., 41
exigência de trabalho psíquico, 153, 248, 249, 251, 332
experiência grupal, 70, 230, 291, 313
Ezriel, H., 187, 266

F

família
  - interna, 300
  - psicótica, 46, 214, 297, 299, 301, 309, 311, 318
  - simbiótica, 309
fantasia
  - comum, 187, 266
  - da cena primitiva, 201
  - da destruição, 124, 302
  - de autogeração, 231, 330
  - de castração, 191, 197, 204
  - de sedução, 191
  - do enfileiramento, 175, 215, 219
  - do grupo, 110, 198, 272, 303
  - inconsciente compartilhada, 199
  - intrauterina, 111, 112, 193, 194
  - originária, 54, 55, 95, 114, 167, 185, 186, 189-192, 195, 203, 204, 214, 221, 224, 262, 266, 298, 311
fantasmática originária, 109, 159, 190, 191, 256
figura do círculo e do centro, 27
figuração icônica, 147
filiação, 159, 278, 323
Flament, C. F., 42
Fliess, W., 325
Fonagy, I., 87
Ford, J., 131
formação
  - de compromisso, 60, 243, 292, 294
  - do analista pelo grupo, 315
  - grupal do psiquismo, 44, 164, 259, 264, 267, 291
fotografias de grupo, 71, 72, 75, 98
Foulkes, S. H., 14, 26, 29, 32, 34, 275, 325
Fourier, J., 141
Freud, S., 11, 16, 27, 32, 33, 41, 45, 53, 56, 57, 58, 59, 61, 71, 84, 86, 89, 101, 103, 129, 144, 145, 153, 157, 158, 159, 185, 187, 205, 212, 235, 244, 248, 249, 251, 255, 258, 260, 261, 265, 276, 288, 289, 307, 317, 322, 324, 325, 326, 332, 333
função
  - alfa, 249, 281, 282, 284, 285, 288, 293, 312

- fórica, 328
- identificatória, 81, 145
funcionamento grupal, 129, 256

G

Galileu, 27
Géricault, T., 110
gesta heroica do grupo, 132, 133, 138, 234
Gheerbrant, A., 209, 211
Giono, J., 120
Gloor, P. A., 246
Golding, W., 101, 129, 134, 135, 180
Gomila, J., 66
Gori, R., 87
Goya, F., 81
Green, A., 250, 274
Grimm, 85, 103, 133, 138, 164, 205, 209, 215, 228
grupalidade
- da fantasia, 185, 189, 266
- psíquica, 16, 152, 158, 247, 255, 275, 292
grupo
- amplo, 164, 165, 168, 169
- como aparelho psíquico, 34, 57, 129, 259
- como situação traumática, 251
- corpo maquinal, 108
- de psicóticos, 312
- do Paraíso Perdido, 81, 91, 194, 196, 198, 204, 240, 242, 244, 245, 302
- Dora, 324
- heroico, 35, 130, 132, 134-137, 214
- interno, 247, 265
- Mãe, 105, 119
- objeto, 132, 191, 221, 259, 280
grupologia psíquica, 43, 271
Guillaume, P., 272
Guiraud, P., 87, 88

H

Hall, E. T., 166
Hals, F., 79, 81
Hare, A. R., 66
Hare, R. T., 66
Hesse, H., 172, 180
Heyerdahl, T., 137, 138
hipótese de base, 107, 113, 114, 202

histeria, 324
Hobbes, T., 141
homem-grupo, 274, 312
homomorfia, 22, 43, 258, 267, 278, 291
Hugo, V., 182
humilhação narcísica, 154
Huxley, A., 141, 264

I

Ideal do Ego, 22, 101, 130, 138, 179, 243, 274, 276, 290
identificação
  - heroica, 130
  - narcísica, 103, 273, 274, 314
  - pélica, 107, 177, 178
ideologia
  - igualitarista, 196, 198
imagem
  - do corpo, 38, 43, 44, 54, 55, 95, 96, 107, 110, 128, 147, 150, 159, 164, 165, 167, 175, 176, 194, 247, 256, 257, 261, 262, 264, 267, 270, 272, 273, 275, 276, 279, 290
  - publicitária, 72, 75-78, 147
imago
  - materna, 118, 126, 157, 211, 215, 220, 227
incesto, 157, 159, 203, 278, 310, 312
inconsciente grupal, 291, 325
indução, 189
instituição como "família", 303
intersubjetividade, 18, 323, 327, 328, 329, 332
intertransferência, 111, 224, 255, 316, 320, 321
investimento, 38, 58, 61, 65, 92, 117, 153, 156, 179, 187, 190, 192, 197, 230, 233, 248, 249, 268, 287, 310
Isaacs, S., 187
Isomorfia, 22, 178, 199, 258, 260, 267, 268, 269, 273, 275, 276, 284, 291, 301, 302, 306, 314, 315

J

Jaitin, R., 333
Jaques, E., 240, 287

K

Kaës, F., 68, 69
Kaës, R., 21-23, 45, 46, 48, 71, 77, 81, 96, 134, 151, 153, 163, 167, 194, 209, 218, 235, 236, 244, 247-249, 251, 255, 267, 302, 307, 333
Kepler, J., 27

kibutz, 139
Klein, M., 96, 186, 201, 235

L

Lacan, J., 29, 86, 100, 118, 273
Laffargue, P., 104
Laing, R. D., 41, 299, 300-303, 310, 312
Lapassade, G., 269
Laplanche, J., 56, 60, 118, 185, 186, 187, 190, 260, 265, 290
Le Bon, G., 144, 182
Le Lorrain, C., 79
Le Nain, L., 79
Leclaire, S., 46
Léger, F., 108
Lem, S., 108
Lévi-Strauss, C. 83, 277
Lewin, K., 21, 37, 47, 108, 167
limites
 - do corpo, 173, 174, 175
 - do grupo, 295
lugares, 12, 37, 40, 70, 82, 94, 104, 138, 147, 152, 155, 165, 170, 178, 179, 182, 183, 190, 192, 196, 197, 200, 201, 207, 236, 244, 248, 255, 259-261, 263, 264, 266, 269, 271, 276, 279, 284, 287-289, 297, 298, 311, 319, 320, 324, 331, 332
luto do objeto-grupo, 287

M

Mac Dougall, J., 193, 196
mãe arcaica, 164, 208, 209, 215, 225
Magny, C., 42
Major, R., 58
Maldiney, H., 174
Mannoni, M., 312
marcos identificatórios, 71, 72, 197, 277, 289
Masson, O., 302, 309, 310, 312
Mathieu, P., 82-85
Mauriac, C., 132
Medo, 98, 100, 111, 113, 122, 126, 127, 142, 144, 157, 169, 171, 172, 188, 201, 202, 210, 211, 214, 216, 218, 219, 220, 222-225, 227, 232, 240, 241, 244, 304, 310
Meillet, A., 89
Mellier, D., 333
Merle, R., 105, 110, 119
Merleau-Ponty, M., 174
metapsicologia do grupo, 288

metodologia
- projetiva, 67
Missenard, A., 188, 219, 220, 232, 321
mito, 22, 54, 69, 76, 81, 82, 83, 94, 107, 120, 132, 133, 136, 138, 140, 143, 157, 192, 193, 199, 209, 230, 236, 262, 275, 286, 291
modalidades de transferência, 321
modelo do aparelho psíquico grupal, 12, 13, 14, 19, 28, 29, 32, 36, 44, 320, 323, 333
momento
- fantasmático, 283, 285
- figurativo transicional, 285
- ideológico, 284, 285, 287, 291
- mitopoético, 286, 287, 288
More, T., 141
Moreno, J. L., 21, 47
Morgenstern, S., 65
Moscovici, S., 71, 146, 166

N

Napolitani, D., 272, 274, 291, 312
narcisismo, 26, 31, 55, 153-157, 250, 251, 269, 274, 282, 326, 330
narrativa mítica, 82, 83
Netter, M., 68
novos paradigmas, 27

O

objeto
- idealizado, 233, 235, 238
- transicional, 92, 283, 285, 288
ódio ao grupo, 156
organizadores
- psíquicos da representação, 54, 92, 185
- psíquicos grupais, 256, 259, 260, 291
- sociais, 92
- socioculturais, 53, 67, 70, 71, 138, 256, 257
Ortigues, E., 83
Orwell, G., 141, 245, 264
Osgood, C. E., 68
Oury, J., 30
Owen, R., 141

P

pacto
- denegativo, 325, 332
Pagès, M., 81

paixão unificadora, 157
Pankow, G., 168, 170, 171, 174, 175, 176, 180, 273
Paumelle, P. H., 30
pele do grupo, 178, 210
Pergaud, L., 101, 110, 124
personificação do grupo, 237, 238, 297, 298
pesquisa etimológica, 88
Piaget, J., 167
Pichon-Riviére, E., 14, 26, 30, 32, 35
pictogramas, 151, 152
Platão, 261, 272
Plon, M., 166
poder, 37, 67, 74, 76, 80, 81, 101, 109, 119, 120, 164, 171, 178, 183, 189, 195, 200, 203, 221, 222, 229-238, 240, 243-246, 273, 299, 304
polítopo, 177
Pons, E., 167, 199, 200, 202, 204, 261, 267
Pons, M., 104, 110, 193, 208
Pontalis, J.-B., 28, 39, 40, 41, 44, 53 56, 60, 118, 185, 186, 187, 190, 228, 260, 265, 266, 268, 269, 288, 290, 299
porta-voz, 210, 243, 249, 319, 327, 328
Porter, K. A., 110
posição
 - depressiva, 180, 236, 311
 - ideológica, 144, 192, 196, 225, 281, 282, 284, 286, 287, 307, 314, 316
 - mitopoética, 192
 - paranoide-esquizoide, 177, 269, 280
Pré-consciente, 16, 65, 69, 150, 291, 315, 322, 323, 326, 327, 328
pré-elaboração, 270
Prévert, J., 81
processo
 - associativo, 16, 322, 327, 334
 - cognitivo, 60
 - grupal, 38, 39, 41, 42, 45, 46, 48, 54, 55, 68, 71, 93, 119, 120, 129, 152, 163, 164, 185, 186, 189, 194, 199, 205, 221, 247, 255, 257-260, 271, 275, 280, 281, 287, 288, 289
projeção, 44, 55, 56, 57, 60, 61, 62, 67, 92, 112, 135, 141, 156, 183, 200, 231, 233, 234, 269, 274, 281, 282, 284, 300, 301 318
protogrupo, 193, 221, 225
prova de realidade, 294, 295
psicologia social, 14, 32, 37, 45, 149, 265, 291
psique de grupo, 11, 33, 322
Puget, J., 35
pulsão
 - de morte, 129, 132, 145, 280, 285, 315, 330

- grupal, 55
pulsionalidade, 251

Q

Quiroga, A. de, 35

R

Racamier, P.-C., 30
Racine, J., 96
Ramnoux, C., 274
Rank, O., 132
refeição totêmica, 120, 137
relação de objeto, 270
Rembrandt, 79
representação-meta, 84, 145, 256
representações
  - de palavra, 59, 61, 70, 327
  - do objeto-grupo, 72, 78, 90, 93, 270
  - icônicas, 147
  - sociais, 23, 70, 71, 92, 93, 146, 149, 150
resistências epistemológicas, 145
ressonância
  - fantasmática inconsciente, 266
retratos de grupo, 71, 72, 79, 105
Richter, H. E., 285
Rivière, J., 186
Rogers, C., 21
Róheim, G., 82, 205, 324
Romains, J., 101, 110, 133, 134, 180, 232, 234, 273
romance familiar do grupo, 106
Rosolato, G., 16, 172, 193, 196, 197
Rousseau, J.-J., 107
Ruffiot, A., 333

S

Saint-Exupéry, A. de, 131
Saint-Phalle, N. de, 79, 96, 104, 193
Salamon, A., 176
São Paulo, 275
Sarraute, N., 132
Sartre, J.-P., 110, 269, 300
Scheidlinger, S., 100
Schindler, W., 100, 193, 314
Schoendörfer, P., 131

Searles, H., 309
Segal, H., 145
Serraf, G., 68
Sete suábios, 85, 103, 133, 135, 138, 164, 205, 207, 208, 209, 211, 212, 213, 224, 228
simbolismo linguístico, 89
Simondon, G., 72
situações projetivas, 63, 69
Slavson, S. R., 55
Slochover, H., 82
sofrimento
   - narcísico, 155, 156
   - psíquico, 13, 17, 26, 334
Soljenítsin, A., 170
sonho grupal, 268
Spitz, R., 54, 171
Stein sentence completion, 68
subjetividade do objeto, 249, 250
sujeito do grupo, 15, 16, 33, 36, 236, 322, 323, 332

T

Tausk, V., 108
Tchakrian, A. M., 191, 199
teatro interior, 151
teoria psicanalítica dos grupos, 44, 47, 255, 279
teste projetivo, 67
Thaon, M., 189, 199, 298, 299
Tolkien, J. R. R., 133, 135, 210, 211, 213
Torok, M., 269, 308
Tosquelles, F., 30
trabalho
   - de luto, 275, 302, 305
   - do Pré-consciente, 315, 326, 327, 328
   - psicanalítico nos grupos, 297, 314
transicionalidade, 323, 324
transmissão, 26, 249, 260, 262, 276, 320, 323, 326, 331, 333
Turcat, A., 68
Turquet, P.-M., 177

V

Valabrega, J.-P., 237
Van den Bussche, J., 79, 97, 98, 129, 194
Vasse, D., 31
Vendryès, J., 88, 89
Vian, B., 169

vínculo de adesão, 277
vínculo grupal, 155, 218, 233, 236, 237, 238, 248, 270, 276, 277, 279, 288, 295, 302, 328
violência, 30, 244, 245, 267, 303

W

Wallon, H., 273
Watteau, A., 110
Widlöcher, D., 65, 119
Winnicott, D. W., 65, 92, 157, 249, 288, 324

Z

Zazzo, R., 171, 273
Zulliger, H., 67

Esta obra foi composta em CTcP
Capa: Supremo 250g – Miolo: Pólen Soft 80g
Impressão e acabamento
Gráfica e Editora Santuário